本书受教育部人文社会科学重点研究基地重大课题"中国教师教育课程质量研究"（17JJD880002）、天津市高校"中青年骨干创新人才培养计划"项目共同资助

青年学者文库

从"简帛造册"到"云端集成"：
课程形态研究论纲

赵婧 著

天津出版传媒集团

天津人民出版社

图书在版编目（CIP）数据

从"简帛造册"到"云端集成"：课程形态研究论
纲 / 赵婧著. -- 天津：天津人民出版社，2022.9
（青年学者文库）
ISBN 978-7-201-18777-8

Ⅰ．①从… Ⅱ．①赵… Ⅲ．①课程—教学研究 Ⅳ.
①G423

中国版本图书馆 CIP 数据核字 (2022) 第 165743 号

从"简帛造册"到"云端集成"：课程形态研究论纲
CONG JIANBO ZAOCE DAO YUNDUAN JICHENG：KECHENG XINGTAI YANJIU LUNGANG

出　　版　天津人民出版社
出 版 人　刘　庆
地　　址　天津市和平区西康路 35 号康岳大厦
邮政编码　300051
邮购电话　(022)23332469
电子信箱　reader@tjrmcbs.com

责任编辑　郭雨莹
封面设计　明轩文化·王　烨

印　　刷　天津新华印务有限公司
经　　销　新华书店
开　　本　710 毫米×1000 毫米　1/16
印　　张　16.25
插　　页　2
字　　数　220 千字
版次印次　2022 年 9 月第 1 版　2022 年 9 月第 1 次印刷
定　　价　88.00 元

序　言

　　2012 年,赵婧博士完成了她的学位论文《课程形态嬗变论——基于技术的社会建构视角》,提出并论证了"课程形态嬗变的过程即技术的社会建构过程"这一基本命题。此后十年,结合技术发展的重要趋势,赵婧博士围绕"课程形态"开展了持续的学术探索,发表了系列研究成果。可以说,《从"简帛造册"到"云端集成":课程形态研究论纲》(以下简称《课程形态研究论纲》)既体现了赵婧博士对学位论文的纵深性拓展,也体现了她对课程领域中新问题和新趋势的系统性思考。

　　从学校课程产生以来,课程就是"内容"与"形态"的高度统一体。然而学界关于"形态"的探讨较为有限。《课程形态研究论纲》在汲取教育学、传播学、文字学、技术学、现象学等诸多学科信息的基础上,展开了"跨学科"的理论分析,揭示了课程的存在方式及其发展变化的规律与机制。整体来看,赵婧博士的本部著作在如下方面做出了独立探索:

　　一是揭示了课程形态的内涵及构成。研究提出了"课程形态即课程在时空系统中的存在及其表现形式"的核心判断,并以此为基础,进一步从表达符号、载体形式、制品系统、创制方式以及传播通道五个方面对课程形态的构成进行了系统的理论阐释,这是已有课程论研究较少论及的内容,也是本研究重要的学术贡献。

二是刻画了课程形态的历史嬗变图景。研究在考察社会历史进程的基础上，将课程形态的嬗变轨迹划分为四个主要阶段：前纸本时期、纸本时期、电子化时期以及网络化时期。阶段之间的过渡与更迭深刻反映出课程形态的演替是社会发展、知识传承、个体成长、学习机制和技术变革共同作用的产物，古今中外教育工作者的理性求索构成了课程形态变革的直接推动力量。

三是提出了课程形态的实践创新机制。课程形态创新是某一项或某几项技术在教育领域中的具体化应用，往往意味着技术对课程旧边界的打破、向新空间的拓展。研究在梳理典型案例的基础上，根据主导力量的不同，提炼出课程形态实践创新的四种基本模式：政府主导创新模式、市场主导创新模式、学校(区域)主导创新模式以及个体自主创新模式。这些模式的提出为理解和把握实践提供了理论分析框架。

四是探讨了课程形态变革的理论议题。课程形态变革是非常复杂的系统工程，本研究对课程形态变革进程中的核心矛盾做了集中探讨，具体包括课程形态变革与人的发展问题、课程形态变革与资源建设问题、课程形态变革与学习方式问题、课程形态变革与教师成长问题等。研究对上述问题的深入思考，丰富了相关认识，具有一定的理论参考价值。

近几年来，信息化课程形态在全球范围广泛勃兴，尤其是网络课程在应对突发性公共卫生事件中展露出卓有成效的育人功能，这也印证了《课程形态研究论纲》的时代意义。赵婧博士能够持续钻研、行诸文字、公开出版，这是她本人在学术研究道路上的一个重要进步。希望她在今后的学术研究道路上能够始终孜孜以求，不断有所成长。

2022 年 6 月于北京师范大学

目录
CONTENTS

引言　课程形态的事实性与学理性

"课程形态"研究所追问的是课程的存在方式及其嬗变发展的理路与规律。长期以来,教育学界关于课程的讨论主要集中在课程的"内容"方面,而对于课程的"形态"问题并没有给予足够的关注。迄今为止,在林林总总的课程论著作中,"课程形态"并没有真正成为一个共识性的独立概念,往往被作为一种理所当然的存在,这种存在似乎不可选择且又无需考究。有鉴于此,关于"课程形态"的研究首先遭遇的不是如何研究、研究得怎么样的问题,而是研究对象是否确凿、研究本身是否有价值的问题。那么课程形态是否具有现实的所指和所持呢? 课程形态能否经得起理论的划界与考辨呢? 这成为迫切需要予以澄明的关键问题。

一、实践领域中的"变革性存在"

"概念是思想和行动的工具,凝结着人们认识和实践的智慧。"[1]那么"课

---

[1]　石中英:《穿越概念的丛林》,教育科学出版社,2019 年,第 5 页。

程形态"的概念背后是否有厚重的历史和真切的现实做支撑呢？"课程形态"会不会是话语的臆造和虚无的抽象呢？回溯历史，课程形态不仅为知识和价值的传递提供着最为重要的保障，而且其演替的进程也从未中断或停滞过。

从遥远的农业社会开始，当文字符号产生之后，在与直接的生产劳动所分离的专门教育活动中，传授和学习的内容逐步被记录并保存在泥版、草纸、贝叶、简牍以及兽皮上，原始的课程形态由此实现了雏形的构建。书面信息的交换使文化的传播从时域和空域的限制中解放出来，尽管在相当长的时间里，课程的形态显得笨拙而粗糙，但其教育贡献却万不可小觑。此后在相当长的时间里，课程形态在寻求"实体优化"的方向上不断迈进。其中，造纸术和拓印术的结合，在课程形态变革的历史上留下了浓墨重彩的一笔——纸张便于携带、取材广泛且成本低廉，而拓印的方式极大地减少了以讹传讹的谬误，利于统一思想，二者的教育应用提升了课程内容传播的效率和品质。之后，印刷术的发明和使用进一步推动了课程形态的"标准化"建构。正如沃尔特·翁（Walter J. Ong）所谈到的那样："印刷术把古老的（基于口语的）修辞艺术从学校教育的核心里剔除了出去。通过对数学分析和图表的使用，印刷术促进并实现了知识数量的大规模增长。诚然，印刷时代初期使用的插图数量规模空前，但最终的结果却是图像在知识管理中的作用被削弱了……印刷术产生详尽的词典，养成了给语言的'正确性'立法的欲望。"①事实上，印刷文本被广泛接纳成为课程的主要制品，这一过程相当漫长，并不是一蹴而就的。但是印刷文本主导地位的确立，的确是课程形态发展进程中具有"里程碑"意义的重大事件。在几百年的时间里，以印刷文本为主体的课程在规范化发展建设的道路上取得了坚实的进步。

---

① ［美］沃尔特·翁：《口语文化与书面文化》，何道宽译，北京大学出版社，2008年，第99页。

到了 19 世纪末 20 世纪初,课程形态在电力电子技术的推动下步入到了新的历史发展阶段。著名的传播学家弗里德里克·威廉斯(F. Williams)曾在《传播革命》一书中绘制呈现了一个传播史表盘,其中电子媒介传播仅占人类传播史"24 小时表盘"的最后 3 分钟时间;但是电子媒介传播给人类社会经济、文化生活带来的深刻变化却远远超过了以往变化的总和。反映在课程实践中,磁带、投影、幻灯片、磁盘、光盘先后扮演起课程"分身"的角色,并在不同的时期里成为课程改革的"亮点"所在。与前述的竹简册、手抄本、羊皮卷、纸卷本、印刷本等单体课程相比,电化形态的课程分身表现出如下的基本特点:

第一,表达符号开始分化成为两部分——表意符号和存储传输符号。其中,表意符号指的是负载教育意义的文字、图形、表格、声音以及视像等,存储传输符号主要是指传播过程中的电脉冲信号。在完整的课程实施过程中,总是不间断地存在表意符号被转换成电脉冲信号、电脉冲信号又被转换成表意符号的过程。表意符号和存储传输符号的彼此分离以及持续的相互转换,促使课程进入了"混合表达"的新阶段。[1]

第二,制品系统从单媒体走向多媒体,丰富了课程信息传递的方式,扩大了课程信息的辐射范围。正是在电子制品的支持下,课程获得了与学习者展开生动对话的机会。以电影课程的兴起为例,教育电影曾一度被赋予极高的教育效能期待,政府机构和影音传媒公司纷纷尝试推出电影课程,甚至掀起了电影课程将会取代纸本课程的热烈讨论。尽管将电影作为课程的尝试并没有获得预期的理想效果,但是它却标志着课程形态由静到动、由抽象到生动、由单一到多样的巨大进步,为之后的课程建设打开了思路并积累

---

① 参见郭文革:《中国网络教育政策变迁——从现代远程教育试点到 MOOC》,北京大学出版社,2014 年,第 203 页。

了很多宝贵的经验。

第三,电子媒介实现了三维场景和全景图像的有声连通,多媒体学习得以进一步升级。电子传播重新恢复了口语传播中多种感觉通道的信号流相互参照的传统,再次确立了口语传播中的交互优势;尽管这种交互主要是通过机器进行的,但是却还原并彰显了口语传播动态性的优势。[①] 借此,课程形态正式步入了整合时代。

进入到 21 世纪之后,课程形态的信息化变革成了教育现代化进程中颇为重要的组成部分。课程形态的变化主要体现在以下三个方面。

第一,电子屏幕在课程形态的"载体系统"中发挥的作用越来越重要。屏幕并不是在 21 世纪才与课程结缘的,早在 20 世纪上半叶,电影课程与电视课程就曾引发了社会各界的广泛关注,"与屏幕对话"一度被视为提升课程育人效能的前所未有的时代契机。遗憾的是,电影屏幕和电视屏幕所产生的课程影响可谓"昙花一现"。从 20 世纪末开始,计算机屏幕、电子阅读器屏幕和手机屏幕相继成为承载课程信息的新生力量。其中,美国苹果公司的平板电脑(iPad)是这场新时代时尚竞技的引领者,很多大牌教材出版公司纷纷将迎合 iPad"屏读"作为电子教材开发制作的努力方向。如:2011 年,麦格劳－希尔公司(McGraw Hill)与互动教科书平台初创企业 Inkling 签订了合作协议,Inkling 通过其开发的应用程序将麦格劳－希尔推出的数字教材书目更多地显示在用户的 iPad 上;此外,作为苹果公司重要的合作伙伴,霍顿·米夫林哈考特集团(Houghton Mifflin Harcourt)积极致力于为 iPad 提供电子教科书的便捷下载服务。新型电子屏幕的融入,极大地释放了课程作为"信息流"的强大力量,进而也推动了课程学习行为方式的转变。

第二,互联网网站和平台成为课程形态"制品系统"的新成员。对于课

---

① 参见黄鸣奋:《超文本诗学》,厦门大学出版社,2002 年,第 64 页。

程形态而言，"制品系统"主要指的是符号系统与载体系统相结合而被进一步加工成的产品，大家熟悉的制品包括竹简册、手抄本、羊皮卷、印刷本、电子出版物等。21世纪，教材研发机构及学校教育机构大力加强了互联网网站和平台的建设，也由此掀起了课程形态"制品系统"的革命。在国外，麦格劳－希尔公司在数字化课程建设方面成就卓著，不仅创办了自己的在线课程服务平台，而且打造了专门的课程内容管理系统，该集团旗下的麦克米兰（Macmillan）公司于2010年2月推出了一款可协助大学教授量身定做课程的电子教材格式——Dynamic Books；培生集团（Pearson）则通过发挥强大的网络平台优势，为学习者提供数字化资源集成的课程包。此外，三大大规模在线开放课程（MOOC）平台 Coursera、Udacity 和 edX 汇聚了世界各地的名校名师课程，成为课程形态建设的业界典范。在国内，沿袭数千年的传统课程形态在电子媒介和网络媒介的联合攻势下不得不做出"妥协"，针对各级各类的学校课程，有实力的大型出版社在相当短的时间内就完成了纸质教材电子化的任务，为课程的数字化发展奠定了坚实的基础。2002年，高等教育出版社宣布启动"高等教育百门精品课程教材建设计划"，经过近20年的发展，高教社实现了传统教材与在线开放课程、在线资源库的融合，推出了一大批资源丰富、互联互动、特色鲜明的新形态教材。2011年7月，人民教育出版社在教材立体化、数字化出版的基础上，隆重推出了中小学在线学习平台——人教学习网，人教学习网依托人教版教材，集中呈现了科学直观的视频、音频、图文等信息，旨在于为广大的中小学师生提供方便、快捷、高效的网络学习平台和网络课程产品。此外，除了与国外著名的机构合作，我国也打造形成了"中国大学 MOOC""爱课程""学堂在线"等一批有代表性的MOOC 平台，这些平台的课程供给不仅推动了课程制品的新进展，并且也深化了社会各界对课程制品的新认识。

第三，网络媒介重塑了课程形态的"传播系统"。综合国内外的变革性实践不难发现,印刷媒介独大的局面已经难以为继。就纸本课程而言,"句子、段落、页码、章节按顺序排开,……尽管你可以任意翻阅一本书,你的视线可以随心所欲地停留在书中的任一部分,但是书籍本身仍然永远受限于物理的三维空间(three dimensions)"①。近年来,电子媒介和网络媒介开始改写这种局面,这是因为"信息空间完全不受三维空间的限制,要表达一个构想或一连串想法,可以通过一组多维指针(printer)来加以引申或辨明。阅读者可以选择激活某一构想的引申部分,也可以完全不予理睬。整个文字结构仿佛一个复杂的分子模型(molecular model),大块信息可以被重新组合,句子可以扩张,字词则可以当场给出定义"②。换言之,新型的课程形态从单一走向复合、从平面走向立体、从线性走向非线性,不仅媒介的流动和转换成为可能,而且同一个内容拥有了多种呈现方式,课程逐渐成了可随学习者的行动和需要而适时延伸或缩减的讯息集合体。

2020 年,一场突如其来的疫情对全球教育领域中的课程供给带来了严峻考验,课程形态的创新型建设成为了教育系统开展危机应对的关键举措。在大中小学,课程是如何存在的? 课程是如何运行的? 这成为时下里最为迫切紧要的问题。

二、理论视域中的"边缘性存在"

课程形态在实践领域中的变革从未停止过,只是变革的节奏时而缓慢、时而激烈。然而在课程的基本理论研究中,"课程形态"却长期处于一种边

---

① [美]尼古拉斯·尼葛洛庞帝:《数字化生存》,胡泳、范海燕译,电子工业出版社,2017 年,第64 页。
② [美]尼古拉斯·尼葛洛庞帝:《数字化生存》,胡泳、范海燕译,电子工业出版社,2017 年,第64 页。

缘化的地位。这种"边缘性"主要表现在以下方面：

（一）"课程形态"概念的话语身份缺乏广泛共识

迄今为止，"课程形态"这一概念的使用并不多见，学界关于"课程形态"也没有形成清晰的内涵边界。

在已有的课程论著作中，廖哲勋和田慧生较早、也较明确地提出并讨论了"课程的历史形态"问题，两位研究者从历史发展的逻辑出发，描述性地指出："1. 课程的形态包括多种组成部分。这表明了课程形态的复杂性，它要求我们全面考察课程的表现形式。2. 课程形态的各个组成部分是基于学校育人的要求而逐步形成的。这表明课程形态各部分之间是有联系的，我们应把握课程形态的整体性。3. 课程形态是不断变化、发展的，我们考察课程形态应用发展的眼光，不能用考察古代、近代课程形态的眼光来考察现代特别是当代学校课程的形态。"[1]不难看出，两位研究者并没有直接回答"课程形态是什么的问题"，而是着重于强调"如何认识课程形态的发展变化问题"。

进入 21 世纪之后，课程的发展呈现出从"信息技术与课程整合"到"信息技术与课程融合"的新趋势。在这样的背景下，一些研究者开始尝试从技术视角来关注并思考课程的形态问题。2013 年，笔者发文指出：课程形态是指课程在时空系统中的存在及其表现形式，如果说课程内容集中解决的是精神营养的构成与配比问题，那么课程形态则主要关注的是精神营养的呈现与供给问题。[2] 同年，牛瑞雪在研究中谈道：课程形态是课程内容与其载体及实施方式的动态组合样态。[3] 比较而言，两种观点的差异集中体现在对

---

[1] 廖哲勋、田慧生：《课程新论》，教育科学出版社，2006 年，第 29 页。

[2] 参见赵婧：《媒介数量的增加会带来课程质量的提升吗？——关于课程形态变革的思考》，《课程·教材·教法》，2013 年第 8 期。

[3] 参见牛瑞雪：《从口耳相传到云课程：课程形态视域下的课程演变史》，《课程·教材·教法》，2013 年第 12 期。

课程形态内涵与外延的划界上。2019 年,关于课程形态的探讨开始掀起一轮小高潮。严中萍在回顾借鉴的基础上,将"课程形态"理解为是课程在一定条件下呈现出来的状态,即课程目标、课程内容、课程组织、课程实施以及课程评价各个部分的一个综合表现,是各个部分经由磨合整合形成的而非简单叠加形成的。① 张刚要、刘陈和赵允玉撰文表达了他们对"课程形态即一定条件下课程内容的表现形式或载体"这一观点的基本认同,并将课程形态进一步形象比喻为"课程存在的样貌"(最常见、最一般,切身地被给予我们的"可经验、可体验、可认识"的一种现象或表象),是一种"在场的东西"。② 此外,逯行与陈丽立足"互联网+"的时代背景,描述指出:课程形态具有自组织特性,是一种关系集合体和知识生成体,其突破性在于它不再仅仅作为知识传播过程与载体,转而进化为一种社区和网络,能够在最大出度和入度内连接知识生产者和知识传播者。③

　　整体来看,围绕课程形态的讨论已经逐步开启。但是,在课程论的话语体系中,"课程形态"这一概念只是崭露头角。到目前为止,这一概念的学术影响力和公共对话性非常有限。事实上,对于一项研究而言,"无论是明确地表述问题,还是检验假设,一个根本性的前提,就是需要清晰的概念。假如人们对其正在寻找的东西没有清晰的认识,任何观察和实验都会无助于事。没有清晰的概念,也就不可能有正确的认知"④。因此,"课程形态"亟须确立话语身份的合理性和合法性,只有这样,理论研究才能"养其根而俟其实"。

---

　　① 参见严中萍:《课程形态视角下云课程发展微探》,《昭通学院学报》,2019 年第 5 期。
　　② 张刚要、刘陈、赵允玉:《多重逻辑下的课程形态变迁:一个分析框架》,《教育理论与实践》,2019 年第 7 期。
　　③ 参见逯行、陈丽:《知识生产与进化:"互联网+"时代在线课程形态表征与演化研究》,《中国远程教育》,2019 年第 9 期。
　　④ [德]沃尔夫冈·布列钦卡:《教育科学的基本概念:分析、批判和建议》,胡劲松译,华东师范大学出版社,2003 年,第 11 页。

(二)"课程形态"研究缺乏一般原理的系统探问

尽管"课程形态"至今没有成为一个普及化的概念,但是基于媒介形态演化来探讨课程变化的研究却已有百年历史。

作为课程论的鼻祖之一,威瑞特·查特斯(Werrett Wallace Charters)在20世纪初期就开始研究电影媒体和青少年发展之间的关系。[①] 1937年,霍本(C. F. Hoban)等编制出版了《课程的视觉化》一书,他们在该书中构建了视觉教材的分类模式和选用原则,该模式提出要以教具为基准,把实景、实物、模型、电影、立体图形、幻灯、平面画像、地图、图解、词语等所提供的教材按照从实体到抽象的程度排列,并把视觉教材本身的现实性、学生过去的经验范围和性质、教育目的和教室环境、学生智力的成熟程度确立为视觉教材选用的四个原则。之后,霍本在1956年出版的《视听传播的系统方法》一书中进一步提出将媒体与课程相结合的方法,即以教学目标为基础,把教材作为教学系统的有机组成部分加以设计,并在特定的教学情景下加以系统运用。[②] 除了霍本之外,埃德加·戴尔(Edgar Dale)的相关研究也产生了非常深远的影响。1946年,戴尔出版了《教学中的视听方法》一书,他在书中提出了著名的"经验之塔"理论,该理论揭示了从直接经验到间接经验、从具体经验到抽象经验的层进式学习过程,强调抽象的学习经验必须以具体的学习经验为基础。[③] 这对课程设计和实施都具有相当重要的意义,成为后期支撑课程视觉化建设的基本理论依据。综观20世纪上半叶的代表性研究,可以看出研究者的兴趣点集中在教学设计和课程实施方面。

---

① 参见梁林梅、郑旭东:《领域开创者 学科奠基人:美国教育技术专业群英谱》,天津大学出版社,2010年。
② 参见张倩苇:《信息时代的技术与课程发展》,广东高等教育出版社,2009年,第25~26页。
③ 参见张倩苇:《信息时代的技术与课程发展》,广东高等教育出版社,2009年,第25~26页。

进入到 20 世纪下半叶，美国哥伦比亚大学师范学院课程系于 1967 年隆重主办了以"技术与课程"为基本议题的研讨会。次年，保罗·维特（Paul W. F. Witt）结集出版了该次会议的学术论文，命名为《技术与课程》。该论文集充分展示出当时的学界集中关注的是蓬勃发展的教育技术带给学校教育的新机遇与新挑战，至于技术与课程的互动机制以及课程的技术化变革并未成为实质上的核心。1986 年，美国、加拿大、爱尔兰、日本、芬兰、法国等 14 国共同发表了关于媒介与课程整合的国际性报告。① 此后，信息技术对于课程的"创新效应"开始逐步引发学者们的关注。2000 年，美国教育技术 CEO 论坛的第三个年度（2000 年）报告较为详细地论述了信息技术与课程整合的理念与方法，强调学校必须将数字化的内容与各学科课程相整合。② 同年，日本课程学会第 11 届大会针对"课程信息化"的议题展开讨论，提出了"课程信息化"的 5 个相位和 3 个视点，5 个相位是指"陈述与记录""积累与管理""检索与阅览""分析与编辑""实施与评价"，3 个视点是指"概念""技术""人与组织"。③ 整体来看，在 20 世纪的后 50 年，技术向度的课程变革已经成为各国教育工作者开始关注和重视的议题。但是"课程"有时被等同于"教育"加以讨论，有时又被等同于"教学"加以讨论，这使得课程的边界忽大忽小、难以廓清，影响了课程领域中的深度理论对话。

进入 21 世纪之后，从世界范围来看，"信息技术与课程整合（融合）""网络课程""慕课"等相关理论研究呈现出繁荣局面。整体上看，21 世纪的研究彰显出如下特点：一方面，"技术学"思维处于强势，"课程学"思考略显被动。信息技术的很多特性，诸如交互性、动态性、共享性、智能性、虚拟性等，

---

① See Richard N. Tucker, *The Integration of Media into the Curriculum*, British Library Cataloguing in Publication Data, 1986.

② 参见何克抗：《信息技术与课程深层次整合理论》，北京师范大学出版社，2010 年，第 11 页。

③ 参见钟启泉：《现代课程论》，上海教育出版社，2006 年，第 36 页。

被不加甄别地"馈赠"给课程。很多时候,研究所造成的错觉是:课程似乎为技术而"代言"。虽然乐观的情绪和悲观的情绪此起彼伏,支持和批判的声音互不示弱,但是基于技术的课程变革始终缺乏"课程学"视角的系统性应答。正如有研究者所指出的那样:"在很多情况下,我们发现自己专注于将技术的特征作为建构主义的代理,并围绕技术来设计课程。换言之,从本质上讲,我们在课程设计中采用了技术特权,并根据某项技术调整教学法。尽管已经意识到课程设计包含技术的潜在陷阱,但这并没有阻止我们陷入这些陷阱之中,好在,我们对此已经开始有所意识。此外,我们对明确阐明我们的假设以及考虑是否以及如何使用技术的理由要更加保持警惕。"[①]另一方面,课程开发的具体模式受到重视,课程一般原理的探讨仍显薄弱。在信息技术日新月异的背景下,很多知名学者及其团队非常重视课程模式的构建与实验,在这些方面切实取得了一定的突破,代表性的如荷兰 Susan McKenney 和 Nienke Nieveen,美国的 Joseph Krajcik 等。以荷兰的 Susan McKenney 及其团队为例,经历了二十余年的探索,他们从进化原型(evolutionary prototyping)构建的角度来思考课程建设,提出信息技术支持课程建设需要解决三个层面的问题:一是明确课程指向的对象和对象的课程需求以找到最切合的技术,二是分析课程开发不同环节可以获得的技术支持,三是确认技术的哪些特点可以提供有效的课程支持。总体来看,学者们的努力在相当大的程度上推动了课程"工程学"的大发展,也为课程基本问题确立了有待进一步系统回应的张力空间。

(三)"课程形态"研究的代表性成果相对有限

进入 21 世纪以来,学校教育工作者、出版界人士和教育传播公司的从业

---

① Gerber, S. and L. Scott, Designing a learning curriculum and technology's role in it, *ETR & D – Educational Technology Research and Development*, 2007(5).

者越来越深刻地感受到信息技术在变革课程中所发挥的巨大影响和所具备的强劲潜力，但是关于课程形态变化的内部机制及由此而带来的教育效能何以释放等课程学问题的探究还相当有限。

就目前国外的研究进展来看，发达国家关注这方面的问题比我国早很多，这与他们的技术发展速度和教育变革程度都有着非常密切的关系。总体来看，国外研究呈现出三方面的突出特点：第一，国外一些学者关于课程形态问题的讨论常常与基于技术的教育变革问题不做区分。这是因为国外学者理解的课程在内涵上往往比较宽泛，很多情况下，"教育"和"课程"被混同起来加以使用。第二，国外学者比较重视微观、具体、个别化的课程建模和认知效能研究。在已搜集到的文献中，不少研究者都是以案例建设或实验研究的方式来探讨课程形态变化的问题，这些研究往往针对明确的目标群体，具有鲜明的学段学科特点并结合了非常细致的心理发展指标，对于具体的课程设计和课程实施能够发挥一定的启示借鉴作用。第三，从20世纪末到现在，以斯坦福大学教授 Larry Cuban 为代表的一批国外研究者对技术融入课程的问题展开了反思性研究，力图提醒人们关注技术带来的数字鸿沟、教育不公平加剧、教育效率低下等现实问题。

就国内已有的相关研究来看，电子技术进入到学校领域之后，教育理论工作者开始关注"电化教育""教育技术""教学媒介""教学手段"等问题，但这些研究中的"技术"只是被定位为教育教学的辅助性工具。进入到信息时代之后，"信息技术与课程整合"成为一个重要的时代性话题，研究成果也在短期内得以增加。可以说，以"信息技术与课程整合"为议题的研究在教育界掀开了技术与课程关系的大讨论，也使课程形态变迁打破了长期以来的缄默隐匿状态。到目前为止，代表性的研究著作数量有限。2004年，张胤在博士研究的基础上，出版了《数字化之"道"与当代课程建构——从"实体主义"到"道"的追问》，该书主要采用哲学思辨的范式，提出了泛数字化课程的观点,阐明课程的数字化实体背后的数字化精神才是恒久的"存在",批判了数字化文化的实体主义以及由此所导致的对数字化课程系统的"形质"化夸大。2006年,刘成新出版了《整合与建构——技术与课程教学的互动解析》,该书主要针对"立体化"课程建设中的新挑战和新问题,探讨了影响技术作用于课程的相关因素,提出了信息技术与课程整合的文化解析观,揭示了课程领域的技术迁移、价值冲突与互动调适等问题,并就立体化课程的发展理念和建设思路展开了深入细致的分析与预测。2009年,张倩苇出版了《信息时代的技术与课程发展》,该书提出了"技术促进课程发展"的基本观点,沿用了国内课程论的传统性分析框架,以技术作为立足点,分别阐述了技术对课程目标、课程内容、课程实施、课程评价和课程管理等几个方面的具体影响。除此之外,何克抗、张文兰、赵呈领等先后出版了有关"信息技术与课程整合"的著作,这些著作普遍将"信息技术与课程整合"等同于"信息技术与教学整合",分别就教学结构、教学设计以及资源建设方式等展开论述。尽管在著作之外,也有一些期刊文章从不同角度探讨了技术引发的课程新形态问题,展示出了敏锐的问题意识,但是其系统性的理论贡献还是比较有限。

三、基于延绵历史的时代新议题

事实上,课程形态有着悠久的历史和漫长的过去,现实中竹简、丝帛、羊皮、纸本等皆为大众所熟知,也正是在这个意义上,课程形态完全不是一个新议题。然而课程形态在课程史乃至教育史的研究中却是一个"未充分表达"的存在,也许情况恰如研究者郭文革所言:

  人类历史上能观察到的传播媒介技术的显著变化只有几次,在特定的时期内，"技术"经常表现为一个常量，很难观察到它对教育发展的显著影响。以15世纪中叶至20世纪为例，支持人类教育发展的主要传播媒介技术就是印刷技术，可观察的教育变革主要来自教育理念、教育内容、教学方法和学校组织等方面的变革。因此，在印刷环境下发展起来的教育理论和教育史著作，也的确很难给"技术"留出更多的篇幅。①

那么随着信息化时代的来临，为什么"课程形态"依然没有成为一门"显学"呢？大体有以下三方面的原因：

首先，"课程形态"问题属于习惯性缺位。在西方世界，多数学者都认同课程是从拉丁语"currere"一词中派生出来的，意为"跑道"（racecourse）。在之后的发展进程中，不同的学者对"课程"的意涵做出了不同的理解和诠释。美国课程论专家坦纳夫妇（Daniel Tanner & Laurel Tanner）对学术界的课程定义进行了梳理和分类，他们指出课程的定义主要有如下八种类型：课程即教学科目和教学内容、课程即学科知识、课程即教学计划或学习的进程、教学即可供评价的教学结果、课程即文化再生产、课程即从文化经验中对知识进行选择和组织、课程即思维模式、课程即经验。② 可见，"课程"有时被认为侧重于强调专门化的知识分类和学科体系，有时亦被认为侧重于强调个人经验或是社会文化的运作方式，试图用一句话说清楚课程的定义是非常困难的。在我国，论及"课程"往往会追溯到朱熹的"宽着期限，紧着课程"的提法上，这里的"课程"着重强调的是学业的内容计划和时限进程。新中国成立之后，伴随着学界对课程问题的关注，人们对课程概念的看法也有了更加

---

① 郭文革：《中国网络教育政策变迁——从现代远程教育试点到MOOC》，北京大学出版社，2014年，第192页。

② See Daniel Tanner, Laurel Tanner, *Curriculum Development: Theory into Practice (fourth edition)*, Person Education, Inc., pp. 100 – 109.

多样的认识,廖哲勋和田慧生在整理的基础上将学界观点概括为六种不同的见解:"学科"说、"教学内容"说、"总和"说、"教育内容"说、"经验"说、"计划"说。① 总之,不论西方还是东方,不论分析的视角是立足社会还是个人,就其题旨来看,课程的重心指向的都是"内容"问题,比较而言,"形态"问题在历史上一直处于缺位的局面。

其次,"课程形态"探索面临跨界的挑战。"课程形态"的创制和建设是一个多方协同的过程,往往能够最切近地捕捉或是参与到课程形态变革的组织或是个体,并不一定是直接从事教育教学工作的组织或个人。例如中世纪教会中专为学校誊抄文本的抄写员,中国古代书市上负责雕版拓印经书的书商和工人,近代专业化的教材出版机构以及教育文化传媒公司等,他们尽管担负起了课程教材出版发行的重要使命,但技术实现和市场收益才是他们关注的核心问题,所进行的理论思考主要是为了更好地服务于实践操作,至于课程形态变革的"课程学"思考则并不属于上述组织和个人的分内之事。此外,课程的提供者和使用者往往在特定的时空和技术条件下开展课程活动,他们限于实践重心的制约也并没有对"课程形态"的理论自觉表现出足够主动的热忱。课程形态绝不仅仅只涉及技术的准入问题,教育目的始终规制着课程形态的发展与变革。因此,在对课程做出种种认识和判断之前,需要掌握教育传播的全面、整体的知识以及在教育系统内外部发展变革的历史逻辑。简言之,"可感知的需要、竞争和政治压力,以及社会和技术革新的复杂相互作用"②,一并杂糅在一起成为理论盲区的成因。

最后,"课程形态"研究缺乏成熟的范式。从特征上看,课程形态是技术建构的产物,似乎课程形态研究势必需要回归到"技术"这一原点上来。但

---

① 参见廖哲勋、田慧生:《课程新论》,教育科学出版社,2006 年,第 34～35 页。
② [美]罗杰·菲德勒:《媒介形态的变化:认识新媒介》,明安香译,华夏出版社,2000 年,第 19 页。

是,毕竟充当课程形态的技术无不经过了教育的缜密选择,而选择的过程又势必充满了政治、经济、社会、文化等诸因素的精密"算计",技术与课程之间的关系并不是建立在单纯的工具理性的基础之上。对于课程研究,英国著名课程论学者 Kelly 在他所著的《课程理论与实践》(第五版)中就曾阐明这样的观点:课程研究应是研究教育和探索教育问题的努力,这种努力是按照课程研究自身的名称,而不是任何哲学问题或心理学、社会学现象的名称来进行的。……因此,课程研究不应由那些哲学家、心理学家和社会学家们来告诉我们在教育领域中应该做的事情,也不应由那些科学家或技术专家来告诉我们应该如何应用其发现和发明成果。① 理论思维的突破,才可能促使研究不限于孤立地窥探每一种具体的形态,而是能够协助研究者"考察作为一个独立系统的各个成员的所有形式,去注意存于过去、现在和新出现的各种形式之间的相似之处和相互关系"②。然而迄今为止,"课程形态"在一般化、专门化和精细化的研究方面尚未构建起成熟的范式。

---

① 参见[英]凯利:《课程理论与实践(第五版)》,吕敏霞译,2007年,第18页。
② [美]罗杰·菲德勒:《媒介形态的变化:认识新媒介》,明安香译,华夏出版社,2000年,第19页。

第一章　课程形态的内涵及其构成

课程形态是课程意义能够和学习者产生连接并展开对话的根本条件，在教育实践中，任何课程都会以一定的状态、结构和样貌存在。那么究竟如何理解课程形态呢？

一、课程形态的概念内涵

从意义指向来看，学界对"课程形态"的理解主要有三种代表性的观点。其一，课程形态即"课程在不同历史发展阶段的状况"。如廖哲勋和田慧生在《课程新论》中指出，课程形态的各个组成部分是基于学校育人的要求而逐步形成的，具有复杂性，我们考察课程形态应用发展的眼光，不能用考察古代、近代课程形态的眼光来考察现代特别是当代学校课程的形态。[①] 这也反映出，二位学者关注的重点并不在于精确揭示"课程形态是什么的问题"，而在于着重强调"如何认识课程形态的问题"。其二，课程形态即"课程的不

---

① 参见廖哲勋、田慧生：《课程新论》，教育科学出版社，2006 年，第 29 页。

同类型"。如杨明全在《课程论》中指出，课程内涵的丰富和课程形式的多样，推动了不同类型的课程形态的产生，根据不同的划分标准，可以具体分为学科课程与经验课程、分科课程与综合课程、必修课程与选修课程等。① 事实上，作者将"课程形态"等同于"课程类型"，而"课程类型"在课程理论中已经形成了相对稳定和明确的内涵。《教育大辞典》将"课程类型"收录为重要词条，并给出了具体的界定："课程类型"对应的英文为"curriculum types or categories"，指按照课程设计的不同形式和特点形成的课程类别。② 其三，课程形态即"课程的存在方式"。如笔者指出课程形态是"课程在时空系统中的存在及其表现形式"③，牛瑞雪提出课程形态是"课程内容与其载体及实施方式的动态组合样态"④，严中萍认为课程形态是"课程在一定条件下呈现出来的状态"⑤。将"课程形态"作为课程的时空存在方式，它所试图回应的根本问题是：课程何以存在？课程的意义如何得以承载和传递？课程对话是怎样构建完成并组织实施的？

比较来看，从"存在"的角度理解课程形态，集中反映了新时代技术变革所带给课程发展的强有力冲击与巨大挑战。当然，如果以"存在"为标准来审视课程，那么课程的"存在"就可以分为"形态"和"内容"两个方面，这两个方面相对独立，又不可割裂。鉴于此，揭示课程内容与课程形态之间的关系，有助于进一步厘清课程形态的内涵边界。

---

① 参见杨明全：《课程论》，中国人民大学出版社，2016 年，第 79 页。
② 参见顾明远：《教育大辞典》，上海教育出版社，1990 年，第 897 页。
③ 赵婧：《媒介数量的增加会带来课程质量的提升吗？——关于课程形态变革的思考》，《课程·教材·教法》，2013 年第 8 期。
④ 牛瑞雪：《从口耳相传到云课程：课程形态视域下的课程演变史》，《课程·教材·教法》，2013 年第 12 期。
⑤ 严中萍：《课程形态视角下云课程发展微探》，《昭通学院学报》，2019 年，第 5 期。

(一)"课程内容"是"课程形态"的价值构成

课程内容是课程的核心组成部分。形象地讲,课程内容对应解决的是课程精神营养元素的构成问题。20 世纪 80 年代,江山野主编译的《简明国际教育百科全书·课程》较早地介绍了国外学界对课程内容理解的两种主要观点,他指出,一种观点认为,课程内容是在教育机构范围内要向学生灌输的知识;另一种观点则认为,课程内容是在一门课程中所教授或所包含的知识,也是指一些学科中特定的事实、观点、法则及问题等。[①] 之后,我国学者在学习和修正的基础上,逐渐形成了对课程内容的不同理解。有学者认为:"课程内容是一系列比较系统的直接经验和间接经验的总和。课程内容是根据课程目标从人类的经验体系中选择出来,并按照一定的逻辑序列组织编排而成的知识和经验体系。"[②]也有学者认为:"课程内容是指各门学科中特定的事实、观点、原理及问题,以及处理它们的方式。"[③]亦有学者指出:"课程内容是根据课程目标,有目的地选择的一系列直接经验和间接经验的总和,是从人类的经验体系中选择出来,并按照一定的逻辑序列组织编排而成的知识体系和经验体系。"[④]此外,还有学者强调:"课程内容是符合课程目标要求的一系列比较规范的由间接经验和直接经验组成的用以构成学校课程的文化知识体系,是课程的主体部分。"[⑤]从总体上讲,课程内容是课程的核心组成部分。人们在任何历史时期,都需要不断回应"什么知识最有价值"这一经典的课程内容问题。

整体来看,课程内容对于课程形态的具体影响主要体现在以下两方面:

---

① 参见江山野主编译:《简明国际教育百科全书·课程》,教育科学出版社,1991 年,第 69,110 页。
② 廖哲勋、田慧生:《课程新论》,教育科学出版社,2006 年,第 182 ~ 183 页。
③ 施良方:《课程理论——课程的基础、原理与问题》,教育科学出版社,2003 年,第 106 页。
④ 钟启泉:《课程论》,教育科学出版社,2007 年,第 141 页。
⑤ 靳玉乐、于泽元:《课程论》(第三版),人民教育出版社,2016 年,第 200 页。

　　首先,课程内容是课程形态的意义之源。在课程发展的历史进程中,"内容为王"始终是指导实践的根本原则。早在 13 世纪,文法学家维伊度的作品《文法教本》就被作为学童用于研习初阶拉丁文法的重要教材,这部中世纪作品以韵文形式成书。到了 15 世纪,随着印刷技术的发展,《文法教本》被制作成多种印刷本(迄今可以统计的超过 300 种),尽管编排形式和注释信息有所差异,但其内容表达却从未被改动。时隔近 200 年,伊拉斯莫斯认为此书仍然是"尚且堪读"。①可以说,从人工手抄本到机器印刷本,《文法教本》长期能够受到尊崇主要是由其内容的社会适应性所决定的。进入 20 世纪之后,从形态的角度来讲,课程逐步开始获得多样化的"分身",包括电影、幻灯片、磁带、CD 等。但是,课程形态无论如何变化,都要由课程内容来赋予其价值题旨。2012 年,MOOCs(Massive Open Online Courses)以井喷之势在全球快速发展:在美国,Udacity、Coursera 和 edX 三大平台先后建立;在英国,伯明翰大学、英国开放大学以及南安普敦大学等十几家大学联合成立了 Futurelearn 公司,成为欧洲第一家 MOOCs 机构;在中国,高校一方面积极加入国外的知名 MOOCs 平台(如清华大学和北京大学加入了 edX 平台,上海交通大学和复旦大学加入了 Coursera 平台),另一方面也快速搭建推出自己的在线课程平台(如清华大学的"学堂在线"、上海交通大学的"好大学在线")。课程形态规模化遽变的序幕由此全面掀开。然而,"形态"可以增殖课程意义,但并不天然具备课程意义。因此,无论课程的载体形式、制品系统、创制方式以及传播媒介如何变化,课程内容都是课程的安身立命之本和课程意义之源。

　　其次,课程内容的品质决定着课程形态的育人效能。《伊索寓言》是脍

---

　　①　参见[法]费夫贺、马尔坦:《印刷书的诞生》,李鸿志译,广西师范大学出版社,2006 年,第 255 页。

炙人口的典籍,一度被抄写员大量誊抄,学童们在完成逻辑课程、修习道德学理之前,通常会将《伊索寓言》作为研读古代拉丁文的初级读本。截至1500年前,《伊索寓言》的拉丁文版本超过80种(大都在意大利印制),意拉对照版15种,希腊文版1种,希拉对照版1种,德文版15种,低地德文1种,法文7种,英文3种,捷克文1种,法兰德斯文2种,而且捷克文版和法兰德斯文版都附有插图。在印刷机投入使用之后,《伊索寓言》成为率先被大量印制的教学用书。[①]　分析来看,事实上,无论是手抄本的《伊索寓言》,还是印刷本的《伊索寓言》,均产生了重大的课程影响,这背后关键的原因并不在于"形态"的变化,而在于"内容"本身的经典价值。进入20世纪以后,课程形态的电子化乃至信息化变革进一步加剧了人们对课程内容品质的关注和重视,各国教育工作者愈加深刻地意识到,无论课程形态如何革新,课程内容的根本性地位都不会发生动摇。面对在线课程迅猛发展的势头,美国的教育组织先后研制并发布了在线课程的质量标准,其中,课程内容标准一直都是最为关键的组成部分。2019年,美国虚拟学习领导联盟(Virtual Learning Leadership Alliance,简称VLLA)和QM(Quality Matters)联合发布了新的K-12阶段《在线教育课程质量全国标准》,并对课程内容的建设要求做了进一步的细化,构建了在线课程内容标准的十项指标,具体包括:"清晰呈现可测量的课程目标或能力指标;课程预期与课程目标或能力指标一致;课程内容与州认可的或其他来源认可的内容标准(如适用)一致;数字素养和沟通技巧是课程内容的重要部分;补充性学习资源和相关教学材料可用于支持和丰富学习体验,需和授课内容一致;课程内容和支持材料尊重多元文化,避免偏见;确保课程材料(如教科书、原始文献、开放教育资源)的内容

---

① 参见[法]费夫贺、马尔坦:《印刷书的诞生》,李鸿志译,广西师范大学出版社,2006年,第256页。

精确且及时更新；课程不含成人内容且避免广告；任何第三方内容的版权和许可需引用适当且注有明显标识；（为授课教师）提供相关课程文件和支持材料，支持和促进有效的在线课程。"①毕竟课程形态的变革并不会自然推动育人效能的实现，如果课程内容不够合理和精进，仅凭借形式的变革并不能带来课程效能的实质提升。

总而言之，"课程内容"是"课程形态"的价值之源，如果没有高品质的课程内容做支撑，整合的课程形态也好、融合的课程形态也罢，都难以实现高效率育人。

（二）"课程形态"是"课程内容"的容身之所

从课程发展的历史进程来看，无论是竹简册、手抄本、羊皮卷、印刷本，还是电子出版物或是网络云平台，课程形态为课程内容所提供的都是最为根本的"容身之所"。换言之，课程的营养元素是如何被"装配"②的、又是以何种面孔与学习者展开对话的，这都是由课程形态决定的。那么，如何从理论上理解课程形态作为"容身之所"的存在呢？恩斯特·卡西尔（Ernst Cassirer）的符号哲学理论和卡尔·波普尔（Karl popper）的"三个世界"理论都为我们提供了重要的思维启示。

卡西尔指出："人不再生活在一个单纯的物理宇宙之中，而是生活在一个符号宇宙之中。语言、神话、艺术和宗教则是这个符号宇宙的各部分，它们是织成符号之网的不同丝线，是人类经验的交织之网。人类在思想和经验之中取得的一切进步都使这符号之网更为精巧和牢固。……在某种意义

---

① 周蕾、赵中建：《美国 K－12 阶段在线教育质量全国标准评析》，《开放教育研究》，2020 年第 2 期。

② 郭文革：《中国网络教育政策变迁——从现代远程教育试点到 MOOC》，北京大学出版社，2014 年，第 277 页。

上说,人是在不断地与自身打交道而不是在应付事物本身。他是如此地使自己被包围在语言的形式、艺术的想象、神话的符号以及宗教的仪式之中,以致除非凭借这些人为媒介物的中介,他就不可能看见或认识任何东西。"①卡西尔不仅揭示了"人""符号"与"文化"之间的内在关联,而且也阐述了个体生活以及成长的方式。反映在教育领域中,课程内容的实质就是符号化了的人类精神文化,只有这些"符号化了的人类精神文化"实现了其教育的功能性价值,个体才会经由与课程的对话而获得发展。但是,人如何与"符号化了的人类精神文化"相遇呢?抑或说,"符号化了的人类精神文化"是如何与学习者连接的呢?这就必然要经由课程形态这一中介——早期可能是泥版、木牍、羊皮卷,当下则可能是印刷教材、网络平台、电子屏幕。

与卡西尔的符号哲学不同,波普尔指出:"世界至少包括三个在本体论上泾渭分明的次世界;或者如我所说,存在着三个世界。第一世界是物理世界或是物理状态的世界;第二世界是精神世界或精神状态的世界;第三世界是概念东西的世界,即客观意义上的观念的世界——它是可能的思想客体的世界:自在的理论及其逻辑关系、自在的论据、自在的问题境况等的世界。"②以下,按照波普尔著作中的表述,将"第一世界"简称为"世界1",将"第二世界"简称为"世界2",将"第三世界"简称为"世界3"。具体而言,"世界1"主要是指自然界,例如石头、树木、物理场等;"世界2"主要是指人脑对于外部世界的主观反映,例如意识状态、心理感受或是道德看法;"世界3"主要是指作为人类心灵产物的客观知识世界,例如以符号形式表达的问题、理论、故事、艺术作品等,它们可以以丰富的形式典藏于艺术馆、博物馆或是图书馆中。比较而言,"世界3"是人造的客观,它们的存在需要特定的

---

① ［德］恩斯特·卡西尔:《人论》,甘阳译,上海译文出版社,2003年,第41页。
② ［英］卡尔·波普尔:《客观知识——一个进化论的研究》,舒炜光等译,上海译文出版社,2005年,第178页。

"容身之所"。对此，波普尔曾在《通过知识获得解放》一书中予以举例说明，他写道："对于大部分，尽管不是全部，世界3客体，可以说它们被体现或物质地实现在一个或许多世界1的物质客体中。一幅伟大的图画可能只作为一个物质客体存在，尽管可能有一些优秀摹本或复制品。相比之下，《哈姆莱特》体现在包括《哈姆莱特》一种版本的所有那些物质的书籍中；换一种方式，它也体现或物质表现在一个剧团的每一次演出中，与此相似，一部交响曲可用迥异的方式体现或物质表现。有作曲家的手稿；有印刷的乐谱；有实际演奏；有这些演奏的唱片或磁带的物质形式的录音。但是也有在一些音乐家的大脑中的记忆印迹；这些也是体现，而且它们尤其重要。如果想这样说，那么可以说世界3客体是抽象客体，它的物质表现是具体客体。"①由此可见，"世界3"离不开物质媒介，物质媒介构成了"世界3"的容身居所。在教育系统中，课程内容的本质就是波普尔视域下的"世界3"，即经过加工选择的科学知识和人文知识。然而，知识想要释放具体的教育效能，首先必须有所依托——书籍也好，视频音频或是电子出版物也罢，知识只有有了"容身之所"才能获得可流动、可传播、可交互的基本资格。因而，作为"容身之所"的课程形态，是课程不可或缺的重要组成部分。

综上所述，不论是透过卡西尔的符号哲学，还是透过波普尔的"世界3"理论，课程形态的重要性已经一览无余。那么作为课程内容的"容身之所"，课程形态对课程内容的现实制约性又具体体现在哪些方面呢？

第一，课程形态影响着课程内容的筛选准入。对于课程内容的取舍而言，课程形态一直扮演着"隐性把关人"的角色，尽管这种把关人的角色长期处于理论上缄默无声的状态。但是，正如有研究者所指出的那样，"理论上

---

① ［英］卡尔·波普尔：《通过知识获得解放》，范景中、李本正译，中国美术学院出版社，1998年，第242页。

的'未表达'并不意味着'技术'因素没有影响人类的教育实践,相反,技术工具的进步,一直在影响着教育内容的表达方式、教育内容的传播结构、教学的组织和实施策略,乃至于人类教育的组织结构"①。具体到课程领域,课程形态为课程内容的筛选准入提供了"潜在规范"和"客观滤器"。在手工书写时代,莎草纸、羊皮纸或是简牍数量有限,手工抄写的速度缓慢、效率低下,这使得"同一学科往往有不同的课本、课本各部分顺序的安排也往往不一致"②。这种粗陋的开放状态,导致课程内容缺乏严肃性,甚至以讹传讹的情况在中外的教育史上都不鲜见,但同时这也为课程内容的甄选和审思创造了一定的灵活空间。到了印刷时代,廉价的人造纸取代了简牍和兽皮,印刷机替代了抄书匠,知识的垄断权在相当大程度上被"迅捷的知识复制方式"所瓦解。也正是因为在知识垄断的链条上打开了缺口,社会上流行的知识观随之发生变化,那些系统化、可重复、可验证的科学知识开始"登堂入室"、进入课程中来,在确立了课程身份的同时也获得了广泛传播的可能途径。而进入电子时代,多媒体的出现改变了课程单一、呆板的"面孔",课程不仅有文字而且有图像,不仅可以看而且可以听。自此,课程内容得到了进一步的丰富,声音和影像推动课程内容走向立体化繁荣的新阶段。数字时代来临之后,云计算技术和大数据技术为"非结构化"数据的纳入敞开了大门。于是,课程资源的存储能力、交换能力和调用能力得到了前所未有的提升,MOOC在全球范围的疾速勃兴成为最生动的例证。当然,课程内容在实现了准入方式多样化的同时,其品质提升的需求也变得更为迫切。

第二,课程形态影响着课程内容的组织结构。课程内容的组织结构是

---

① 郭文革:《中国网络教育政策变迁——从现代远程教育试点到MOOC》,北京大学出版社,2014年,第191页。

② 郭文革:《中国网络教育政策变迁——从现代远程教育试点到MOOC》,北京大学出版社,2014年,第219页。

指课程内容的组织脉络和架构方式，直接关系到课程目标的落实和达成。课程内容的组织结构不仅受到知识本身的逻辑机制和受教育者心理发展水平的影响，而且也受到课程形态的制约。以印刷时代产生的"拉米斯教材"为例。在16世纪，随着印刷技术在教育领域中的规模化应用，彼得·拉米斯（Peter Ramus）开创了一种适用于一切学科（辩证法、逻辑、修辞、语法、算术等）的教材新范式。在这种范式里，首先呈现的是冷冰冰的学科定义和分类，由此再引导出进一步的定义和分类，直到该学科的每一个细枝末节都解剖殆尽，处理完毕。① 直到今天，大部分的纸本教材仍然遵循"拉米斯教材"的基本编写规范。通过对"拉米斯教材"的分析，我们可以明显地看到：其一，造纸术和印刷技术联合打造的课程形态，夯实了课程内容的线性编排体例。课程内容都是在一维空间中呈现的，从上位的知识到下位的知识层层展开，线性脉络清晰可见。其二，造纸术和印刷技术联合打造的课程形态，强化了课程内容的单向对话方式。学习者可以阅读到课程的书面材料，但是很难与编写者进行互动，也难以得到需要的反馈。其三，造纸术和印刷技术联合打造的课程形态，强化了课程内容的稳定状态。印刷文字不易修改，印刷文本又比手抄本更易于保存，这样，课程内容获得了抵抗异变的坚实支撑。进入电子时代之后，课程形态对课程内容组织结构的塑造就发生了明显的变化。首先，电子技术打破了课程内容的线性编排体例，使课程内容可以依托超文本的形式实现非线性重构。其次，电子技术赋予课程内容以交互性，口语传播的对话感被新型纳入的音视频再现，学习者的多种感觉通道得到激活，课程内容重获对话性。最后，电子技术使课程内容的增补和删减周期大大缩短，课程内容逐步走向积件化和动态化，这对于克服内容的滞后

---

① 参见[美]沃尔特·翁：《口语文化与书面文化：语词的技术化》，何道宽译，北京大学出版社，2008年，第102页。

性产生了非常重要的推动作用。总而言之,课程形态的背后是"技术"的力量,"技术"对课程内容的组织结构具有不可低估的"规制"作用。

第三,课程形态影响着课程内容的对话方式。课程内容与学习者之间的对话会如何发生,这在相当大的程度上受制于课程形态。以印刷本为载体的课程通常容易陷入相对封闭的格局,塑造独白式的对话方式。拉米斯式教材迄今都是主要的教材形式,拉米斯主义者认为,根据拉米斯方法论推出的教材不会遭遇来自"对手"的挑战:因为恰当地定义、恰当地分门别类,书中的一切自然会不言自明,教材本身就会圆满无缺,自给自足;在与问答法的配合下,所要陈述的事实容易记忆、平淡无奇、直截了当、涵盖面广。[①]简言之,印刷式的课程内容非常重视线性逻辑,高度关注内容与内容之间的层级性和关联度。因而,相对的封闭格局成就了课程自圆其说的可能,赋予了课程内容以"毋庸置疑"的威严,也强化了课程内容独白式的言说方式。比较而言,由于"分身"的多元和丰富,电子化、信息化的课程形态营造了开放的对话氛围,使预设的对话方式进一步趋于民主。超文本打破了课程的线性编辑模式,声音、视频、动画的整合与嵌入凸显了内容的表现力,友好的界面和便捷的交互方式增强了学习者学习的自主性和参与感,学习者还可以通过随时随地的资源获取和个性化的资源推送来定制所需要和所感兴趣的课程内容。总而言之,以非线性的网状形式联结的课程内容,打破了课程内容独白的状态,使互动对话成为可能。

综上所述,"课程形态"构成了"课程内容"的容身之所,不仅支撑并确证课程内容的存在,而且对课程内容的筛选准入、组织结构以及对话方式都发挥着现实的规制作用。

---

① 参见[美]沃尔特·翁:《口语文化与书面文化:语词的技术化》,何道宽译,北京大学出版社,2008 年,第 102 页。

（三）"课程形态"与"课程内容"的相嵌共生

如前所述，"课程内容"主要强调的是课程营养元素的存在与构成，而"课程形态"则主要强调的是课程营养元素的加工与呈现。在哲学的世界中，亚里士多德的"质料形式理论"有助于启发我们对此问题展开思考。亚里士多德引入形式和质料两种本原来思考事物的生成，在他看来，形式和质料不是客体对象的两个组成部分，而是客体对象得以生成的本原。正如有研究者所概括的那样，"我们不可能面对一个分离的、超越的形式，也不可能面对一个独立的、自足的质料；然而，倘若我们要真正理解个体实体的存在，理解它们特有的功能和活动，我们就必须深入到它们的生成和存在的原因结构中去"[①]。就课程而言，我们不能仅从实体的角度来加以分析，但可以确定无疑的是："课程形态"与"课程内容"共同构成了课程的内在本原，它们是相嵌共生的，也是携手演进的。

总结而言，一方面，课程内容必须依托于课程形态而存在。课程内容是从人类的精神文化财富中予以析出并加以提炼的，它与课程目标之间有着内在的逻辑联系，直接影响着人才培养的质量规格。从古代社会的"七艺""六经"到今天围绕学生核心素养培养的现代课程，课程内容在不同的历史时期都需要依托于不同的课程形态。在相当长的时间里，课程形态之所以没有引发社会各界的关注和重视，主要的原因在于课程内容的编排和传递并没有突破一维、平面、静态的整体格局，内容的调整始终占据着课程改革的核心位置。从19世纪末期、20世纪初期开始，电子技术的发展终于将课程内容的呈现带入到多维、立体、动态的新阶段，教育工作者开始去自觉地思考课程形态的问题。尽管百年以来，既有激进的声音，也有保守的论调，

[①] 曹青云：《亚里士多德"质料形式理论"探源》，《哲学动态》，2016年第10期。

但是"课程内容如何呈现"已经被证明不仅是课程领域中的真问题,而且是课程领域中颇为重要的问题。

另一方面,课程形态必然服务于课程内容的优化。从不同的角度来看,"课程形态"可能是单一型的,也可能是复合型的;可能是平面的,也可能是立体的;可能是纸质线性的,也可能是电子化、非线性的;可能仅存在于实体空间,也可能存在于实体与虚拟的混合空间。然而,课程形态无论怎样变化,其真正纳入的媒介技术却是非常有限的。拉长历史的镜头,不难发现:人造纸和印刷术成为课程形态极其稳定的组成部分,而广播、电影和电视却不过是"昙花一现",还有一些技术甚至仅限于概念的构想而尚未"落地"。这也充分反映出,课程形态的创新是有度且有限的,形态必须服务于内容的需求,并能够与内容共同指向于课程目标的实现。百年以来,爱迪生关于"纸本消失"的预言未能成真,批评的声音也时有消长。总体来看,在日新月异的技术不断与教育碰撞的过程中,课程形态的精进要永远基于课程内容的合理需求和优化趋向,不能只为了追求炫酷的表达而忽略育人的职守。

综上所述,面对新技术条件下教育发展的切实需要,作为课程在时空系统中的存在及其表现形式,"课程形态"不仅应该具有自己独立的话语身份,而且需要被不断地予以确证和澄明。

二、课程形态的要素构成

课程形态究竟是由哪些要素构成的呢?我们应该如何对课程形态加以认识呢?这的确是一个比较复杂的问题。从逻辑种属来看,课程形态是一种特殊的媒介形态。那么"媒介形态"是如何被认识和分析的呢?在知名研究者罗杰·菲德勒(Roger Fidler)看来,媒介形态可具体在人际领域、广播领域和文献领域中分别予以考察。

人际领域包括一些涉及信息的双向交流的形式，如面对面的交谈和电话交谈。这是唯一提供了非中介传播可能性的领域。虽然"人际"这一术语表示的是在个人之间传播，我已把这一定义扩大到包括人与计算机间的互动传播，在这里，计算机程序担任代理人的角色。

广播领域在这个方案中不仅仅包括广播和电视。我已经冒昧地将当代广播的定义扩展到现代电子媒介，而且包含了所有的中介传播形式，其中包括向受众传播有组织的视听内容，如美术、电影、戏剧和公开演讲。关于受众，我指的是被分配来扮演观众或观察者角色的个人或群体。

文献领域包含主要通过易于携带的媒介如报纸、杂志和书籍等，向个人传播事先建构好的书写的或印刷的以及可视内容的所有的中介传递形式。也包括存在于计算机网络上的页面。①

截至 2021 年底，罗杰·菲德勒的该项研究成果已经被引用了 1657 次，其影响的行业非常广泛。不过罗杰·菲德勒的研究偏向整体和宏观，对于深入剖析课程形态的微观结构而言，我们还需要找到更为具体化的参照。

进入 21 世纪，国内学者单小曦就现代传媒语境中的文学存在方式做了系统化梳理，他将文学存在的传媒要素划分为四个方面，具体包括：

一是符号媒介，直接由各民族的口语语言、书面语言和文字符号组成，它是直接承载文学信息的符号形式，与文学语义内容一起构成了文学信息。二是载体媒介，它是书面文学语言、文字的承载物，包括石头、

---

① ［美］罗杰·菲德勒：《媒介形态变化：认识新媒介》，明安香译，华夏出版社，2000 年，第 28 页。

泥版、象牙、甲骨、竹简、布帛、兽皮、莎草纸、羊皮纸、植物纤维纸、现代工艺纸、胶片、光盘、电子屏幕等。三是制品媒介,指的是符号媒介与载体媒介的结合物被进一步加工成的产品。包括册页、扇面、手抄本、羊皮卷、字幅、印刷书刊、电子出版物,互联网网页等。四是传播媒体,它是对文学的可能作品进行选择加工乃至于集体生产或再生产,然后向读者传播的传媒机构。包括出版印刷、期刊、电影、电视、网络公司等相关部门。这些传媒机构集生产职能与传播职能为一身,从传播学角度说、就是传播媒介。①

单小曦认为,"这四种传媒形式并不为文学所独有,它们也可以成为新闻、科学、历史、哲学、宗教各种信息的承载形式"②。单小曦将文学存在方式作为一个重要的本体论问题加以探讨,全面具体地揭示了现代科技支持下文学艺术的存在条件和传播方式,并积极尝试将文学存在的认识拓展迁移到其他领域,这对于我们思考课程的时空存在具有重要的思想方法上的启示。

聚焦在教育领域,北京大学教授郭文革以媒介技术属性为核心变量,解析了媒介技术发展史。她指出:

媒介技术是一类支持人类表达、交流、沟通与协作的技术,它包含表达符号、载体种类、复制方式以及传播特征等四个子属性。其中:

(1)表达符号指口头语言、字母文字、画面、视听语言、电脉冲信号和0、1二进制信号等符号系统。符号是人类表达的基本单元,它决定了

---

① 单小曦:《现代传媒语境中的文学存在方式》,中国社会科学出版社,2008年,第31页。
② 单小曦:《现代传媒语境中的文学存在方式》,中国社会科学出版社,2008年,第31页。

一种媒介技术所支持的表达方式以及叙事的风格。

（2）载体是指书写、存储、传播和显示内容的物质。莎草纸、羊皮纸、人造纸、磁带、CD、电视、计算机、光盘、硬盘、闪盘、互联网等，都属于载体的范畴。

（3）内容复制方式包括口传、手工抄写、机器印刷、电视播送、上传/下载等。内容复制方式，对于传播的准确性和传播速度，有着决定性的影响。

（4）传播特征指由于符号、载体和复制方式的不同，所导致的人机交互、人际交互的差异。单向传播/双向传播、同步/异步、互动等是人们常用的描述媒介传播特征的术语。①

郭文革以媒介技术发展史为重要参考标准，分阶段详细解析了技术对教育的变革性影响，生动勾勒出教育的"技术"发展史框架。郭文革的研究实现了媒介技术与教育发展的"跨界"思考，对开展课程形态研究具有重要的理论借鉴意义。在综合汲取罗杰·菲德勒关于媒介形态的分类、单小曦关于文学存在的微观要素，以及郭文革关于教育的"技术"发展史分析框架的基础上，结合对课程特殊性的考察和厘定，这里将课程形态的要素构成划分为五个方面，包括表达符号、载体形式、制品系统、创制方式及传播通道。

（一）表达符号

符号是课程形态的核心成分，也是构成课程形态的基础单元。在课程形态系统中，表达符号主要包括文字、图形、图像、视听语言以及电信号和数

---

① 郭文革:《中国网络教育政策变迁——从现代远程教育试点到 MOOC》,北京大学出版社, 2014 年,第 198 ~ 199 页。

字信号,其中,文字、图形、图像和视听语言属于表意符号,电信号和数字信号属于存储传输符号。

表达符号的分化从根本性上影响着课程形态的发展。在课程形态演化的历史上,文字符号是标志性的"分水岭":在文字符号产生之前,智者、先知即课程,课程内容(这里的"课程内容"等同于广义上的教育内容)无法与教育者实现时空分离;在文字符号产生之后,课程内容可以从具体的情境中剥离出来并独立存在。正如沃尔特·翁所言:文字启动了一种技术,以后的印刷术和电脑无非是继承了这种技术而已,它把有爆发力的语音化解为寂静的空间,把词语从它赖以生存的此时此刻分离出来。[1] 文字符号突出的课程贡献在于:它完成了对人类智慧的梳理与凝练,通过精致的编码使人类的智能活动超越了口耳相传的状态,年轻人认识世界的方式不再限于结绳记事、木棍留痕抑或是石子列队等,意识和思维的发展都逐步进入到崭新的阶段。与文字符号同属于表意符号的还包括图形、图像和视听语言,它们都是构成课程形态的基础性元件。进入到电子时代之后,课程的表达符号也增加了新的成员——存储传输符号,早期以电脉冲信号为主,后期逐步过渡到数字信号。存储传输符号的主要课程功能在于完成对表意符号的转换,促进表意符号的快速流动。"存储传输符号"扮演的角色就好比是一辆区间车,连接着发出端和接收端。试想,将原本只能印制在纸本上的三角定理、牛顿定律、孟德尔遗传规律以模拟信号或是数字信号的形式存储和传播,其影响的范围和程度无疑会是惊人的改变。此外,电脉冲信号或是数字信号可以转换的内容非常多样,在文字或是图像之外,音频、视频、动画等都可以被准入,这也极大地丰富了课程的内容。

---

① 参见[美]沃尔特·翁:《口语文化与书面文化:语词的技术化》,何道宽译,北京大学出版社,2008年,第62页。

总而言之，表意符号与存储传输符号直接承载课程信息，它们是课程形态的基础单元。

(二)载体形式

载体主要是指课程内容的承载介质，具体包括泥版、甲骨、木牍、竹简、布帛、兽皮、莎草纸、羊皮纸、植物纤维纸、胶片、光盘、电子屏幕等，进入信息时代之后，互联网也成为影响甚广的重要载体。

载体形式是课程形态最直接、最有力的塑造力量，表达符号必须经由鲜活的载体才能实现课程"传情达意"的育人目的。从历史发展来看，在纸本尚未诞生之前，泥版、莎草纸、陶器、兽骨、树皮、岩壁、贝叶、玉石、器皿、蜡版、钟磬、兽皮、简牍、丝帛(缣缯)等都曾在世界的不同地方扮演过课程载体的角色。其中，羊皮纸(Parchment)的影响颇为深远，翻开欧洲的古代教育史或是中世纪的大学发展史，在关于课程和教科书的描述中，"Parchment"的使用频率极高，这充分反映了羊皮纸在当时历史条件下所产生的重要教育贡献。比较而言，人造纸的出现，对于课程形态来说具有"划时代"的意义。人造纸不仅轻薄而且相对廉价，为课程的大规模传播创造了重要的前提，在经历了数百上千年的演变之后，课程形态终于进入到一个大一统的时代——纸本时代。回溯中国的教育史，简牍向手写纸本的过渡给文化教育带来了巨大且深远的影响，最直接的后果就是导致由口说传业的教学方式向以自主阅读为主的学习方式的转变；此外，"家学"的权威遭到消解，传统的师承关系也受到挑战。①

进入20世纪之后，随着电子技术的发展，课程的载体形式也变得日趋复

---

① 参见王伦信：《从纸的发明看媒介演进对教育的影响——技术向度的中国教育史考察》，《华东师范大学学报》(教育科学版)，2007年第25期。

杂。1996年2月,美国麻省理工学院的物理学家乔·雅各布森率领科研小组研制出一款由调制解调器、电池、微处理器以及其他元件构成的电子书,该书不仅可以在阅读时改变字体的大小、批注阅读心得,而且还可以接收从因特网下载资料用以补充"书籍"内容。该款电子书的问世为课程形态电子化打开了一扇全新的窗口。进入21世纪以后,随着平板电脑技术和移动通信技术的不断改进,资深的教材出版公司 Houghton Mifflin Harcourt、McGraw Hill、John Wiley & Sons、Pearson 等争先恐后投身到信息化课程的开发与研制中来。在他们的努力下,课程形态迎来了综合、立体、多元、动态的新格局:学习者可以在印刷版本和在线版本中做出选择,亦可两种兼得;除此之外,学习者还可购买 CD – ROM 形式的课程资源包,获得在线的课程支持服务。近些年来,与网络学习空间建设相伴随,互联网也成了新型的课程载体形式。尤其随着云课程建设不断走向常态化,网络载体负载了海量的课程资源,文字、图像、音频、视频、动画以及多样化的学习工具都以互联网为载体实现了汇聚与集成。2020年,新冠肺炎疫情在全球暴发,网络载体的课程影响在极短的时间内得以展露,加强网络课程建设的呼声进一步高涨。

总而言之,载体形式的变化不仅直接影响着课程形态的变化,而且也直接影响到课程功能的释放。

(三)制品系统

制品系统指的是表达符号与载体媒介的结合物经由进一步加工而形成的产品。如果说符号和载体的结合物组成了课程形态的零部件,那么,制品则更强调课程形态的完整性和一体化。在课程领域,我们熟悉的制品系统包括泥版、竹简册、手抄本、羊皮卷、印刷本、教育电影、教育广播、电子课程出版物以及课程网站和课程平台。在电子媒介产生之前,课程领域基本上都是单一化的课程制品;而在电子媒介产生之后,复合化的课程制品逐渐占据了主导地位。

在教育的发展史上，教科书是流行最广、影响最大的课程制品。在纸张发明之前，教科书制品主要有纸草书、泥版书、蜡版书、羊皮书、竹木简及石书等，内容以经典典籍为主；纸张发明之后，印刷版教科书正式登上历史舞台，教科书从文化典籍中分离出来，成为专门为学生设计的教学用书。工业化印刷的教科书推动了义务教育的普及，促使教育从精英走向大众。①

从 20 世纪后期开始，电子技术的发展推动了电子教材的出现，这带来了课程制品系统的重大革新。在我国，人民教育出版社于 1999 年开始关注电子教科书的建设，其课题"手持式电子教科书在教学中的应用研究"被列为全国教育科学"十五"规划教育部重点课题。人教电子教科书与中小学生使用的 32 开教材大小相近，重约 30 克，采用液晶显示，一张 3 厘米见方的存储卡便可容纳初中或高中全部教材和辅导读物的全部内容。② 电子教科书易操作、低能耗、便携环保，开启了教材建设的新阶段。此后，计算机、网络和数码技术的广泛应用不但改变了教材的存在和呈现形式，而且刷新了人们对于教材的理解和认识——教材即教学材料的统称，不仅包括纸本教科书，而且包括各种数字化资源和学习工具。电子教科书并没有迫使纸质教科书退出历史舞台，教材逐渐开启了集多重"分身"于一体的立体化、融媒体、全资源、跨时空建设新格局，课程制品从单一走向复合。

进入 21 世纪，"课程平台"刷新了人们对课程形态的传统认知。2020年，新冠肺炎疫情暴发以来，我国教育部前后两次遴选、组织 30 家在线课程平台为高校的"停课不停学"工作提供支持。"课程平台"打开了全新的课程视界，构建了课程实施活动的全新方式，推动了课程全时域、全空域、全媒

---

① 参见杨治平：《教科书的技术形态演变》，《全球教育展望》，2006 年第 35 期。
② 参见高路：《我国第一代电子教材——人教电子教科书问世》，《课程·教材·教法》，2002年第 22 期。

体、全资源运行。

　　未来,面向混合学习空间发展建设的需要,课程制品系统的发展将在复合化的基础上进一步探求高品质育人的路向与机制。

(四)创制方式

　　创制方式是指课程符号和课程载体被组合加工成课程制品过程中所使用的技术技艺和程序机制。比较而言,符号、载体和制品是有形的、可知的或是可感的,而创制方式往往是无形的、隐性的和幕后的。但是创制方式为课程形态成其所"是"提供了根本保障,并对课程内容的传播速度、传播效率和传播准确性产生了直接影响。

　　以印刷技术为例。同是印刷技术,雕版印刷和活字印刷在东西方的课程史中发挥的作用却是不同的:在相当长的时间里,中国古代的官方课程内容大多以雕版的形式进行呈现和扩散;而在古代西方,活字印刷的方式则对课程内容传播的贡献度更大。郭文革曾经做过一个有趣的比较(见表 2 - 1),再现了不同创制方式的成本,并借此揭示了中国古代书籍生产周期长、供应不足、信息传播效率低下、大规模公共教育系统一直难以形成的因果关联性。这充分反映出,创制方式不仅是成就课程形态的直接推手,而且也会制约课程形态教育效能的释放。

表 2 - 1　三种印刷的成本比较①

	汉字雕版印刷	汉字活字印刷	字母文字活字印刷
铸字、工具的成本	简单工具	字模数量多,铸字成本高	字模数少,铸字成本低
选字的效率	不需要选字,"抄写"	万中选一,劳动效率低	26 中选一,劳动效率高
排字工培训成本	简单培训,成本低	分辨数万个符号,成本高	分辨数 26 个符号,成本低

---

　　① 参见郭文革:《中国网络教育政策变迁——从现代远程教育试点到 MOOC》,北京大学出版社,2014 年,第 238 页。

计算机产生之后，超链接技术为课程的创制提供了新视角和新路径。从 20 世纪八九十年代开始，纸质课程电子化成为课程建设的重要方向。借助超链接技术，电子课程的某个内容能以一种非线性的方式与其他页面的资源实现连接，这些资源可以是文本、图表、音频、视频及工具程序等；不仅如此，电子课程还可以实现内容要素的互文交叉和动态流动，这颠覆性地改造了课程平面、单维、静态、线性的传统样态。形象地讲，超链接技术赋予了课程以四通八达的"触角"，为学习者打通求知的通衢提供了技术支持。

进入信息时代，课程创制方式也进一步走向了"多路径集成"。以北京师范大学《课程与教学论》的"全资源课程"建设为例，作为本门课程的负责人，王本陆教授曾经谈道："全资源课程"是信息技术环境下出现的新课程形态，其主要特点是，同一课程在不同层次上通过不同载体而同时表现和存在，一门课程的不同"分身"都承载着课程的基本功能，同时，不同"分身"间又可以实现功能互补。基于此，王本陆教授带领其团队从纸质教材、辅教光盘和学科网站三个方面着手开展"全资源课程"的开发建设工作，"全资源课程"的创制方式实现了文本编写、音视频资源采撷集成与网站开发建设的相协同，极大地改进了课程效能孕育与释放的潜在空间。此外，创制方式的多样综合，也推进了多方力量的参与，课程编写者、教材出版商、相关技术服务人员以及课程的学习使用者一起构建了课程建设共同体，这对于推动课程品质的跃升具有重要意义。

近年来，随着信息技术在教育领域中的广泛应用，课程形态的创制方式也在不断地发生变化，大数据、云计算、5G、人工智能都开始从不同的角度影响着课程符号和课程载体的融合生成，课程创制的联动机制正在不断得以优化，课程形态在变化中不断走向自我的精进。

（五）传播通道

传播通道是指经过加工生产的课程制品与课程使用者之间发生联系并产生对话的渠道和路径。一方面,课程的表达符号和载体形式塑造了课程传播通道的作用方式与基本特征;另一方面,传播通道又直接制约着课程活动的预设和实施。

在口耳相传为主导的古代社会,教师既是课程内容的创造者或拥有者,亦是课程内容的承载者,代表性的人物如大众所熟悉的游吟诗人。在这一时期里,课程主要依靠人际传播,教者与学者通过一对一或是一对多的口头表达来建立授受关系,课程内容不会受到外界其他媒介的干预。声音能够抵达的地方也就自然划定了课程传播的场域界限,并决定了课程传播的基本规模。这种"无物化中介"的人际传播,以口头语言和体态语言为重要的依托,传播方向是双向互动的,组织结构相对松散自由,过程讲究一定的次序但并不遵循严格的线性逻辑。

文字符号和载体形式的发展进步,对传播通道的塑造产生了巨大的影响作用。从手工抄写到雕版印刷、活字印刷以至于机械印刷,从莎草纸、羊皮纸到人造纸,在这一符号和载体融合演进的历史进程中,传播通道的时空疆域被重塑。人际传播主导的格局被改变,课程传播逐渐形成了以(前)纸媒为中介的新方式和新路径。于是,课程内容从对人的依附中独立出来,经由文字和图像的支撑成为客观化的存在,它不仅可以实现远距离的传输,而且传播的规模、效率、速度都较口耳相传时代有了翻天覆地的变化,从少数人到多数人都能接受教育的理想获得了实现的基础。就其特征而言,基于纸媒构建的传播通道在传播方向上属于单向式传播,组织结构趋向严谨,传播方式走向异步化。

如果说教科书的传播是靠纸本的空间流动轨迹构成的,那么广播、电视、电影课程的传播通道则是由无线电波、光波和接收终端共同打造的。和纸本的传播相同的是,广播、电视、电影都属于"有中介"传播,在传播通道中流动的内容是经过预先建构并按次序呈现给学习者的;和纸本传播又有所不同的是,纸本的传播通道是"空间走向"的,而广播、电视、电影的传播通道是"时间走向"的——学习者不能随意更改内容的次序,学习内容从开始到结束以相对固定的位置和预先安排好的时段播放。就主要特征而言,信息以电子的形式传播,这使得语言、声音和画面相整合的课程可以大规模扩散,学习者的多重感官可以与丰富的多媒体形式联结,但传播依然是线性、封闭和单向的,学习者的被动性难以从根本上改观。正如有学者指出的那样,只有那些支持双向对等交流的媒介技术,才能给传统的学校带来彻底的革命性变革。从这个角度看,电子传播对教育的影响类似于手工抄写,它的主要使命是探索"影像书写"的技巧,积累"影像书写"资源,准备迎接互联网革命的到来。①

网络传播通道的开辟,为课程形态的新发展奠定了坚实的基础。通过网络渠道,线性、封闭的局面得到了根本性的改变,课程可以同步传播、亦可以异步传播,师生之间可以进行双向交互活动,课程传播真正迎来了全时域、全空域、全资源、全媒体的发展新态势。尤其是数字技术取代了模拟技术之后,课程传播的"高速公路"随之搭建完成,课程信息的交换、提取和调用在技术实现机制上得到了充分的保障。2020 年,在全球新冠肺炎疫情暴发期间,多国多地区被迫将课程从线下搬到线上,网络传播展示了其巨大的潜力和优势,"停课不停学"成为真切的教育现实。

综上所述,课程形态是由表达符号、载体形式、制品系统、创制方式和传

---

① 参见郭文革:《中国网络教育政策变迁——从现代远程教育试点到 MOOC》,北京大学出版社,2014 年,第 223 页。

播通道共同构成的。当然,以上要素的角色迥异,发挥作用的方式也各有不同,但正是这些要素的拼装与契合才成就了不同时期的课程形态。

三、课程形态的发展阶段

在课程论的研究中,廖哲勋和田慧生曾经在 2003 年出版的《课程新论》中提出应该关注课程形态的历史发展问题。2013 年,循着《课程新论》对课程的定义,研究者牛瑞雪将"技术"作为隐形变量,对课程形态的发展阶段做出了探索性的划分(详见下表 2-2)。

表 2-2 课程形态的发展阶段①

课程形态阶段	内容	学习方式	承载体	技术
口耳相传阶段	祭祀、史实、风俗	对话、示范	无形承载体	语言
经典课程阶段	圣经、史诗、儒家经典	专题对话、贵族学校、私塾	羊皮、竹简、丝帛	文字诞生、雕刻、手抄、古代造纸术、雕版、活字印刷术
教科书阶段	学科知识	班级授课	纸张	现代造纸术、铅字印刷、电子排版
云课程阶段	学科知识、个性化学习内容	正式学习与非正式学习结合、集中学习与个性化学习结合	纸张、光盘、数字存储、云存储	多媒体(影音)电子产品、信息技术

2019 年,关于课程形态类型划分的探讨迎来了一个小的"高峰期"。研究者敬凤和陈仕品按照历史发展进程,将课程形态的演进划分为原始课程、学科课程、活动课程和云课程四个阶段(详见下表 2-3)。

---

① 参见牛瑞雪:《从口耳相传到云课程:课程形态视域下的课程演变史》,《课程·教材·教法》,2013 年第 33 期。

表2-3 课程形态的历史发展阶段表①

课程形态	媒介技术	课程载体	课程内容	教学模式	课程实施方式
原始课程	语言	语言	祭祀、史诗、风俗、养殖	传授、示范模仿	对话、身教、口耳相传
学科课程	文字诞生、雕刻、手抄、古代造纸术、雕版、活字印刷术	羊皮、竹简、丝帛、纸张	圣经、史诗、儒家经典	听、说、读、写	面对面个别教学、小组教学
活动课程	现代造纸术、铅字印刷、电子排版	纸张	学科知识、技术、活动课程、综合实践课程	讲授性教学模式、发现学习、目标教学模式、视听教学模式等	面对面班级授课、复式教学
云课程	多媒体（影音）电子产品、信息技术	纸张、光盘、数字存储、云储存	学科知识、专业技能、个性化学习内容等	个性化教学模式、混合式教学模式等	多媒体、非面对面互联网课程、远程课程等

与敬凤和陈仕品的思路相类似,张刚要、刘陈和赵允玉也尝试考察课程形态的历史分期,但他们认为不同的课程形态存在交叉、过渡甚至并存的复杂关系,因此只能撷取一些典型的课程形态来勾勒课程形态历史变迁的"概略图",而无法给出"全景录像"。鉴于此,几位研究者将课程形态演替的进程划分为教科书课程阶段、音像(多媒体)课程阶段、网络课程阶段以及在线开放课程阶段。②此外,研究者严中萍进一步拉长了历史的镜头,将课程形态的发展分为口耳相传阶段、经典课程阶段、教科书课程阶段以及云课程阶段。③

总体来看,研究者们都共识性地认为划定课程形态的历史分期非常重

---

① 参见敬凤、陈仕品:《信息技术环境下课程形态的演变》,《江苏第二师范学院学报》,2019年第4期。

② 参见张刚要、刘陈、赵允玉:《多重逻辑下的课程形态变迁:一个分析框架》,《教育理论与实践》,2019年第7期。

③ 参见严中萍:《课程形态视角下云课程发展微探》,《昭通学院学报》,2019年第5期。

要,但也面临着非常多的困难。一方面,媒介技术的发展变化是一个共生演进的过程,课程形态并不存在截然明确的新旧断裂或新旧更替;另一方面,如何统筹思考技术、时域、空域以及育人方式之间的联动关系,如何构建一个反映教育实践又符合学理逻辑的课程形态划分标准,这些本身充满了多重复杂的不确定性。我们在详细梳理课程形态构成要素的排列组合机制的基础上,以课程形态自身变化作为考察依据,将课程形态的发展划分为三个历史阶段:单体形态阶段、整合形态阶段与融合形态阶段(详见下表2-4)。

表2-4　课程形态的发展阶段

	表达符号		载体形式	制品系统	创制方式	传播通道
课程的单体形态	口头语言		人		口耳相传	人际传播
	文字 图形		泥版 竹简 兽皮 莎草纸 人造纸	竹简册 手抄本 羊皮卷 纸卷本	手工抄写	物理空间传播 (前纸媒)
	文字 图形		人造纸	印刷本	印刷复制	物理空间传播 (纸媒)
课程的整合形态	表意符号	存储传送符号	现代纸张 投影胶片 磁盘/光盘	印刷本 广播节目 影视节目 电子出版物	印刷复制 采编录制	物理空间传播 (纸媒、电媒)
	文字 图形 图像 声音	电信号				
课程的融合形态	表意符号	存储传送符号	现代纸张 投影胶片 磁盘/光盘 互联网(云端)	印刷本(嵌入超文本) 电子出版物 互联网网站 互联网平台	印刷复制 超链接 采编录制 在线直播	物理空间传播(纸媒、电媒)、虚拟空间传播(网媒)
	文字 图形 图像 音频 视频 动画	数字信号				

（一）单体形态阶段

在教育发展的历史上，单体形态的课程存续时间最长。当然，单体形态的课程本身也存在着一个渐变的过程，尽管这一过程的渐变速度是相当缓慢的。

最早期的单体课程是以口头语言为表达符号、以人为载体、通过口耳相传的人际通道来加以授受的课程，代表性的如游吟诗人。作为一个特殊的群体，游吟诗人即"课程"，他们依靠强大的记忆力和不凡的创造力，向所到之处的求知者播撒先知的智慧。"教师即课程"的实践格局随着文字符号的产生而逐步瓦解，但是"教师即课程"的传统在东西方的历史上却并没有戛然而止，而是持续绵延。

文字与图形的发明与教育应用开启了单体课程发展的新阶段，这一阶段的课程以文字与图形为课程的表达符号，以泥版、竹简、兽皮、莎草纸、人造纸等为载体形式，以竹简册、手抄本、羊皮卷、纸卷本为制品系统，主要通过手工抄写的方式制作完成，并依托实体的运输和获取作为传播渠道。在人造纸发明以前，林林总总的课程形态貌似简单而粗糙，但是在当时的历史条件下，它们却无不集中体现了古代先辈的智慧与创造力。任何一种课程形态都是技术实现的可能性与现实性的高度统一，而技术文化的"自知之明"不是去"情境化"的幻想或是妄想，而是对社会具体历史条件的创造性思考。不难看出，每一种课程单体的构建都绝然不是一种漫无目的应激性自发行为，主体实践过程的前提必然是对当时技术文化的"自知之明"——基于地域来思考技术实践的可能性与可行性，地域特征成为衡量技术实践合目的性和合规律性的最重要筹码。

人造纸的发明，使课程的单体形态由多样走向统一。纸张轻薄且相对廉价，为课程的大规模传播创造了重要的前提。在经历了数百上千年的博弈之后,课程形态终于进入崭新的时代——以文字和图形为表达符号、以人造纸为载体、以纸质本为制品、经由印刷加工并以"纸媒"为纽带实现授受的课程。在东西方,纸本课程之所以能够广泛流行,这也反映了人类社会发展的内在需要。随着社会生产力的提高,社会能够提供的教育机会不断增多,同时大众的受教育需求也日益增长。这就要求新形态的课程尽量能够保证易得、便携、廉价、利学。如果说"易得"还可能在一定程度上受制于"地域"影响的话,那么"便携""廉价"和"利学"则更多要倚重于"技艺"——技术的精进和成熟程度。在反复比较的过程中,纸张的课程优势不断得以厘清和巩固,加之印刷技术的不断精进,最终纸本课程的权威地位得以确立。

综上,单体形态的课程有着漫长的演进史,其教育贡献和所产生的社会影响是巨大的。

(二)整合形态阶段

课程的整合形态强调的是课程"分身"的独立性以及"分身"之间的关联性。从 19 世纪末、20 世纪初开始,随着电影、幻灯技术的教育应用,课程的整合形态开始得以孕育;之后,与磁带和光盘的教育规模化采用相伴随,课程的整合形态正式得以成型。与"单体"形态的课程相比较,"整合"形态的课程主要有以下五个方面的变化:第一,表达符号分化为表意符号和存储传输符号两个组成部分,表意符号包括文字、图形、图像、声音,比"单体"时代更为丰富;存储传输符号主要指电信号,它为表意符号的转化提供了技术支持。第二,载体形式在现代纸张的基础上,纳入了投影胶片、磁盘、光盘等,载体形式为多元符号的纳入创造了条件。第三,制品系统除了印刷本之外,还增加了广播节目、影视节目和电子出版物。第四,创制方式不仅包括传统的机械印刷复制方式,而且采用了新型的采编录制方式,支撑了不同"分身"的打造。第五,传播通道仍然以物理空间传播为主,但是"纸媒"和"电媒"分别搭建了不同的传播路径。

反映在教育实践领域,进入到20世纪八九十年代,国外一些资深的教材出版公司开始积极探索整合形态的教材建设,如 Houghton Mifflin Harcourt、McGraw Hill、John Wiley & Sons、Pearson 等,这些公司纷纷打造出与纸本教材相配套的电子课程资源包。在国内,2001年,中国人民大学出版社开始率先介入远程教材的出版工作。经过了一段时间的艰苦摸索,人大出版社开始与人大网络学院合作,吸纳学科专家、网络课程授课教师、技术工程师等共同组成教材编写小组,打造出了集纸质教材、网络课程与脱机光盘为一体的立体化教材包。2002年6月,高等教育出版社先后在全国20个中心城市组织召开立体化教材系列研讨会,并启动"高等教育百门精品课程教材建设计划",该计划宣布建设集印刷教材、网络教材、教学课件、音像制品、教学资源库及课程服务支撑平台于一体的综合形态的立体化课程。

总体来看,以"分身"联合为代表的立体化课程标志着课程整合形态的落地与落实。

(三)融合形态阶段

课程的融合形态强调的是课程"分身"之间的相互嵌入以及"分身"功能的深度统整。在21世纪,信息技术和网络技术疾速发展,成为课程形态走向"融合"的直接推动力量。与"整合"形态的课程相比较,"融合"形态的课程主要有以下五个方面的突出特点:第一,数字信号取代模拟电信号,在表达符号系统中承担存储传输的使命,这使得表意符号的转化更为灵活、精确,提升了课程内容远距离传输的速度和品质。第二,互联网成为重要的载体形式,课程内容的呈现更加立体、生动,课程资源的容量也得到了极大的拓展。第三,嵌入超文本的教科书、互联网网站以及互联网平台成为制品系统中的新成员,一方面,传统教科书走向深度立体化;另一方面,网站与平台重构了全新的课程生态,对课程的设计思维和课程的实施方式都产生了完全不同于以往的革命性影响。第四,超链接和在线直播成为新型的课程创制方式,课程的非线性传播走向常态化。第五,虚拟空间开始成为重要的传播通道,"线上"和"线下"相结合成为重要的传播路径。

网络课程是课程融合形态的典型代表。其中,MOOCs 是网络课程发展的高级阶段,它体现了云环境下课程发展的新趋向。2001 年,麻省理工学院(MIT)启动了开放课程资源(OCW)运动,该运动意在把课程的主要教学材料公开放在网络上供更多的学习者选用,其开放的课程材料主要涉及三类:一是课堂讲义、作业和实验等相关资料;二是部分课堂视频和实验示范视频;三是各学科领域的主题资料。参与这场行动的教师不负责提供学习辅导,也不承诺提供课程的全部资料,更不会提供证书或文凭。MOOCs 是在开放课程资源运动的基础上产生的,它致力于进一步开放整个教学活动的全过程,提供课程的教学大纲、学业辅导、章节测试、课程考试以及学业证书(通过支付学分费用来获取),并设计师生互动和生生互动的学习环节。如果说开放课程资源是基于 Web 1.0 技术呈现课程内容,那么,MOOCs 则是在 Web 2.0 技术支撑下,充分通过用户的评价和分享将知识组织起来的课程创新活动。① MOOCs 肇始于美国,在世界知名高校和大量商业资本的共同作用下,其运行方式迅速传播到了世界各地。

简言之,从课程形态的角度来看,MOOCs 实现了课程"分身"之间的相互嵌入,各"分身"不再独立承担课程的主功能或是辅功能,课程功能的实现需要依靠课程"分身"的深度统整来共同完成。这标志着课程的发展进入了一个全新的时代。

---

① 参见郑勤华、陈丽、林世员:《互联网 + 教育:中国 MOOCs 建设与发展》,电子工业出版社,2016 年,第 4 页。

四、课程形态的理性审思①

当今时代,电子课程、立体化课程、网络课程以及混合式课程不断涌现,课程形态从平面、单维、静态逐步走向立体、综合、动态,多种传播媒介——纸质媒介、音像制品、电子媒介、计算机服务平台,以及网络虚拟媒介正在通过彼此的多样化协作变革着"纸本独尊"的传统格局。那么,媒介数量的增加是不是必然能够促进课程质量的提升呢? 这是一个课程论需要认真关切和深入研究的重要问题。

(一)媒介量变催生课程质变:规划与憧憬

若干年前,当学者们论及"课程统整"时,他们都会不约而同地把目光聚焦在分科课程的整合方面,"课程统整"似乎被默认等同为课程内容的综合化。近年来,信息技术向课程领域的全面渗透,又使"课程统整"被赋予了一层新的内涵——课程媒介的统整。随着纸本独尊时代的渐渐远去,光盘、多媒体设备、计算机以及网络都开始在不同程度上饰演起课程的角色,变革中的课程形态正在崛起成为教育领域中的新视点。

1. 共同演进:课程形态发展的新趋向

回顾人类的文明史,泥版、莎草纸、贝叶、蜡版、兽皮、简牍、纸张都曾或长或短地扮演过课程形态的角色。可以说,早期的课程形态从世界范围来看曾一度处于多元林立的局面。之后,受技术进步、社会变迁、民族交流、文化融合、政治经济发展等各种因素的影响,遵循"优胜劣汰"的筛选法则,很

---

① 本部分内容主要选自赵婧:《媒介数量的增加会带来课程质量的提升吗? ——关于课程形态变革的思考》,《课程·教材·教法》,2013 年第 8 期。

多技术媒介逐渐淡出了课程的领地。历经若干年的漫漫进程,纸张最终在东西方的课程世界里确立起了独尊的地位,也同时宣告了课程形态多样化时代的终结。

进入 20 世纪,人们开始尝试将电影、广播、电视等技术引入到课程领域,但是课程形态并未真正发生根本性变革。直到信息技术介入之后,课程才迎来了媒介统整的新时代——纸本、音像制品、电子课件、多媒体计算机服务平台,以及网络虚拟媒介逐步走向契合,一个媒介并存并举、立体化、全资源的崭新局面到来了。

新型的课程形态囊括了多重媒介,是媒介整合的产物。在这个集合体中,不同的媒介将在相当长的历史时期里遵循"共同演进"的发展路径。共同演进是一种"去中心化"的模式,意味着课程媒介将共同生存而不是彼此取代。那么历史上林林总总的课程媒介最终走向大一统的"中心化"模式会不会再度重现呢? 就媒介特点而言,同是书面语言的承载物,其表达都遵循平面、线性、单维、静态的方式,因而泥版、莎草纸、贝叶、蜡版、兽皮、简牍、纸张在课程功能的实现上自然会形成一种竞争态势,课程形态出现"优胜劣汰"实属必然。与往昔的情形不同,如今的课程不再仅仅依托于书面语言,数字语言成为课程新的阐释方式。鉴于此,尽管同是课程媒介,但不同媒介却以各自不同的方式承载着课程功能,媒介联合所带来的是课程功能的丰富和拓展。因此,媒介的"共同演进"将成为信息时代里课程形态变革的新趋向。

2. 应然推论:媒介量变奠基课程质变

"媒介是人体的延伸",麦克卢汉于 1964 年提出的这一论断在世界范围迅速引起广泛共鸣。他在《理解媒介:论人的延伸》(Understanding Media: The Extensions of Man)一书中指出,媒介对人的感知能力能够产生不同方向的影响,如:书面媒介影响视觉,使人的感知成线状结构;视听媒介影响触觉,使人的感知成三维结构;而电子媒介则实现了对人的中枢神经系统功能的拓展,使人从重线性思维、重视觉直观、重专门化分裂切割的状态向思维、感觉和认知的整体性复归。① 由此可以说,媒介的递增所带来的是人对世界认识能力的全面提升。

当下的课程形态所拥有的不仅仅是书面媒介和电子媒介,还包括了更为先进的网络信息媒介。从功能特点上看,网络信息媒介具有信息交流系统的交互性、信息交流活动的协同性、信息交流的多媒体综合性、信息交流运行的实时性以及信息交流范围的广泛性等特点,②因而,网络信息媒介是对电子媒介优势的进一步延伸与超越。依照麦克卢汉的论断,由书面媒介、电子媒介和网络信息媒介组合构成的课程无疑将极大改善课程的育人功能,提高课程学习者学习的效率和质量。

3. 愿景勾勒:媒介功能复合孕育课程效能优化

尼尔(Nye David E.)在《美国技术崇拜》(*American Technology Sublime*)一书中写道:人们对技术总是寄予了无限美好的期望,似乎技术真的可以通向救赎。③ "救赎"是基于西方文化语境的表达,它揭示了人们对技术积极效应的热切期待与憧憬。进入21世纪之后,从世界范围来看,课程变革的一个重要趋势就是从"媒介整合"走向"媒介融合",高歌猛进的MOOC无疑就是最生动的例证。2020年迄今,新冠肺炎疫情的全球蔓延史无前例地推动了新形态课程的规模化建设,对于保持全民教育的连续性而言,基于新技术的课程无疑被寄予了极高的功能期待。

美国新媒体联盟(NMC,New Media Consortium)与高校教育信息化协会

---

① 参见[加拿大]马歇尔·麦克卢汉:《理解媒介——论人的延伸》,何道宽译,商务印书馆,2009年,第33~64页。

② 参见李启、吴廷俊、关颖超:《信息时代的传播学》,新华出版社,2002年,第112页。

③ See Nye David E,*American Technology Sublime*,MIT Press,1994.

（ELI，Educause Learning Initiative）在最新发布的《2021 地平线报告：教与学版》指出：

> 高等教育在采用在线和混合式课程模式方面，大体上一直在向前发展——有时是激进的，有时则犹豫不决。但是，新冠肺炎疫情产生的震荡作用大大加速了这种演变进程，迫使高等教育变得更有创造性。高等教育创造出了一系列新的课程模式来应对此类特殊情况。尤其具有挑战性的是，随着新冠肺炎疫情的起伏，在 2020 年夏季制作的混合式模式近乎必须随时修改。其结果是，高等教育现在使用了广泛而多样的课程模式——事实上，如此多样的模式可能在术语上令人困惑。许多文献都在试图厘清这些新型课程模式术语的内涵。事实上，一些机构已将"灵活"这个词语附加到了他们的机构名称中或名称缩写中，以指称自己开发出的一套新型的课程模式。很明显，无论人们对这些课程模式使用什么名称，高等教育已经迅速地呈现出了多样化的模式，而且这些模式将继续存在。[①]

事实上，近两年来，混合式课程不仅在高等教育领域而且在基础教育领域都出现了"井喷式"增长。对于应对公共疫情危机所产生的不确定性而言，"这种能够在远程和线下教学之间灵活切换的模式有助于教育机构最大限度地减少停课频次"[②]。

总体而言，从疫情暴发之前到后疫情时代，技术和课程融合发展的步调

---

① EDUCAUSE：《2021 地平线报告：教与学版》[EB/OL]，https://library. educause. edu/re-sources/2021/2/horizon – reports。

② EDUCAUSE：《2021 地平线报告：教与学版》[EB/OL]，https://library. educause. edu/re-sources/2021/2/horizon – reports。

与节奏确有分殊，但总体的趋势未曾改变。这也反映出，人们对媒介功能整合所带来的课程效能提升充满积极的预期。

（二）从媒介增量到课程改进：机遇与挑战

当更多的技术媒介融入课程之后，课程最直接的变化主要体现在两个方面。第一，多元化的技术媒介为更多类型课程资源的纳入开辟了广泛渠道。在以纸本为单一形态的时代里，音频材料、视频材料都被排斥在课程的大门之外，似乎"文字化、书面化"成为课程最核心的遴选标准。然而，"纸本独大"的局面被打破之后，课程不仅有条件纳入音频材料和视频材料，而且也具备了吸收电子动画材料和网络素材的能力。这大大丰富了课程的信息量，课程可以由此变得灵活、动态、开放和兼容。第二，多元化的技术媒介能够打开学习者不同的认知通道，使课程实施能够真正实现共享性、交互性、异步性的特点。尼葛洛庞帝曾这样描述超媒体："如果我第一次说的时候，你没听明白，那么就让我（机器）换个方式，用卡通或三维立体图解演给你看。这种媒介的流动可以无所不包，从附加文字说明的电影，到能柔声读给你听的书籍，应有尽有。这种书甚至还会在你打瞌睡时，把音量放大。"[1]当下的课程实践已经把他的预言变成现实。

媒介复合引发了课程形态的变化，那么课程质量是不是会因此而得到提升呢？这里尝试从以下三方面来做一探讨。

1.媒介增量与课程人本化的思考

教育是一个"为人"的过程，"以人为本"是教育的题中之义。那么就新型课程形态而言，多重媒介共同承载课程目标，是不是意味着课程在人本化的道路上又前进了一步呢？

---

① ［美］尼葛洛庞帝：《数字化生存》，胡泳、范海燕译，海南出版社，2017 年，第67 页。

众所周知,媒介的多元化必将带来信息的极大丰富,这无疑为学习者开展全面、深入、个性化的学习创造了有利条件。与此同时,更为重要的是多种媒介联合有助于在课程实施的过程中激活学习者的多重认知通道,脑科学的研究成果揭示:"脑所践行的是复杂的多通道学习,即脑同时在意识的许多水平上运作,同时一次加工大量的颜色、运动、情绪、形状、嗅觉、声音、味觉和触觉等信息。脑是在多通道、多模式经验中茁壮成长的。"[①]因此,对学生的学习而言,"要提供复杂的、多感觉通道的沉浸环境"[②]。从这个角度来看,视听媒介的增加自然可以成为课程"人本化"强有力的催化剂。

然而信息量的增加、多重认知通道的激活与课程人本化之间并不构成直接的因果联系。首先,作为教育活动的"基本抓手",课程是对人类文明成果的梳理和提炼,它旨在为学科领域的学习提供一种架构合理、有条不紊的"引领"。倘若信息的冗余消解了学科结构的清晰程度,那么无疑会带来人本理念倒退的风险。其次,海量信息的现实意义和实际价值是因人而异的,丰富和庞杂的信息量对于有些学习者来说可能提供营养补给,而对于另外的一些学习者而言也可能构成学业负担和心理负担,因而难以用"进步"一概而论。最后,多重认知通道的激活从积极的方面来看,有助于学生综合、全面、深入地感知所学的内容;但是从消极的方面来看,也可能分散学生的注意力,使学生的认知活动迷失于表面形式的纷繁多变反而忽视了问题的重点和关键,即所谓的"高投入、低产出"。多年以前,瑞克和皮诺利(Recker & Pirolli)通过研究发现,"超媒体环境对高能力的学习者非常有用,而低能力学生在使用这个学习环境后,其成绩反而下降了。他们指出,成绩差的

---

① [美]E.詹森:《基于脑的学习——教学与训练的新科学》,梁平译,华东师范大学出版社,2008年,第12页。

② [美]E.詹森:《基于脑的学习——教学与训练的新科学》,梁平译,华东师范大学出版社,2008年,第14页。

学生无法充分利用超媒体的长处。事实上，学习者也许被为其所提供的丰富多样的控制方法弄得不知所措了"①。对此，国内外的教育研究中不乏类似的案例。

事实上，单一课程媒介也好，复合课程媒介也罢，技术媒介的存在和使用都是为了促进课程目标的达成，媒介本身并不是课程建设的核心所在。站在技术哲学的角度审视，媒介技术之于课程不是为了增强技术的"存在感"，而是为了消除技术的"存在感"以帮助学习者更好地掌握课程内容。反之，倘若需要强化的课程内容遭到了分散或是削弱，并非重点的技术及其表现力反而占据了课堂的主导，那么这与课程人本化将是背道而驰的。诚如有学者所指出的："当技术被人同化得无痕迹而失去存在性时，技术就不再是人的异己的客体，成为自己的一个有机组成部分，如同食物能被我们同化而成为我们的一部分时，我们就不再感到食物的存在，只有当其不能被我们同化而'消化不良'时，我们才无时不感到食物的存在，一种令人的胃部十分不舒服而显现出来的存在。所以，当人对技术出现'同化不良'或'排异反应'时，就标志技术行为的不成功或不理想。也就是说，如果需要消除存在感的技术引起了存在感，就是不成功的技术。对于需要消除存在感的技术，如果其存在性越强，通常对人的威胁也越大。"②

因而，就课程人本化而言，如果媒介的多样化带来的是课程习得水平的全面改善，人机处于"无缝连接"的状态，那么媒介增量与课程的人本化才会真正实现"正相关"。

2. 媒介增量与课程公平化的思考

一直以来，如何最优化地把一切事物教给一切人，这是课程建设始终不

---

① 汪琼、缪蓉：《超媒体神话的破灭？——相关研究述评》，《北京大学教育评论》，2003 年第 2 期。

② 肖锋：《哲学视域中的技术》，人民出版社，2007 年，第 27 页。

懈努力的方向。电子课程、立体化课程、网络课程以及混合式课程的出现，试图借助科学技术的不断进步来为满足不同个体的发展需求提供多样化、多层次的学习活动内容和学习活动方式。那么，新形态课程的出现，是不是意味着课程在公平化的道路上能够获得前所未有的突破呢？

众所周知，优质课程资源的有限性，长期以来都是教育公平进程中的一个制约性"瓶颈"。当下，纸本、音像制品、电子课件、多媒体计算机服务平台和网络虚拟媒介的集成化，有助于拓展优质课程资源共享的途径、扩大优质课程资源共享的范围、降低优质课程资源共享的成本（包括时间、人力和金钱），为课程公平的进一步落实创造有利条件。换言之，电子课程、立体化课程、网络课程以及混合式课程的兴起正式催生了"课程而不是学生在移动"①局面的产生，优质课程资源的流动性得到了极大的增强，无疑对于缓解优质资源稀缺所造成的公平性问题具有重要的促进意义。此外，多样化的课程媒介能够为怀有不同需求的师生提供不同的课程呈现形式，并协助建构交互式的课程实施学习环境。这都是促进课程公平和教育公平的积极力量。

然而实践中，通过媒介多元化推动课程公平化也面临很多的挑战。首先，与相对单一封闭的纸本形态相比，多重媒介复合所构成的新形态课程对使用环境和支撑条件的要求较高。然而，即便是经济发达的欧美国家，其学校信息技术基础设施的配置也不可能做到高度均衡；在中国，东部发达地区的学校信息技术条件和信息技术环境要远远优于西部欠发达地区。《2021地平线报告：教与学版》揭示：数字鸿沟在 K-12 时期就开始出现，并由于新冠肺炎疫情而变得更加明显，许多学生在开始接受高等教育时就已经远远落后于同龄人；由于未来的高等教育将继续依赖远程技术和数字网络来提

①　黎安琪:《无边界高等教育及其资格认证》,《高等教育研究》,2002 年第 1 期。

供课程和学习经验，那些拥有各种数字优势的学生与那些只拥有基本网络设备的学生之间的差距只会越来越大。① 可以说，"数字鸿沟"所产生的"马太效应"将在相当长的时间内都会成为课程公平化的重大障碍。此外，家庭经济状况的差异也制约着电子课程以及网络课程效能的释放，诚如布迪厄的"社会文化资本理论"所揭示的那样，文化占有不均衡使有的个体天然获得优势，而有的个体天然处于劣势，无疑家庭收入会直接影响到孩子对于新型技术的敏感性。鉴于此，当课程形态里纳入了某些学习者易于拥有、而某些学习者难于拥有的媒介之后，这是不是加剧了对公平原则的挑战呢？退一步而言，即便运行环境和家庭经济状况都可以为之提供支持，但学校中却也不是每一位教师都能够游刃有余地驾驭各种课程媒介的，教师媒介素养的参差不齐也无疑成为课程公平化进程中不可忽视的制约因素。

总而言之，多重媒介的加盟，在一定程度上拓展了优质课程资源共享的可能空间，丰富了学生获取知识和信息的路径。但是，媒介增量并不能自动地带来课程的公平和教育的平等。教育是一项复杂的系统工程，社会各方面需要协力加强各地区、各学校信息技术基础设施的规划与建设，不断努力降低学生持有终端设备的门槛，并给予学校教师有针对性的高水平培训，只有这样，课程媒介整合才能真正成为促进课程和教育公平化的助推器。

3. 媒介增量与课程优质化的思考

课程会不会因为媒介数量的增加而进一步趋于优质化呢？众所周知，衡量课程优质与否的关键在于课程是否能够有效地实现教育规划的预期目标。从理论上讲，与单一纸本形态的课程相比，借由多元技术媒介整合而成的课程有助于提升学生学习的选择性、自主性、体验性以及创造性，从而更

---

① 参见 EDUCAUSE：《2021 地平线报告：教与学版》[EB/OL]，https://library.educause.edu/re-sources/2021/2/horizon-reports。

好地促成课程目标的达成。具体而言,首先,拥有多个媒介分身的课程能够为学生学习活动的开展提供更加丰富的课程资源,极大地拓展他们的学习视野,为学生全面深入地理解掌握相关内容提供更加多样化的信息渠道;其次,多重技术媒介既使课程内容的呈现变得立体、鲜活、动态,又使学生学习活动的开展能够获得更多类型的学习工具和学习手段,这为进一步优化学习活动创造了有利条件;最后,由于网络信息媒介的加盟,学生的学习可以打破时间和空间的固定限制,有利于满足不同学习者的个性化学习需求。

如上文所述,复合媒介能够扩充课程信息的容量、拓展新的认知渠道、活化学生的学习机制,那么,复合型媒介会带来课程效能的质的飞跃吗? 实践中,其实量的增殖并不必然引发质的提升。例如,一个学生通过纸本教材学习"三角形定理",另一学生通过电子教材、动画模拟、网络分析等多种途径学习"三角形定理",很难评估说后者的掌握程度或是学习效果一定会优于前者。多年前,国外的一些研究已经揭示,依托数字化媒介形态进行学习的学生与利用传统教材进行学习的学生相比,其测试的成绩很多时候并没有表现出显著性差异。[①] 可以说,媒介整合是否能够易化认知难度、简化认知过程、提高认知速度,还有待于进一步的研究与考证。此外,虽然多重媒介可以为课程实施提供多样化的选择,但是如何恰到好处地发挥不同媒介的课程功能,并将媒介整合的优势转化成为课程实施的优势,这也是一个尚无答案、亟待探索的艰巨课题。

不可否认,多重媒介带来了海量资源,多重媒介也有利于唤起感官之间的配合与协作,进而为优化学生的学习活动构建更加广阔的可能空间。但是,媒介数量的增加与课程优质化之间并不具有线性因果关联。只有多重媒介之间的契合能够使课程功能得到全面有效地释放,课程优质化的目标

---

① See Larry Cuban, *Teachers and Machines*, Teachers College Press, 1986.

才会真正得以实现。

（三）媒介数量提升课程质量：积极探索与审慎乐观

不管大家是否做好了充分的准备，以信息技术和数字语言为中坚力量的时代变革已经掀开序幕。这一重大转型既不容置疑，亦不可回避。信息技术介入教育活动，不是个人主观意志的产物，而是复杂的政治、经济、科技、社会、文化等多种因素共同作用的结果。具体来说："一是社会和教育的发展遇到了传统教育技术无法解决或不能很好解决的问题，即存在信息技术应用于教育领域的必要性；二是在信息技术与传统教育技术的关系上，信息技术比传统教育技术更有优势，具备解决问题的可能性。"①在当前的时代背景下，课程形态从平面、单维、静态逐步走向立体、综合、动态的变革性实践，是对时代吁求的历史性回应。

进入 21 世纪，美国微策略公司董事长迈克尔·塞勒（Michael Saylor）曾高调宣称，随着智能移动技术的广泛应用，"纸质教材却只有死路一条……平板电脑包含了教育以及和它相关的内容，它是有史以来最好的教育技术。它可以提供给你教材、基础参考书甚至整个图书馆；它可以发给你考卷，让你完成后即刻上交，然后得到考试成绩；它可以提供视频资源，包括讲课内容，以及帮助你完成横跨全球的团队项目"②。纸本真的会消失吗？电子媒介和信息媒介真的会主导吗？客观地讲，对于电子媒介和信息媒介在课程领域中的应用与推广，一方面，保守、恐惧、抗拒的做法是不可取的；但另一方面，单纯的激进主张也是需要警惕的。

---

① 王奕标：《信息技术何以未能有效变革教育的框架分析——兼论技术变革教育的"社会变革中介论"》，《电化教育研究》，2012 年第 2 期。

② ［美］迈克尔·塞勒：《移动浪潮：移动智能如何改变世界》，邹韬译，中信出版社，2013 年，第 199～200 页。

作为新媒介的预言家,保罗·萨弗(Paul Saffo)曾指出,在新的技术媒介面前,人们起初容易过高估计它的短期潜在影响,结果导致行动过火;而等到世界未能很快认同这种夸大了的预期之后,人们又容易走向反面并低估其长期影响,结果导致行动不足。[①] 因此,媒介技术的扩散既不能盲目冒进,又不能悲观绝望。对课程而言,电子媒介也好,信息媒介也罢,媒介技术提供的只是一种课程改进的可能性,从可能转变为现实是一个长期的过程,需要各方面不懈地努力和探索。

---

① 参见[美]罗杰·菲德勒:《媒介形态变化:认识新媒介》,明安香译,华夏出版社,2000 年,第9 页。

第二章　课程形态的历史嬗变图景

课程是内容与形态的高度统一体,离开了人类的智慧积累,课程就丧失了基本的母体。同样地,离开了相应的技术载体,课程也就无法构建成为独立的形态。简言之,课程是思想文化与技术媒介共同作用的产物。因而,在课程发展的历史上,人们不仅需要追问"什么知识最有价值""谁的知识最有价值",而且要认真考察"怎样吸收知识最为科学"。

一、课程形态的历史发展进程

在课程史研究的经典著述中,英国学者艾沃·古德森(Ivor Goodson)在1988年出版了《学校科目与课程变革:课程历史研究》(*School Subjects and Curriculum Change: Studies in Curriculum History*)一书,该书对学校教育中学术型科目的兴起、科目演进的内在模式以及科目间竞争的张力关系展开了立体化剖析。1990年,美国学者丹尼尔·坦纳(Daniel Tanner)与劳雷尔·坦纳(Laurel Tanner)合作出版了《学校课程史》(*History of the School Curriculum*),这部著作在世界范围内产生了广泛的影响,全书集中探讨了学校课程的历史学术本质,描述了学校课程的变革动因和改革趋势,并分析了不同历史时期学校课程建设共同体的持续努力。与《学校课程史》同年出版的还有美国课程论专家大卫·汉密尔顿(David Hamilton)撰写的《课程的历史》(*Curriculum History*)一书,该著作系统回溯了学校发展和课程变革之间的关系,分析了不同时期课程建设的价值取向。进入到 20 世纪之后,以威廉·M. 雷诺兹(William M Reynolds)、托马斯·波克维茨(Thomas S. Popkewitz)、伯纳黛特·贝克(Bernadette Baker)等为代表的课程学者,开始积极尝试将后现代的学术视角引入到课程史的研究中,他们通过对课程话语的分析来展示影响课程变革的社会机制,这些学者共同推动建立了课程史研究的新范式。

然而与课程内容相比,无论是 20 世纪还是 21 世纪,也无论是"时间视域"下的课程史梳理还是"话语视域"下的课程史考察,课程形态的议题都未能被纳入其中。如前所述,课程是"一体两翼"的存在,课程形态的历史发展与课程内容的历史演替同样应该被关注和被重视。由于缺乏专门的课程形态研究史,故而只能通过汲取一些散见于文字史、技术史、传播史、教育史中的信息来追溯和勾勒"被遗忘"的过去。

(一)前纸本时代的"课程":粗粝的多元

在文字创造出来以前,人类的经验、技能、知识只能在少数人的狭小范围内传播,而且传播的唯一途径就是"口耳相传"。这种"口耳相传"的方式虽然也可以把知识继承下来,但却往往会使很多知识或者"失传"或者"异化"。在人类社会早期,《荷马史诗》一度曾扮演了非常重要的"课程"角色,尤其是《伊利亚特》和《奥赛罗》两部诗篇的教育贡献不可磨灭。然而,《荷马史诗》的传递主要依靠的是纯粹的口语。尽管传播者凭借强大的记忆力保留了史诗丰裕的内容,但是含混和争议之处不可避免。此后两千多年来,围绕《荷马史诗》所形成的"荷马问题"成了一个始终难以求解的谜题,各种各样的讨论激烈纷呈,但似乎又总是无法逃离混沌状态的"原地踏步"。因而,"口耳相传"时期,混杂着洞见和偏见的诗歌难以为正式课程的产生提供基础。

学校课程雏形的构建与文字的产生和发展密切相关。"文字所载的知识技能,可以纵接千载,横穿万里,凡书之所至,也是教之所至。因此,文字便成为以书本为主的教育所不可缺少的工具,文字的发明被视为学校产生的重要标志。"①文字催生了正规学校教育的产生,也为学校课程的建立提供了基础性条件:一方面,文字的意义表征了作为社会意志的课程内容;另一方面,承载文字的实体技术则决定了课程的外在形态。综观世界文明史,不同阶段文字的物质载体总是取决于当时特定历史条件下技术发展的水平与成就,因此课程的形态也随之呈现出一个技术流变的总体态势。

早在公元前四千多年的美索不达米亚南部地区,智慧的苏美尔人就将文字刊刻在泥版上,创建了最早的学校——泥版书屋。那些就地取材的泥土经过加工被制成一定规格的板片,人们就在这样的板片上刊刻以图像为代表的楔形文字。于是,笨重的泥版在当时就扮演起了教科书的角色。研究揭示,泥版式的教科书主要是一些把同类概念归集在一起的"表",包括"人表""官职表""牛表"等。② 那些有资格读书的学生正是通过对这些"表"的研习和掌握来实现自我的社会化,并最终成长为具有管理资质的统治阶层的一分子。而在古代欧洲地区,公元前三千多年前,古埃及人就开始使用莎草纸,这种纸是用当时盛产于尼罗河三角洲的纸莎草的茎制作而成,在干燥的环境下可得以较长时间的保存。古埃及人不仅将其出口到古希腊等古

---

① 毛礼锐、沈灌群:《中国教育通史(第一卷)》,山东教育出版社,2005 年,第 37 页。
② 参见拱玉书:《日出东方——苏美尔文明探秘》,云南人民出版社,2001 年,第 154 页。

代地中海文明的地区,甚至还将其远销至欧洲内陆和西亚地区。莎草纸一直沿用到公元八九世纪以后,才逐渐退出历史舞台。由于该种材料的传播范围广,使用时间长,因此它作为课程载体在学校教育的历史上也曾扮演过相当重要的角色。纸张发明之前的西方社会,羊皮纸在文字载体的博弈中逐渐稳定下来,成为主要的书写材料。羊皮纸(Parchment)是将绵羊、山羊或是牛犊的皮经过长时间鞣制而成的。从品质上讲,它比莎草纸更柔软、更结实;从经济上讲,羊皮纸不仅可以两面使用,而且某些抄写的文本被认定过时之后,工匠会刮掉羊皮上面的旧有文字重新对其加以利用,因此羊皮纸具有"再生"的能力。[①] 从公元前 2 世纪起,羊皮纸就已经开始和莎草纸同时并用;公元 3 到 13 世纪之间,羊皮纸被欧洲各国普遍用于书写文件、誊抄《圣经》和其他世俗作品;从 14 世纪开始,直到 17、18 世纪,它才逐步被现代纸张所取代。翻开欧洲的古代教育史或是中世纪的大学发展史,在关于课程和教科书的描述中,几乎很难看到 book 一词,Parchment 的广泛使用充分证明了羊皮卷在欧洲古代教育中的重要意义和价值。

在古老的中国,祖先们最早使用陶器和兽骨作为承载文字的物质媒介,这些珍贵的兽骨和陶器被作为最原始的"教材"或者说是"教材的雏形"。在出土的陶器中,西安半坡和临潼姜寨出土的刻划符号,以及约晚一千年以后青海乐都柳湾马家窑出土的刻划符号,经考古证实,它们都在使用过程中与一定的教育活动存在着联系。这也意味着在遥远的夏朝,传授镌刻在陶器上的刻划符号,已经成为独立于生产和生活过程之外的专门化活动,陶器不仅记录着文明,同时也成了传递文明的重要使者。[②] 此外,甲骨文的研究也证实商代甲骨曾经扮演过读、写、算的媒介。挖掘中发现:"一骨片上面 5 行

---

① 参见[法]Bruno Blasselle:《满满的书页——书的历史》,余中先译,上海书店出版社,2002 年,第 17~19 页。

② 参见毛礼锐、沈灌群:《中国教育通史(第一卷)》,山东教育出版社,2005 年,第 40 页。

字，重复刻着从'甲子'到'癸酉'的 10 个干支表，其中只有一行刻得精美整齐，其余 4 行字迹歪歪斜斜，但中间也夹着二三字刻得较为整齐的。据专家推测，那一行整齐精美的字是教师刻的范本，另 4 行是学生刻的，有几个字则是在教师手把手之下才刻得较好。"① 当然陶器与兽骨在信息容量、便携程度以及文化普及等诸多方面都无法与之后产生的简牍相媲美，但是它们在教育史上所发挥的影响却是不可抹杀的。自上古公元前 3 世纪或 4 世纪开始，简牍被作为古代中国人的书写之用。公元前 6 世纪或 5 世纪到公元 5、6 世纪，缣帛也开始被用于书写。缣帛轻便易于携带，但是造价昂贵，流通范围受到了极大的限制。与缣帛相比较，竹、木在中国大地属于廉价易得之物，加工起来又比较方便，因此在纸发明之前，简牍之书最为普遍，甚至在纸发明之后的数百年间，简牍仍继续被用作书写。简牍不仅决定了中国古代书籍的直行书写格式，而且也形成了自左向右的文书排列格式。简牍版在教科书的历史上毋庸置疑地留下了浓墨重彩的一笔，在已发掘的现存文物中，《老子》《论语》《急就章》《仓颉篇》《仪礼》《诗经》《周易》皆可见到简牍版本。② 可以说，在先秦、秦汉和晋代的教育中，简牍功不可没。

从泥版、莎草纸、陶器、兽骨到纸本产生之前，技术的变迁过程相对缓慢，树皮、岩壁、贝叶、玉石、器皿、蜡版、钟磬、兽皮、简牍、丝帛（缣缯）等都曾在不同的地方饰演过文字承载者的角色，相应地，课程载体也在很长的时间内呈现出多元化的取向。尽管无法一一考证每一种文字媒介在课程的演变史上都做出了怎样独特的贡献，但是大致可以推断课程形态曾经历过一段初始的繁荣局面。尽管在今天看来，曾经的多元化尝试略显"粗糙"，但是每一种尝试无不富含宝贵的社会印记和时代精神。

---

① 俞启定、施克灿：《中国教育制度通史（第一卷）》，山东教育出版社，2004 年，第 50 页。
② 参见钱存训：《书于竹帛——中国古代的文字记录》，上海世纪出版集团，2006 年，第 63～82 页。

（二）纸本时代的"课程"：独尊的权威

纸张的出现,对于课程来说无疑具有"划时代"的意义:它不仅轻薄而且相对廉价,为课程的大规模传播创造了重要的前提。从世界范围来看,在经历了数百上千年的博弈之后,课程载体终于结束了多元化的发展格局,迎来了一个由纸本形塑的大一统时代。

首先,纸本课程的规模化出现与造纸术的发明应用休戚相关。在古老的中国,纤维造纸的尝试在东汉之前就早已有之。东汉和帝元兴元年(105年),蔡伦改进了制纸之术,从那之后,纸的使用开始不断渗透到百姓的日常生活之中,例如装饰、祭祀、绘画、制衣等。虽然纸本教材产生的具体时间不可考,但是在《后汉书》第66卷《贾逵传》中就有过这样的记载:公元76年汉章帝令贾逵为二十位高才生教授《左传》,并授予每位学生以"简、纸经传各一通"。这说明纸本在当时的教育活动中已经发挥出实际的效用和影响。与古代中国不同,造纸术很晚才传入西方世界。研究揭示:"12世纪时,一种新的'羊皮',透过商人与阿拉伯国家的交易,在意大利现踪。"[1]大约13世纪左右,一些被俘的阿拉伯战俘将造纸术正式带入欧洲,这些技术最先为西班牙人所掌握,随后传播至意大利。然而在欧洲,造纸术遭遇了重大的发展阻力,直到18世纪末,一直都没有发生太明显的变化。[2] 和东方世界不同,纸在西方世界没有很快彰显出自己的比较优势,这是因为,一方面,纸莎草来源丰富,加工容易且价格低廉,在轻便程度上不亚于纸;而羊皮虽然制造工序较为复杂,但表面光滑、经久耐用,在运输传递方面明显优于当时脆弱的纸张,最初纸和羊皮间的差价也并不是很大。另一方面,中世纪西方人的思

---

① [法]费夫贺、马尔坦:《印刷书的诞生》,李鸿志译,广西师范大学出版社,2006年,第2页。

② 参见[法]Bruno Blasselle:《满满的书页——书的历史》,余中先译,上海书店出版社,2002年,第42页。

想精神为至高无上的神所主宰，教会更是将文字符号作为神的旨意的使者，他们宣称以《圣经》为标志的精神圣物的传播会被破碎的纸张亵渎。因此，文字只能在教会的专门抄写室中由神职人员完成，抄写的载体为结实耐磨的羊皮纸。由于"修院时代"的学校教育又为教会所掌控，因此承袭传统，除了《圣经》之外的其他教学用书也统统由教会指定的机构和人员主要将其誊写在羊皮纸上。但是随着世俗势力的增强、大学教育规模的扩大以及造纸术的持续改进，羊皮纸最终也没能阻止被纸张取代的命运。尽管滞后于东方很多年，但是纸本还是最终在西方教育界获得了尊宠。

其次，纸本课程大一统格局的最终形成也离不开印刷技术的不断改良。在很长一段历史时期内，纸本教材都是学习者借阅他人蓝本，然后手工抄写，时间久了，社会上就形成了无数的"蓝本"，真假难辨。这种方式不仅效率低下，而且准确性也难以得到保证。随着印刷术的诞生，文化成果传播的速度和效能得到了极大的提升。仅从中国古代历史的发展来看，印刷技术作用于课程可以追溯到唐末发明、五代大规模使用的雕版印刷术，雕版印刷术对于中国课程形态的变革具有重大的意义。《五代会要》曾记载了五代时宰相冯道奏请皇帝刊刻儒家典籍的故事。公元932年，冯道看到吴、蜀之人贩卖各色印版文字、独缺儒家经典的局面，于是奏请朝廷雕造《九经》，而历经22年雕刻完成的《九经》可以说铸就了中国课程发展的时代制高点。通过对雕版的拓印，不同的人就可以获得统一的教材版本了，这大大降低了讹传、误传的几率。从宋朝开始，国子监、书院、民间书坊等均应教育的需要大规模雕印经典书籍、复制拓片，越来越多的读书人可以获得非常精确、易于携带的"课程"。相对雕版印刷而言，宋代兴起的活字印刷对课程的影响作用反而非常有限。这是因为，一方面，当时教育追求的是代圣人立言的精确性和权威性，雕版印刷能够很好地满足这方面的要求，而活字印刷的相对优势基本无法体现；另一方面，中国文字字符众多，需要大量的字模才能支撑典籍的顺利排版,铸字成本和排版成本都很高,这也使得活字印刷属于不经济的印刷方式。与我国古代的情况迥异,活字印刷对古代欧洲教育的影响却是巨大的。有研究指出:"14 世纪末 15 世纪初,欧洲则开始出现了木板雕印的纸牌,圣像与民众用的经典,小学生用的拉丁文法课本,其字母一个一个完全用手工雕刻在整块木板上;不过这类刻本书并不常见,又限于少数国家。对欧洲文化发生巨大影响的乃是活字印刷术。"[1]在西方技术史的相关研究里,多数研究者将德国人约翰内斯·古登堡(Johann Gutenberg)作为活字印刷技术的发明人。古登堡的印刷技术和中国传统意义上的印刷技术完全不同,中国传统意义上的印刷技术是手工技术,使用的活字包括非金属活字和金属活字很多种类;而古登堡的印刷技术是机械技术,是通过对机械的操作来完成复制过程的,他主要使用的是金属活字。可以说,从古登堡开始,欧洲社会机械工具与纸张的"联姻"正式形成了一股推动课程载体变革的重要力量。

近代以来,随着机械技术的日益改进,印刷的质量不断得以提升,心理、情感、审美的因素开始进一步受到重视,人们尝试在纸本教材中添加形象化的图片和表格,并慢慢使教材从"黑白"走向"彩色"。总体而言,尽管教材纸本化在东西方开始的时间起点不同、经历的发展过程也明显各异,但二者最终殊途同归:纸本结束了教材载体多样化的局面,课程大一统的崭新格局正式得以确立。

(三)电子时代的"课程":视听的连通

进入现代社会以来,电力成为社会生产和生活实践的主要驱动力量,人

---

① 上海新四军历史研究会印刷印钞分会编:《活字印刷源流》,印刷工业出版社,1990 年,第60 页。

工材料的合成也不断趋向复杂化和精细化。面对技术的革新，文字获得了新的载体，课程形态也随之开始发生了一些新的变化。

在教育领域中，电子技术最初是以"教学"身份出现的，人们将那些建立在电子的、数据的、磁性的、光学的、电磁的或者类似性能的相关技术基础之上的工具、媒体和设备看作是传统教学形式的辅助手段。一时间，深受当时著名传播学大师麦克卢汉的思想学说的影响，教育界掀起了教学手段和教学媒体的研究热潮。之后，随着电子技术的成熟和相关研究的深入，磁带、光盘、甚至部分投影材料和幻灯片逐渐融入课程之中，它们开始负载独特的课程功能，成为课程必不可少的组成部分。以磁带在语言教学中的规模化使用为例。对于第二语言的课程学习而言，训练"听说"无疑是基本目标之一，但纸本形态的课程无法服务于这一目标的落实，因此，配套的语音磁带成为与纸本相互补充的重要课程分身。之后，磁盘、光盘逐步取代了磁带在课程中的角色，进一步拓展了电子技术在课程学科领域中的应用范围。从20世纪90年代开始，在美国，Houghton Mifflin Harcourt、McGraw Hill、John Wiley & Sons、Pearson等众多教材出版机构开始将课程研发的重点转向电子教科书的开发以及配套电子资源的设计建设上来。进入21世纪之后，韩国于2003年开始启动数字化教材研究，并于2007年发布了《数字化教材普及化方案》，甚至曾一度提出力争在2013年实现普及数字化教材的目标。在我国，高等教育出版社、人民大学出版社以及人民教育出版社等也都先后于世纪之交启动了各类电子版教材和电子化课程资源的建设行动。通过电子技术的应用，课程不再单纯以纸本为着眼点和着力点，而是转向于关注各项技术之间的功能整合。

总之，新材料和新工具对课程的改造，实现了视听结合，使课程具备了直观、形象、生动、感染性强等优点。诚如有研究者所指出的："电子媒体使教学信息能够即时传播于广阔的范围，扩大教学规模和学习资源，打破时空限制,为教育的普及与提高提供了新的手段;不仅能传送语言、文字和静止图像,而且能传送活动图像,增强了信息的表达能力和教学的直观性,弥补了传统媒体在形象逼真、记忆检索、技能技巧和动作描写等方面的局限,有助于提高教学的质量和效率;可以记录、再现现场实况。还具有与学习者相互作用的能力,从而为个别化教学、继续教育以及教学模式、方法的改进提供了物质条件;能够实现资源的共享,能够实现非线性的资料查询。"[①]因而,课程形态对电子媒介的纳入,使"多样综合、固本拓边"真正成为课程形态发展的新方向。

(四)网络时代的"课程":虚实的融合[②]

进入 21 世纪以来,随着信息技术在教育领域中的规模化应用,课程迎来了一场世界范围的深度变革。伴随着"云技术"的不断成熟,以"集成、动态、共享、智能"为核心特征、以"端、管、云、台"为基本结构的云课程实践已经不再为大众所陌生。例如,在无线网络系统(WIFI)环境下,某高中生利用智能手机中的视频播放软件来学习世界历史的课程内容。这个时候,课程明显超越了静态化、平面化、时空固定化的局限性,而是彰显出流变、立体、随机、开放等鲜明特征。就此微观意义上的云课程系统而言,"用户端"即指该学生的智能手机,"管"指向 WIFI,"云"则为视频播放软件及其后台资源,"台"即为手机的操作系统(如鸿蒙 3.0)。当然,大型的云课程系统,其结构会复杂许多。总体而言,由于云端拥有超大的服务器群,服务器还可以随时更新和增加,所以"云课程"具有海量信息存储能力。鉴于此,纸本、光碟、本地计算机乃至远程服务器的存储容量都将不再成为课程容量增长的终极障碍。

---

① 张有录:《媒体教学论》,国防工业出版社,2008 年,第 18 页。
② 这部分内容主要选自赵婧:《"云课程"解析:背景、理念与趋势》,《课程·教材·教法》,2013 年第 12 期。

毫不夸张地说，"云计算"技术应用于课程建设，为课程内容的丰富与课程资源的拓展营造近似无限的可能空间。此外，"云技术"应用于课程建设，也进一步促成了课程形态的多样化。这是因为，"云计算"改变了传统网络环境下资源共享仅仅局限于文本资料、多媒体课件等软件类资源的局面，而是凭借虚拟化技术将内存、I/O 设备、存储、计算能力、实验设备等硬件类资源同样整合成一个虚拟的资源池，①这全面降低了终端设备的准入门槛，学习者可以在任意位置根据需求灵活地将课程呈现在计算机、掌上电脑（PDA）或手机之上。

"云技术"的纳入，全面改变了课程内部各要素、各成分的内在联系和相互结合的组织形式，围绕"需求为本"的核心宗旨，"云课程"彰显了如下五个方面的基本特点：

第一，社会我与个性我的高度统一。在课程发展的历史上，个人本位主义的观点与社会本位主义的观点曾一度争执不休。历经反思，人们逐渐深刻地认识到：人是构成社会的基础单元，社会是人存在的根本形式；人的差异性促成了社会的多元化格局，社会的全面进步离不开个体的独特贡献。因此，人与社会的质的统一性决定了年轻一代的培养必须既能满足社会发展的需求又能充分尊重个体个性发展的意愿。然而，上述认识如何能够在课程实践中得以贯彻落实呢？这就必然要基于具体的社会条件来展开探索。近年来，"云计算"技术的出现和规模化推广为新的历史时期里进一步释放课程的教育效能提供了崭新的技术支撑。借助"云计算"，信息处理和存储的能力能够得到极大的提升。于是，与传统的纸质课程相比，"云课程"可以快速地实现对自然科学领域和社会科学领域中涌现出来的新的文明成

---

① 参见杨思炜、高东怀、宁玉：《基于云计算的网络学习资源共享研究》，《中国教育信息化（高教职教）》，2012 年第 5 期。

果的吸纳和转化,且可以降低"容量"对于课程内容的限制和困扰。由此,广遭诟病的课程滞后性问题有望得到深度缓解,课程能够优质高效地提供给学习者大量当代有价值的文化成果,从而引导学习者成长为社会所需要的人。在满足社会发展要求的同时,"云计算"的高聚合性和虚拟性又能够为课程的个性化服务功能提供技术保障,相同的内容可以以不同的方式呈现出来,特定内容的深度、广度和难度都可以通过"技术节点"来进行调控,学习者可以根据自身的能力和需要定制个性化的课程模式。因此可以说,"云课程"真正致力于社会我与个性我的高度统一。

第二,固定化与随机化的全面融通。现代学校教育产生之后,人们逐渐形成了这样一种共识——课堂即课程实施的主渠道。也正因为如此,长期以来课程设计往往都是为时间相对固定的课堂教学所量身定做的。尽管传统的课程也会设置一定的课下练习,但是"碎片化"的课余时间很难被统摄到课程的服务范畴中来。随着以"知识爆炸"为特征的信息化社会的到来,急速增长的信息使持续学习既成为可能、又成为必要——一方面,教育僭越了特定人生阶段的时间界限,不断朝着终身化的方向发展;另一方面,学习化社会的建构受到世界各国的高度关注,人们开始希望课程能够逾越课堂的樊篱进而为满足课外需求提供更多的拓展性服务。与常规的基于短信点播服务的 SMS 模式和建立在浏览基础上的 WAP 教育站点模式相比,基于"云计算"的课程能够更好地实现课程资源的规模化扩展。这是因为"云课程"拥有强大的资源池作支撑,能够将"全网海量的教育资源整合在一起并存储到云服务器中……学习者就像是在逛网络集市一样,可以随时随地通过终端设备接通网络后连接到云服务器,选择自己感兴趣的内容进行学习"[1]。此外,"云计算"技术全面解除了应用服务与硬件资源间的固定对应

_____

① 李顺、李展:《云技术对教育的影响》,《河南科技》,2012 年第 2 期。

关系,一个应用程序可以在不同的硬件平台上执行,消除了不同手持终端所可能产生的使用瓶颈。鉴于此,从时间维度上实现固定化学习与随机化学习的全面融通充分体现了"云课程"的核心旨意。

第三,集中式与分散式的整合服务。常规的课程实施表现出高度的时空协同性,即强调固定的时间和特定的场所。但是从20世纪末开始,这种定势已久的时空格局逐步遭到冲击,这当然和网络技术的进步有着密切的关系。诚如有研究者所指出的那样:"数字语言的发展看来对人类社会有一种深远的变革性影响,……我们正处于这种变革的最早阶段,但是我们可以看到,使用数字语言的计算机网络如何极大地延伸了全世界人类的互动。而且,现在成千上万的人将他们的相当一部分时间花在一个被称为电脑空间的缥缈之地。"[1]近年来,关于移动学习(Mobile Learning)、泛在学习(Ubiquitous Learning)、即时学习(just in time learning)的系列研究已经揭示出,分散的课程实施同样可以达成课程目标。但值得注意的是,有效的分散实施对于技术的要求是非常严苛的。"云技术"的介入,不仅能够为传统意义上定时定点的课程实施提供更为先进的手段,同时也可以为分散式课程实施创造更为稳定和优越的条件。作为"云技术"的核心组成部分,虚拟技术凭借其强大的数据处理能力,将扩大硬件的容量、简化软件的重新配置过程,因而能够从根本上保证在学习者需要的时候为他们提供知识信息,而不论他们处在什么样的场合、持有哪种终端设备。此外,虚拟技术有助于进一步拓展人机交互功能的实现,创造出一种强烈的即时感和共存感,从而保证身居异地的学习者随时随地对课堂内容进行情境化的交流与分享。可以说,对课程的实施而言,"云技术"能够在空间上创造一个"移动的教室"。

---

① [美]罗杰·菲德勒:《媒介形态变革:认识新媒介》,明安香译,华夏出版社,2000年,第65页。

第四,基础性与拓展性的立体架构。课程内容是"根据课程目标从人类的经验体系中选择出来,并按照一定的逻辑序列组织编排而成的知识和经验体系"[1]。课程内容以课程目标为根本依据,力图充分体现课程目标的基本要求;同时,课程内容的优化程度又直接影响着课程目标的实现。正因为如此,在不同的历史时期里,人们都面临着"什么知识最有价值"这一经典的课程内容问题。对每一门具体的课程而言,编制者和学习者都共同希望在保证学科基本概念、原理、规则以及学科内部逻辑关系的基础之上,能够尽可能提供丰富的有助于开展个性化学习所需要的各种课程资源。于是,基础性与拓展性构成了课程内容组织的一对重要矛盾。引入"云技术",将为解决上述矛盾提供全新的契机。首先,由分布式计算所开辟的巨大存储空间,消除了传统媒介所无法规避的容量局限,使课程内容的选择和编制获得了极大的自由度,在文字符号之外,各种有助于课程目标达成的音频、视频、动画乃至实时互动活动都可以"择优"引入课程,课程内容的选材和剪裁真正走向立体化。其次,与传统的计算模式相比,"云计算"不只是一种技术,还是一种新兴的基础服务共享架构方案,基础性的学科知识不仅能够获得多样化的表现方式,繁多的"技术节点"还可以使大量的课程资源有序地连接起来,学习者可以根据课程的目标和自身的需求灵活定制"理想的课程"。考虑到特定群体对纸质课程的偏好和依赖,学习者还可以基于对"云课程"中超文本文件路径的线性化设定或是基于自己阅读学习的历史记录,来打印制作属于自己的个性化纸本教材。因此,对课程内容而言,"云技术"无疑将带来一场革命。

第五,富媒体与多形式的无缝连接。承载着人类文明成果的课程,是学习者不断提高自身素养的核心中介。然而,课程育人功能的发挥不是凭空

---

[1]　廖哲勋、田慧生:《课程新论》,教育科学出版社,2003 年,第 182～183 页。

产生的，而是依托于多种多样的学习活动来达成的。因此，对于课程的效能而言，学习活动方式意义重大。长期以来，课程内容都是以单一、平面、静态的形式呈现在学习者面前的，这直接导致了学习活动的多样化只能寄希望于教师个人的教学设计、课堂组织、学习评价等。近年来，立体化课程、电子教材、网络教材都试图通过引入现代信息技术来活化课程的学习活动方式。"云技术"的出现，打破了传统互联网技术(IT)服务的交付和使用模式，凭借强大的平台运营和灵活的资源调配能力，"云课程"会拥有更优质的影、音、图、文、网等多形式综合表现力。加之，"云课程"可以支持多种终端设备，使学校摆脱硬件升级和软件更新的压力，教师和学生也可以从特定技术的学习和使用中解放出来，所以学生的学习活动方式将不断趋于富媒体和多样化的自由对接。多年前，尼葛洛庞帝所缔造的预言会获得更加完满的实现："如果我第一次说的时候，你没听明白，那么就让我(机器)换个方式，用卡通或三维立体图解演给你看。这种媒介的流动可以无所不包，从附加文字说明的电影，到能柔声读给你听的书籍，应有尽有。这种书甚至还会在你打瞌睡时，把音量放大。"[1]有研究者采用"长尾学习"的隐喻来比附基于"云技术"环境的课程学习，即非正式学习将在满足学习需求方面产生越来越重要的影响。[2] 随着终生学习的不断深入人心，"云课程"学习将引发学生的思维方式和实践方式的变化，从而真正使学生今天的学习方式内化成为明天的生活方式。

管窥课程形态变革的历史轨迹，不难感受到，尽管理论研究一直以来处于相对"缄默"的状态，但是实践的变革却是真实而持续的，理论需要对实践做出更为系统的回应。

---

① ［美]尼葛洛庞帝：《数字化生存》，胡泳、范海燕译，海南出版社，1997年，第91页。
② 参见祝智庭、杨志和：《云技术给中国教育信息化带来的机遇与挑战》，《中国电化教育》，2012年第10期。

二、课程形态的历史演替基础

在既定的时代里，课程依托于羊皮卷、纸本或是计算机网络平台而存在，身处特定历史阶段的人们都会自然而然地觉得这就是再正常不过的方式，教与学就应该以此为载体而开展。那么，为什么特定的技术可以和课程联系在一起呢？这种结合是如何发生的呢？那些进入到课程领域的技术是如何聚焦了历史的目光并且成为课程理所当然的表现形态的呢？在人们最熟视无睹的地方，神秘的力量对技术进行着一种精密的"算计"，课程形态就在这种"算计"中诞生。人们不禁会感到好奇——这究竟是一种怎样的"算计"呢？当然，技术的发明是一个必不可少的前提，如果迄今为止造纸术还没有被创造出来的话，那纸本课程至多也只能是一种理想的乌托邦。同理，倘若没有磁碟、网络、计算机，立体集成的数字化课程也无法把伟大的蓝图变成为一种现实，甚至那张伟大的蓝图都无法被想象与绘制。然而，技术是必需的，却又是远远不够的。

我们不禁会追问：从古代到当下，哪些力量构成了课程形态改变的基础性条件呢？对此，美国当代著名课程论专家约翰·威尔斯（Jon Wiles）与约瑟夫·邦迪（Joseph Bondi）曾对 19 世纪末期以来不同学者们的主张进行了系统梳理，他们在 2002 年合作出版的《课程开发：实践指南（第六版）》一书中，提出了五方面的"课程基础"：第一，社会中的社会影响因素；第二，知识的处理；第三，人类的成长与发展；第四，作为过程的学习；第五，技术。[1] 威尔斯与邦迪的观点为思考课程形态的历史演替基础提供了重要的思想框

---

[1]　参见［美］约翰·威尔斯、约瑟夫·邦迪：《课程开发：实践指南（第六版）》，徐学福、陈静译，中国轻工业出版社，2007 年，第 34 页。

架。当然,在社会发展的不同历史阶段中,上述提及的课程基础既有状态的强弱,又有力量的消长。循着威尔斯与邦迪给出的路向,我们尝试对课程形态的演替基础做一历史的考察。

(一)社会动力基础

从表面上看,课程形态似乎是技术发展的直接产物。回顾人类教育的发展进程,课程形态的变迁的确建立在一定的技术基础之上。比如,在古代中国,纸张制造出来之后,人们逐渐淘汰了以竹简为载体的课程形态。造纸术西传之后,兽皮形态的课程也慢慢让位于纸本形态,最终逐步退出了历史的舞台。进入现代社会之后,尽管纸本设计和生产的工艺不断改善,但是由于音频、视频、多媒体、计算机、网络等的发明和应用,课程也总是随着这些新技术而频频发生"形变"。美国斯坦福大学教授 Larry Cuban 在其所著的《教师与技术》(*Teachers and Machines*)一书中描述了从 1920 年之后,美国教育界不断借助录音机、电视机、录像带、微型电影、广播以及计算机等来实现对原有单一纸本课程形态改造的过程。从书中可以看到,尽管技术带来的课程效果几乎没有显著性提高,但课程内容的呈现方式确实变得越来越生动和立体,技术引发课程形态变革如同跌宕起伏的波涛海浪——一波低潮退去,一波高潮涌起。到目前为止,纵然还没有哪种形态可以颠覆性地取代纸本的地位,但是"信息技术与课程融合"的呼声却越来越高,MOOC 和微视频课程产生的影响也越来越广泛。那么,下一个改变课程的又会是哪一项技术呢? 直观来看,没有技术的发展,就没有课程形态的变化,这几乎是一个无须质疑的再清楚不过的共识。

然而从深层次来看,课程形态对技术的纳入与排拒受到社会诸多因素的制约。倘若我们进一步追问:为什么在特定的历史时期内,课程选择了这样的一些物质技术作其载体,而却不是另外的一些技术呢? 为什么同一物质技术,在同一历史时期内的不同国家里却遭遇了被纳入和被拒斥的两种截然不同的命运呢? 为什么物质优势看似突出的某种后发技术却在相当长的历史时期内没有擢升为主流的课程载体呢? 这是技术决定论所无法予以回答的问题。管窥技术的发展历史不难看出,最初发明的技术并不直接指向于课程。例如,甲骨的使用主要是为了占卜和记事,而尤以占卜为主;竹简、木牍的用途在于书写公文、信笺、法令、文学作品、启蒙读物和杂记,并记录医药处方和历史事件;缣帛除了可以完成竹简的使命之外,还被用于书写占卜星象之书、绘制简册的附图和地图以及承载祖先神灵的功名,以及记载欲传诸后世的皇室贵胄们的言行和歌颂功臣大将们的文辞;纸张最初作为美术艺术的载体,之后其用途得到广泛的拓展,包括用作信笺和装饰品,替代贵金属成为流通的货币中介,装饰个人服饰和家居环境,在婚丧嫁娶时被制作成一些象征性的金银财宝等。① 而进入近代社会以来,磁带、光盘、计算机等各种多媒体设备的发明问世就更不是直接指向课程了。既然课程并不是技术的专门服务对象,那这些技术又是如何从其他的领域进驻到教育领域,从而对课程产生了如此深远的影响呢? 这其中必然包含了一个非常重要的社会选择机制,这个机制负载了具体历史背景下的社会意志和愿望,体现了教育的根本目标和终极理想。尽管物理技术的存在的确是一个不折不扣的前提,但是它无法自主地促成课程形态的变化。换言之,即便技术可以被视为一个直接的推力,但是它也绝不是根本的动因所在。技术向教育的渗透是有中介的、也是有选择的,技术形塑课程是社会意志准入的结果。虽然社会意志看不见、摸不着,但是却真实地在物理技术与课程内容之间扮演着黏合剂的角色:即在特定时代里,它不断对存在着的物理技术进行选择,

---

① 参见钱存训、[英]李约瑟:《中国科学技术史(第五卷 化学及相关技术)第一分册》,科学出版社、上海古籍出版社,1990 年,第 27~76 页。

然后促成物理技术与课程内容的结合,产生了新的课程表现形态。形象地讲,社会意志就如同是一把特殊的筛子,进入筛子的可以是一定历史时期里存在的各种技术,但是最终能够通过筛子进入课程领域的却是极其有限的一部分。因此,必须要深入考察社会各因素对课程形态进化的综合推动作用。

具体而言,课程形态变革受到技术空间中一系列张力关系的影响,涉及政治、文化、经济等多个方面。

1. 政治张力与课程形态变革

课程形态变革在一定程度上受到技术空间中政治张力的影响。在技术与政治互动的关系中,存在三种具体的张力——价值张力(value tension)、权力张力(power tension)和契约张力(contractual tension),这三种张力会在不同层面上影响到课程的技术"纳入"。① 第一,就价值张力而言,任何一项人类活动都有其目的或意义,课程形态变革的活动亦不例外。如果课程形态的改良活动能够和特定阶段的政治需求与政治意图相契合,那么,改良将会获得政治力量的支持;反之,如果课程形态的改良活动不能够与特定阶段的政治需求或政治意图相吻合,那么,改良就会受到政治力量的阻碍。例如,在古代中国,石经的雕造是一项巨大的政府工程,出于选贤举能、推动社会发展的政治需要,统治者就会积极推动这项工程的进展。当然,很多时候,政治的不稳定因素也会影响到石经雕造的进度,甚至使石经雕造半途而废。又如,在当下的时代里,不少国家远程在线课程的建设与推广都和人才培养的政治需要是密切关联的,一些欠发达国家通过政府间或是民间互动的方式,引入了某些国家、某些组织或是某些学校优质的远程课程资源,这样的教育行动背后都有明确的政治价值诉求。

---

① 参见徐治立:《论科技政治空间张力的互动》,《自然辩证法研究》,2007年第2期。

第二,就权力张力而言,课程形态变革的方向、方式和规模会受到政治因素的限制,其组织和实施也会受到政治因素的干预。例如,在13—15世纪期间,教会和世俗政府部门中的掌权者在他们认为必要时还会控制教科书的生产和传播,并指导着课本的选择及某些科目的发展方向。当时,由于羊皮卷被认为在承载上帝的声音方面比纸张更具优势,因此尽管造纸的技术已经产生,但是教科书仍然主要由抄写员抄写到羊皮卷上。抄写员的工作受到教育机构以及教会和世俗政府部门中的掌权者的严格控制——抄写的笔体如何,每人负责抄写哪部分,抄写的进度和流程,这些抄写员都没有自行决定的权力。不难看出,政治力量不仅对课程内容,而且对课程形态都发挥着一定的管控作用。又如,2020年,受到新冠肺炎疫情的影响,世界多国的大中小幼学校暂停了学生们到校学习的方式,为了能够保证学生的学习进度不至于陷入停滞,各国政府纷纷出台强有力的措施,从资金、技术和政策等多个方面来支持、组织在线课程的规模化应用,这其中涉及大量的录播课程、MOOC课程和微视频课程资源的建设与获取,同时也涉及支持一线教师进行网络直播课程的建设。这也反映出,现代科技的进步支持了课程网络搬家的落地与落实,但是政治力量发挥了非常重要的驱动和整合的作用。

第三,就契约张力而言,课程形态的变革离不开政府委托与实施主体代理之间的互动关系,这种契约张力很有现实意义。当政府具有一定的政治意愿来推动课程形态发生变革的时候,政府往往并不能直接参与变革的具体行动。于是,政府会以政策文件或是项目招标的方式来与科技公司、出版机构、基层学校甚至是个体建立一个契约,通过契约来约束彼此的权利和义务,进而实现一定的目标。在21世纪,我国政府先后大力推动立体化课程建设、网络课程建设以及MOOC建设等,这些课程形态的规模化变革都是以"契约"来保驾护航的。

2. 文化张力与课程形态变革

课程形态变革在一定程度上也受到技术空间中文化张力的影响。在技术与文化互动的关系中，大致存在三种类型的具体张力——"共谋"张力、"冲突"张力和"调和"张力，这三类张力对课程的技术"纳入"会产生不同的影响作用。其一，受到"共谋"张力的影响，课程形态的变革性行动往往是积极而自觉的。正如 Larry Cuban 在《教师与机器》(*Teachers and Machines*)中所描绘的那样：近代以来，在美国，新的媒介总是源源不断地被投入到课堂中去，课程的形态从单一走向复合、从静态走向动态，尽管几乎没有乐观的数据可以证明这些技术产生了显著的教育改进效果，但是人们却始终对下一次尝试充满热切的期待，似乎技术的"救赎"就在不远的明天！这是典型的"技术崇拜"文化在教育实践中的展露。美国知名社会文化历史学家大卫·尼尔(David E. Nye)在研究的基础上指出：在美国，人们对技术的热情可以用"技术崇拜"来予以表征，而这种"技术崇拜"使美国人的技术文化心理迥异于其他社会和民族，从而使美国人对现代技术总抱有"拯救"的效能预期。在《美国的技术崇拜》(*The American Technology Sublime*)一书中，尼尔揭示了美国技术崇拜文化心理形成的历史轨迹：17 世纪，"崇拜"跟随清教徒一起漂洋过海着陆在北美的土地上；直到 19 世纪 20 年代之前，"崇拜"被作为描述虔诚宗教情感和伟大自然景观的标准方式，它和技术之间几乎是没有关联的；但从 19 世纪 20 年代之后，人们在自然景观周围修建了很多别具一格的人造景观，人造景观通过对自然景观的利用、改造和修饰，大大丰富了原始的自然魅力，人们开始转而惊叹人力的伟大并骄傲于人类卓越的创造精神。于是，崇拜之情从自然景观延伸到人造景观、从神"下移"到人，技术崇拜开始获得了一个独立的地位。在美国，技术崇拜心理的形成是历史文化实践的重要组成部分，是美国实用主义哲学的根本体现，也是清教徒救赎精神的传承和发扬。这种"技术崇拜"的文化和真实存在的技术经由碰撞产生了

"共谋"的效应,引发了课程形态持续的技术改造步伐。

其二,受到"冲突"张力的影响,课程形态的变革性行动往往充满了对抗的博弈。纸张作为课程载体,在西方普及的速度非常缓慢。在大约3个多世纪的时间里,纸张只是作为羊皮卷的补充形式而存在。那么,为什么制作工艺复杂、成本相对更高的羊皮卷受到更多的青睐呢?诚如前文所提及的,一个特别重要的原因在于:当时的教会人士认为文字符号代言上帝的旨意,但是文字符号如果书写在纸张上,纸张轻薄易碎就会对上帝构成冒犯。这样的文化心理是导致羊皮卷和纸张在课程领域长期并存的重要原因。因此,在西方的文明进程中,纸本教科书的确立经历了一个漫长的文化观念演化过程。这也反映出,在事实上,除了"共谋"效应的产生,文化观念也会对课程载体的变革产生阻抗的作用。

其三,受到"调和"张力的影响,课程形态的变革性行动往往会走向折中的共进。在一些情况下,课程形态变革受到的是文化融合的驱动——既没有激进的文化共谋,也没有强烈的文化对抗。20世纪90年代,多媒体课程的建设逐渐在我国兴起。这一时期的技术文化呈现出明显的"调和"取向:一方面,人们对多媒体技术的建设性价值抱有乐观的期待;但另一方面,"纸本消亡"的观点没有像20世纪上半期那样广为盛行。因此,印刷本的特点得到了相对客观的分析——在教育目标一定的情况下,出于对学生使用与携带的考虑,印刷版教科书会将书本的大小和印张数设定在一个大致的阈限范围内,这一范围无形中就为文化的容量划定了一个相对固定的边界,而且文化的表现形式也受制于纸本的特性而呈现出线性、单维、静态的状况;与此同时,电子媒介的特点也得到了较为全面的厘清和刻画——电子版教科书却可以在容量上实现一个大的突破,通过介绍更多的背景知识、展示更多的细节、给出更多的案例、配置更多的习题、插入更多的图片动画,使不同学习者的需求得到不同层次的满足,进而大大扩充了知识进驻学习者视野的机会,知识的表现形式也更为立体和多样。总体来看,在此后立体化课程、网络课程以及 MOOC 的建设进程中,以"取代"为内核的文化主张越来越少,多个课程分身共生演进的格局逐渐成为大势。

3. 经济张力与课程形态变革

课程形态变革在一定程度上还会受到技术空间中经济张力的影响。进入 16 世纪,手抄版教科书走向式微,印刷版教科书逐步开始普及。然而受制于供给与需求、投入与产出、风险与收益等矛盾关系的制约,教科书变革的进程是渐进而缓慢的。按照常识推断,似乎古登堡的金属活字印刷可以极大地降低书籍的出版成本,但事实上,市场的运行情况并没有那么简单。19世纪,剑桥数学课程的改革之所以能够取得成功,很重要的一个原因在于引进了新出版的教材。不过,新教材的问世却并不是一个看似顺利的过程。数学教材涉及很多复杂的符号,要想把代数著作中的小字号数字印清楚,需要用造价昂贵的、经热压处理过的上好的书写纸,而且对排版工作的精细化要求极高。鉴于对可能收益的担忧,就连当时最有实力的大学图书出版商约翰·戴顿(John Deighton)也不愿意将准备用作教材的《分析学会论文集》列入出版清单。大学印刷商约翰·史密斯(John Smith)承接了该书,但是该书的排版艰难而缓慢,教材面世时,书价极其昂贵,远远超出了读者们预期可承受的范围。最终的结果是,书籍销量不佳,作者们需要自掏腰包来补充印刷费用。尽管《分析学会论文集》从出版到销售都不尽如人意,但是由于认识到分析数学的重要性,两位学者乔治·皮科克(George Peacock)和约翰·赫歇尔(John Herschel)还是决定坚持翻译出版拉克鲁瓦的《微积分基础》,这一次,他们争取到了戴顿的出版补贴。同样的,《微积分基础》定价昂贵,但好在此次教材重视销售渠道的拓展,销售情况获得了明显的改善。受此激励,皮科克和赫歇尔决定进一步出版配套的《例题集》,这次他们对出版商和授权销售商有了比较苛刻的要求,销售商加大了对《例题集》的广告宣传投入。令编写者、出版商和销售商都比较振奋的是,《例题集》在市场上供不应求,取得了可观的经济收益。[①] 由此可见,资金投入在相当大的程度上可能推动或是延缓教材的革新。进入 20 世纪 90 年代,美国的教材出版商 Houghton Mifflin Harcourt、John Wiley & Sons、Pearson、McGraw Hill 纷纷启动了数字化教材建设工作,仔细分析不难发现:这些出版商都是传统上非常有实力的大型出版商,他们能够更好地保障研发的投入,同时,也能够更强有力地应对风险。与美国的情况非常类似,中国的人民大学出版社、高等教育出版社、人民教育出版社在 21 世纪先后宣布开展立体化课程教材研发工作,它们都属于业界中实力雄厚的出版机构,在资金的筹集和投入方面都能有所保障。总而言之,从手抄本到印刷本,从纸本独大到纸本、光盘与网站的立体化集成,从多媒体课程到云课程,每一次课程形态变革都不可能离开经济条件和经济投入机制的影响。

综上所述,课程形态变迁是一个"技术纳入"的过程,其受到社会诸多因素的整体制约。换言之,技术特性只有和社会因素不断碰撞并寻求融合,才可能发挥出"课程"的价值。

(二)知识供给基础

产业革命之后,人类社会进入了历史新阶段,即资本主义迅速发展的阶段。在这段时期里,科学知识对生产和生活方式的影响日益展露,社会改革的呼声日趋高涨。然而,当时的学校教育仍然遵循古典主义的范式,科学技术游离在学校的围墙之外。对此,英国教育家赫伯特·斯宾塞(Herbert Spencer)发出了振聋发聩的质询"什么知识最有价值?""什么知识最有价

---

① 参见[英]乔纳森·托珀姆:《一场教科书的革命》,[英]玛丽娜·弗拉斯卡-斯帕达、尼克·贾丁:《历史上的书籍与科学》,苏贤贵译,上海科技教育出版社,2006 年,第 353~374 页。

值"不仅引发了社会各界的广泛关注和热烈讨论，而且也首次将近代学校课程建设的知识基础问题明确地提炼了出来。在这之前，课程的知识取向与基本范畴主要由世俗政府或是教会组织来加以圈定；在这之后，伴随着资本主义社会的稳定发展，以麦克·杨(Michael F. D. Young)等为代表的一批教育学者逐渐从关注"什么知识最有价值"进一步转向于关注"谁的知识最有价值"。在这一进程中，由于科学技术，尤其是电子技术和多媒体技术的教育应用日渐增多，人们也开始去思考"怎样汲取知识最有价值"的问题。那么，就供给而言，知识是如何影响课程形态发展变革的呢？

首先，激增的知识数量对课程的组织结构提出了新要求，这加剧了课程形态变革的紧迫性。进入20世纪后半期，科学知识的发展速度大大提升，知识的更新呈指数级的增长。同时，学科交叉又催生出了很多的新领域和新内容。那么，在学校教育中，如何有意义、有效率地实现课程内容的选择和组织呢？毕竟学习者在校学习的时间和精力是有限的，学校不可能在科目设置或者学习时长上无限度地做加法，于是，变革课程结构随之成为学校课程建设的重要方向。学校需要通过重构课程结构来做好知识的吐故纳新、分化统整工作，学生可以根据自己的学习风格和学习状况获得个性化、非线性的成长。于是，课程组织结构进一步向课程形态提出了新要求。在一定技术条件的支持下，带有补充、说明或是拓展性质的光盘、电子出版物、网站等就逐渐扮演起了课程"分身"的角色，课程形态走向了多维立体，灵活、弹性、可延伸的学习空间得以创建。

其次，多样化的知识类型对课程的呈现方式提出了新挑战，这也构成了优化课程形态的重要驱动力量。随着科学技术的大发展，一方面，非结构化的知识急遽增多；另一方面，同一知识的表现形态可以更为多元。为了能够更好地满足不同学习者的学习"适宜性"，课程建设开始关注知识呈现方式的多样化，而课程形态变革则是知识呈现方式能够实现多样化的最基本依托。在 20 世纪末期,美国麻省理工学院教授尼葛洛庞帝曾经乐观地展望:"如果我第一次说的时候,你没听明白,那么就让我(机器)换个方式,用卡通或三维立体图解演给你看。这种媒介的流动可以无所不包,从附加文字说明的电影,到能柔声读给你听的书籍,应有尽有。这种书甚至还会在你打瞌睡时,把音量放大。"①此后,课程形态变革确实验证了尼葛洛庞帝的预言,甚至走得更远。

最后,激变的知识系统需要拓展知识和个体连接的方式,这推动了课程形态变革的持续性尝试。知识系统越是庞杂,深度学习的需求也就越迫切。因此,把知识带给学生的最好方式是什么? 最好方式并不是绝对的、唯一的、不变的方式,而恰恰是多路径、多策略的不断集成优化。

简言之,知识供给基础的剧变对学校课程提出了一系列新挑战:教什么? 如何有效地组织知识? 不同知识如何配比? 把知识带给学生的最好结构是什么? 作为对上述新挑战的回应,学校课程形态变革成为课程建设的重要着眼点和着力点。

(三)人的发展基础

课程形态的变革是为了更好地实现课程的育人功能,从理论上讲,人的发展规律是课程形态变革的基础性前提。进入近代社会以来,随着宗教的祛魅和自然科学的进步,个体成长的特点逐步引发了社会有识之士的关注与讨论。于是,哲学社会科学领域的专家学者从不同角度揭示了人的可塑性、完整性、能动性和差异性,这对思考课程形态的发展建设也产生了重要的现实价值。

---

① [美]尼古拉·尼葛洛庞帝:《数字化生存》,胡泳、范海燕译,电子工业出版社,2017 年,第 67 页。

第一，人的可塑性为课程形态变革提供了生物学意义的正当理据。18世纪，德国著名教育家约翰·弗里德里希·赫尔巴特（Johann Friedrich Herbart）明确提出应将学生的"可塑性"作为教育学的基本概念，并从"可塑性"出发，揭示了教育学的学科性以及与其他学科的可对话性。进入20世纪，德国当代著名教育学家底特利希·本纳（Dietrich Benner）不仅继承了赫尔巴特关于"可塑性"作为教育学基本概念的思想，而且将其放在教育思想和行动之基本结构的框架中，对"可塑性"做出了更为精致细密的论述，突出"可塑性"与"可能性""主动性"之间的复杂关系。半个世纪之后，神经科学的研究开始愈加精细化地揭示出人的"可塑性"的神经机制，在生物世界中，人类的大脑结构和功能可以持续被改造直到生命的终结。近年来，脑科学家们通过对大脑皮层、神经突触以及神经元细胞等的研究发现：大脑是一个动态器官，很大程度上由经验塑造，由生物正在做的和已经做的所决定；不仅如此，大脑的发展和成熟随学习的发生而不断发生变化，具体任务的学习可以改变该任务所涉及的具体脑区。[①] 概言之，"可塑"意味着"可教"，"可塑"同时也激励教育工作者不断探寻"可教"的最优方式。反映在当下的课程领域，各国正是基于对"人的可塑性"的笃信与不懈追求，才花大力气推动课程载体形式不断向轻盈、便携和跨空时发展，课程的制品系统不断向多维、立体和互联进发，课程的传播通道也才不断走向虚实融合。

第二，人的发展的完整性为创新课程形态注入了强劲的支持力量。18世纪，法国著名思想家卢梭（Jean-Jacques Rousseau）提出了培养"自然人"的思想，他主张应该重视儿童的情感发展，把儿童培养成一个有情感的理智的人。卢梭的思想唤起了当时社会众多思想家对于人性和人的发展问题的

---

① 参见［美］布兰思福特等编著：《人是如何学习的：大脑、心理、经验及学校（扩展版）》，程可拉等译，华东师范大学出版社，2013 年，第 111 页。

重新思考。作为近代哲学的集大成者,康德在阅读了卢梭的《爱弥儿》一书之后谈道:"我自以为爱好探求真理,我感到一种对知识的贪婪渴求,一种对推动知识进展的不倦热情,以及对每个进步的心满意足。我一度认为,这一切足以给人类带来荣光,由此我鄙夷那班一无所知的芸芸众生。是卢梭纠正了我。盲目的偏见消失了,我学会了尊重人性,而且假如我不是相信这种见解能够有助于所有其他人去确立人权的,我便应把自己看得比普通劳工还不如。"[①]自此之后,生命的完整性成为各国教育家思考教育的人学起点,在德国,先是洪堡提出了"完人"教育的思想,之后,雅思贝尔斯又再度强调"整全人"的培养;在日本,小原国芳论证了"全人教育"的重要性,指出应该发展人的学问、道德、艺术、宗教、身体以及生活六个方面;在 20 世纪初期的中国,梁启超提出了"全人格养成",梅贻琦倡导开展"通才教育",杨贤江要求进行"全人生指导"。对生命整全性的认识为此后的课程建设提供了重要的学理支持,这一深入人心的观念也成为日后课程形态不断向动态、立体、全息化发展的思想基础。

第三,人所具有的能动性和差异性奠定了课程形态多样化探索的实践逻辑。一方面,人的发展具有能动性。人拥有主体能动性,这种主体能动性是人在与自然、社会互动的过程中逐渐生成的现实形态。从文艺复兴开始,尤其是进入工业革命之后,人的主体能动性就逐渐擢升成为思想界关注的重要问题。笛卡尔把"我思"作为主体能动性的集中体现,康德提出了"人为自然立法"的主体性论断,黑格尔将抽象精神作为主体性的彰显,马克思揭示了主客体互动过程中主体的能动性、自主性和自为性,此后,海德格尔、尼采、叔本华、弗洛伊德、萨特等进一步从非理性的角度揭示了主体能动性的

---

① ［德］恩斯特·卡西尔:《卢梭·康德·歌德》,刘东译,生活·读书·新知三联书店,2015年,第10页。

存在。主体能动性的深刻论述,对于学校课程建设如何为学生发展打造广阔空间产生了重要的思想启蒙作用。另一方面,人的发展具有差异性。古往今来,东西方的学者都以不同方式关注到了人的发展的差异性问题。从20世纪中后期开始,正视个体差异、尊重个体差异、鼓励个体差异性发展的观念日趋深入人心。在20世纪80年代,哈佛大学的心理学教授霍华德·加德纳(Howard Gardner)通过开展有关大脑机能机制、人类发展进化以及不同文化比较的多重研究,科学论证了多元智能的存在,即每个个体都拥有语言智能、逻辑－数理智能、空间智能、运动智能、音乐智能、人际交往智能、内省智能以及自然观察智能,但不同个体拥有的智能组合方式不同。① 多元智能理论揭示了个体差异发展的规律性和正当性,为课程的"分殊化"育人提供了重要的科学依据。应该说,电子技术、信息技术以及智能技术与课程的深度融合,也正是建基于个体能动性和差异性的基础之上,是对技术条件下课程如何促进个体能动性和差异性发展的积极回应。

总体而言,课程的目的是培养人,这既构成了课程诞生的基础,又成为课程发展与演变的核心旨归。也正是由于人具有发展的可塑性、完整性、能动性以及个体差异性,使得课程总是具有不竭动力来寻求调适、变革与完善,而课程形态的变革恰恰集中体现了近代社会课程优化的重要努力方向。

(四)学习发生基础

进入20世纪中期,心理学的研究成果为现代课程论的发展提供了日益重要的科学基础。学习何以发生? 行为主义心理学关注的是学习者的外显行为,其主要观点是:学习是刺激和反应之间的联结,通过为学生创设一种环境,教师就可以强化学生的适宜行为、消除不适宜行为。认知主义心理学

---

① 参见[美]霍华德·加德纳:《智能的结构(经典版)》,沈致隆译,浙江人民出版社,2013年。

关注的是学习者的认知过程,其主要观点是:人是学习的主体,能够开展主动的学习;人类获取信息的过程包括感知、注意、记忆、理解、问题解决的信息交换环节;人们对外界信息的感知、注意、理解是有选择性的;学习的质量取决于效果。人本主义心理学主张关注人的高级心理活动,如生命、尊严、信念等,其主要观点是:重视学习者整个人的成长历程,注重启发学习者的经验和创造潜能,引导其结合认知和经验来肯定自我,进而走向自我实现。

进入 21 世纪,面对"互联网 +"、大数据、云计算以及人工智能等技术的蓬勃发展,人们转而开始关注建构主义理论、连通主义理论以及具身认知理论。

其一,建构主义理论从学习的手段工具层面为课程形态变革提供了学理支撑。建构主义(Constructivism)也译作结构主义,其最早的提出者可追溯至瑞士的让·皮亚杰(J. Piaget),他从儿童与外界相互作用——认识世界——发展其自身认知结构的立场出发,提出儿童利用现有的"图式"来"同化"新信息,然后利用"顺应"的过程去达到认知"平衡"的状态,从而获取新信息。皮亚杰重视以学生为中心,强调学生对知识的主动探索、主动发现和对所学知识意义的主动建构。皮亚杰专注于从个体出发解释心理发展机制,而没有充分考虑到社会文化活动对于个体心理的影响。对此,苏联教育家维果茨基提出了社会历史文化理论。维果茨基认为,人具有低级心理功能和高级心理功能,低级心理功能遵循的是种系发展路线,而高级心理功能则是文化历史发展的产物,后者往往以符号或技术为中介的,起源于社会文化历史并且受到社会规律所制约。因而,在学校教育中,教师要利用一切可能的条件为学生搭建发展的"脚手架"。维果茨基的思想在 20 世纪 60 年代经由布鲁纳的宣传开始受到欧美学者的重视,此后 60 年,他的建构主义思想成为各国教育工作者推动课程信息化建设的共识性理论依据。

其二,连通主义理论从学习的活动设计层面为课程形态变革提供了思想支持。连通主义（Connectivism）是加拿大学者乔治·西蒙斯（George Sie-mens）在 2005 年提出的，该理论强调，学习不再是一个人的活动，比习得知识更重要的是建立关联，通过信息技术来创建生成意义的网络。连通者概括了八条学习原则：①学习和知识需要多种看法来呈现整体……并允许选择最佳方法；②学习是一个连通专门化结点或信息来源的网络形成过程；③知识驻留于网络；④知识可以驻留于非人类的器具，并具技术能够促进学习；⑤探寻知识的能力比目前知道什么更重要；⑥学习和知晓是恒定的、持续的过程（并非最终状态或产品）；⑦在领域、想法和概念之间看到连通、识别模式和生成意义的能力，是当今个体的核心技能；⑧保持知识的时代性（准确的、最新的知识）是所有连通主义学习活动的目的；⑨决策过程就是学习。① 连通主义的思想在 21 世纪被广泛传播和讨论，连通主义学习观也成为立体化、数字化和智能化课程建设的思想支点。

其三，具身认知理论从学习的发生机制层面为课程形态变革提供了重要证据。1991 年，生物学家和神经科学家瓦雷拉（Varela）、哲学家汤普森（Thompson）和认知科学家罗施（Rosch）共同出版了《具身心智：认知科学和人类经验》一书，这本著作广泛吸收了神经科学、演化理论、范畴化理论以及哲学中的现象学传统，论证了感知与运动过程、知觉与行动在活生生的认知中是不可分离的。书中指出："使用具身这个词，我们意在突出两点：第一，认知依赖于体验的种类，这些体验来自具有各种感知运动的身体；第二，这些个体的感知运动能力自身内含在（embedded）一个更广泛的生物、心理和文化情境中。"②随着信息技术在教育领域中的应用日益深入，具身认知理论

① 参见[加拿大]G. 西蒙斯：《网络时代的知识和学习——走向连通》，詹青龙译，华东师范大学出版社，2009 年，第 30 页。

② [智]F. 瓦雷拉、[加拿大]E. 汤普森、[美]E. 罗施：《具身心智：认知科学和人类经验》，李恒威等译，浙江大学出版社，2010 年，第 139 页。

也不断被验证、丰富和细化。近年来,围绕课程形态与学习发生的关系,具身认知理论在不断指导"具身课程"建设方面发挥出日益重要的作用。

总而言之,技术对于学习的发生而言,它所扮演的角色正是中介"脚手架",它连接起了个体的心灵发展与人类的总体文明。这支"脚手架"搭建得越稳固、越立体、越多元,课程功能就越可能获得一个充分、高效、人性的施展空间。

(五)技术发展基础

对于课程而言,技术是促使其产生"形变"的直接力量,当然这种"形变"并不是自然生命意义上的增长、衰减与更替,而是一种有目的的、阶段性的"质"的飞跃。作为推手的技术,总给人带来无限的期待和憧憬。正如卡普、麦克卢汉、马克思等哲学家所反复宣称的那样:技术能够实现对人体器官的延伸。可以说,"在人的'活动方式'的意义上,技术是人的发展的空间。……实践是人的本质力量的对象化,技术'是一本打开了的关于人的本质力量的书',人的发展的实践空间归结同技术"[①]。那么,技术是如何影响课程形态建设的呢?

首先,技术为课程形态的变革提供条件。一方面,技术作为"工具载体"存在,作用于课程形态建设。20 世纪下半叶,随着电子技术的成熟和相关研究的深入,磁带、光盘、甚至部分投影材料和幻灯片逐渐融入课程之中,它们负载着独特的课程功能,成为课程必不可少的组成部分。于是,课程开始向文字、图像和声音的一体化方向迈进。同样地,进入 21 世纪,信息设备、网络平台、微视频技术则更多参与到课程建设中来。技术以"工具载体"的身份影响课程形态的变革,这是最为直观和切近的。另一方面,技术也作为"价

---

① 尚东涛:《技术:人的发展的空间》,《社会科学辑刊》,2005 年第 3 期。

值理念"的存在,作用于课程形态的建设。20世纪中期,工业技术已经对社会改造产生了前所未有的巨大影响,以追求技术合理性、社会合意性、操作规范性、过程有效性和结果理想性等为目标的技术理性逐渐深入人心。电影、磁带、幻灯片作为课程的分身,无不裹挟着科学思维及工业效率的观念,这也使得一些人过于乐观地认为影像将终结课本以及基于课本的教与学活动。20世纪末期,信息技术逐步彰显出强大的社会改造功能,与信息技术的教育应用相伴随,分殊化、个性化、异步化、定制化成为课程形态变革的重要精神理念和价值追求。

其次,技术为课程形态的变革创造需求。一方面,新技术会暴露旧技术的缺陷,进而推动课程形态的"升级"。印刷术产生之后,人们经由比较会发现,以莎草纸、泥版书、羊皮卷、兽骨、丝帛、简牍等为载体的课程,不仅制作周期长、传播范围有限,而且所呈现的知识容量、知识密度都会由于受到物质载体的极大限制。于是,采用印刷术配合造纸术来改造课程的制作工艺,就成为一种内生性的动力需求。同样地,电子技术、多媒体技术和网络技术产生之后,单一的印刷本在生动形象、简易直观、海量信息等方面又相形见绌了,因而,课程有了向纸本、音频、视频、网络一体化方向迈进的根本动力。正如凯文·凯利(Kevin Kelly)所谈到的那样,科技体的力量可以通过对其自身的转化性质的反思,而使自身的力量无限增加,新的科技可以更加容易地发明更好的科技。[1] 另一方面,技术会作用于其他的课程基础,通过引发生态的裂变而对课程形态提出新的发展要求。这一点在信息时代是尤为明显的:网络的触角延伸到了社会生活的各个角落,生存和工作的方式均已完全不同于先前;学校中的知识基础不断激变,"过度互联"带来的风险正在显现;学生可以遵循一条全新的、非线性的、更具个性化的智能发展路线,他们

---

[1]　参见[美]凯文·凯利:《科技想要什么》,严丽娟译,电子工业出版社,2017年,第83页。

拥有了更多的自主权和选择权,同时也面临如何规划自我的更多挑战;学习理论已经进入新的疆界,人机合作成为深度学习的必然,"联通"正在重构学习的机制。可以说,技术强有力地改造着社会生态,新的社会生态也必要求变革原有的课程形态,进而使课程能够更适合育人工作的新要求。

三、课程特定形态的历史写真

课程形态不是"历史的试误",而是时代"精心算计的结果"。诚如上文所言:课程形态变革受到多重因素的影响。对特定时期的课程形态做一历史的"还原",并不意欲把历史装进一个预设的框架,而只是希望能够展现不同课程形态变迁与持守背后更多的"故事"。

(一)纸本课程:分殊的命运

通过考察纸的历史不难发现:纸张最初被制作出来的时候并不是直接服务于教育的,在用于书写之前,纸张主要被用于包装物品。①

在古代中国,纸之所以能够被作为课程载体并得到进一步流行,和当时的历史状况是紧密相关的。春秋战国之后,文化下移,私学的兴起极大地推动了教育的发展。短命的秦王朝虽然采取了"焚书坑儒"的文教政策,但是却从反面上充分肯定了教育之于社会的巨大影响力。汉朝建立之后,社会稳固的需要使"罢黜百家、独尊儒术"成为一种历史的选择,表面上看这一做法确实压制了思想文化的多样性,但是从深层次上它却有力地打造了一种共同的国民心理和价值认同,即冯友兰先生所言的"内圣外王","内圣,是就

---

① 参见钱存训、[英]李约瑟:《中国科学技术史(第五卷 化学及相关技术 第一分册 纸和印刷)》,科学出版社、上海古籍出版社,1990年,第76页。

其修养的成就说；外王，是就其在社会上的功用说"①，这种修炼自我的意识和关怀政事的情怀通过儒术的弘扬得以在社会上广泛传播。东汉后期相当长的历史时期里，中国社会又重新陷入分裂割据状态，实现国家统一不仅是当时多个诸侯君主的梦想，而且它也成为广泛弥散于社会之中的一种共识。一方面，国家需要有胆识有谋略的胸怀四海之士；另一方面，深受儒家思想教化的青年才俊也纷纷致力于投身"救国"的洪流，这使得整个社会对于文化知识的需求空前膨胀。也正是在这种情况下，纸的相对优势——廉价、轻薄、便携——得以在教育领域中充分凸显。于是，"在整个西汉时代，书写纸的用量还是较少的"②，而在东汉它开始被广泛用于书写，逐渐拥有了和竹简并列的新的社会身份。

　　由此不难看出，在古代中国，作为书写材料的纸，最终稳定为课程载体事实上是历史境遇里政治、经济、文化、社会等诸因素互动耦合的结果。换言之，世间既不是因为具备了生产纸的能力，就自然产生了纸本书并借此推动了纸质课程风行天下，亦不是因为某个权威发号施令，以强制性的方式确立了纸在教育活动中的关键地位。在纸被确立为课程载体的这个过程中，少了当时社会中的任何一种因素，课程都可能会以另外一种面孔出现。鉴于上述原因，我们无法笼统地说，哪个个体是纸本课程的发明者，哪种因素又是纸本课程形成并得以流传的决定性力量。进一步来看，在当时众多的材料中，古代中国的先辈们选择纸作为课程的载体，这绝不是理性不足、纯属巧合的盲目实践。纸本书籍被贴上了"廉价、轻薄、便携"的标签，但这背后潜藏着的是非常不平凡的社会历史建构机制。

　　与在中国的境遇不同，纸质课程在西方的历史上出现得很晚，纸本在课

---

① 冯友兰：《中国哲学简史》，北京大学出版社，2010 年，第 7 页。
② 唐赞功：《中华文明史（第三卷）》，河北教育出版社，1992 年，第 287 页。

程领域中至尊地位的确立经历了相当漫长的时间。一方面,造纸术传入欧洲大约是13世纪的事情,之前的欧洲确实不具备使用纸张的物质基础。另一方面,进入中世纪之后,西方世界主要奉行的理念是"上帝即文字",因此只有主教或是修士们才有资格亲密接触作为圣物的文字,并且文字的"再生产"严格控制在附设于教会的誊抄室里。由于欧洲大学和教会组织有着渊源性的依附关系,因而大学的课本基本都是由教会组织供给的。即使在造纸术西传之后相当长的时间里,神职人员依然是教育教学的主要实施者,当时流行的观点是:作为课程主要蓝本的圣经如若抄写在易破损的载体上,则是亵渎神灵。因此,不仅仅是《圣经》,《圣经》之外的其他大学教学用书也沿用了教会用于抄写上帝之言的"羊皮卷"。作为探索的先驱,牛津大学虽曾有过较早使用纸本教科书的尝试,但是纸质课程的普及却经历了一个相当缓慢的过程。综观古代欧洲教育史不难发现,"parchment"(羊皮卷)是古代西方教育史中描述课本的主要用语,纸本带给欧洲的并不是一个疾风骤雨式的课程革命。恰恰相反,纸本普及的艰难历程恐怕远远超出了现代学习者的想象。事实上,纸的物理特点从东方到西方并没有发生实质性的变化。然而古代中国的教育系统迅速捕获的是纸的相对优势,古代西方的教育系统则长期诟病纸的不足,不同社会里用以衡量"纸"的是完全不同的社会标准。这两种境遇也恰恰证明:纸作为课程载体,并不是绝对的意味着先进取代落后,纸究竟被课程纳入还是拒斥,答案囿于社会多方面关系的互动结构之中。

(二)电影课程:失落的救赎

　　将移动的画面引入课程,最初是由欧洲国家开始尝试的,19世纪与20世纪之交,美国开始研发和使用电影课程。托马斯·爱迪生(Thomas Edison)曾满怀激情地宣称:"书本很快就会从学校教育中消失。"①一时间,很多高校的研究者和技术公司的开发人员纷纷投入到这种新型教育电影的开发和设计中来,中小学的课堂上电影作为新的课程形态引发了一场声势浩大的教育变革。在电影课程生产的环节里,研发人员无不需要认真分析学生的特点、努力寻找合适的主题、巧妙构思内容环节等,通过当时爱迪生制作的一些教育电影《菜粉蝶》(*Cabbage Butterfly*)、《蚕的生命历程》(*The Life History of Silkworm*)、《磁场》(*Magnetism*)等我们不难探知其究竟。可以说,无法否认技术和课程的结合是一个精致审慎、深思熟虑的理性过程。那么为什么知识界的精英们会对此表现出如此巨大的热情和信心? 这难道仅仅是属于某些个人或是某些群体的理性过程吗? 利益是这个过程中唯一的指挥棒或是助推器吗? 电影到底能够为教育带来什么呢?

Larry Cuban 曾就电影之所以能够成为当时备受瞩目的新型课程形态的观念原因做出过分析,他指出,电影被认为可以生动而具体地再现所要教授的内容,可以将生活现实与语言文字紧密结合在一起,进而激发学生的情感与兴趣并节省大量的教学时间。② 然而在当时的教育领域,电影为什么会被寄予上述教育期待呢? 回到百年之前的美国社会,发现问题的答案似乎并不简单。19 世纪下半叶,美国开始由农业社会向工业社会转变,20 世纪初,完成了工业化进程的美国已跃居成为经济实力和科技水平都居于世界前列的现代化国家。工业化带来的巨大繁荣使工具理性盛行,泰勒(Taylor Frederick)的科学管理模式进一步将效率主义置于了一个具有"普适"意义的崇高地位,追求省时高效成了各行各业的重要目标。技术崇拜成为社会上广为流行的意识倾向,曾如尼尔所言:源于西方文化深层次中的"救赎"思想使

① Larry Cuban, *Teachers and Machines*, Teachers College Press, 1986, p.11.
② See Larry Cuban, *Teachers and Machines*, Teachers College Press, 1986, p.11.

人们对技术寄予了无限美好的期望。① 但是,逐利思想的膨胀使得整个社会的价值体系为单一的物质成败所主宰,人们的道德水准低下。社会内部贫富差距严重,阶级对抗激烈,国家的政治处于动荡不安的境遇之中。人们把目光聚焦于教育,希望教育能够发挥调和社会矛盾的积极作用。而当时的美国教育被认为形式主义严重、机械化倾向明显、毫无生气和活力。② 于是,一批思想激进的教育工作者组织开展了进步主义教育运动,倡导对教育当中不适应社会发展需要的方面进行大刀阔斧的改革。电影作为一项新型技术,既是技术进步的产物,又象征了效率至上的社会风尚,同时兼有使课堂生动化、鲜活化的实践可能性,因此电影式课程应运而生,并很快受到广泛追捧。

的确,无法否认这是一个充满理性和智慧的过程。然而,这个过程反映的是谁的理性与智慧呢? 仅仅只是教育学者和技术专家的吗? 为什么在某一特定的时期里他们会做出特定的判断并将之付诸行动呢? 难道这归因于个别杰出人物的奇思妙想或是专家团队的精诚合作就可以予以充分解释的吗? 恐怕脱离了具体的社会历史情境,"专家创造历史"的情况是绝然不可能实现的。以爱迪生为代表的一大批科技工作者确实是这场历史使命的具体实施者和操作者,但是需要注意的是:正是课程新形态的历史可行性成就了他们,即历史诸因素的重叠创造了某种特定的机缘,是这种机缘和个体的际遇并以个体的名义创生出了新的课程形态。

通过 Paul Saettler 撰写的《美国教育技术的演变》(*The Evolution of American Education Technology*)不难看到:20 世纪上半期,参与电影课程生产与制作的不仅包括了以耶鲁为代表的著名高等学府、以爱迪生电影公司为代表

---

① See Nye David E, *American Technology Sublime*, MIT Press, 1994.

② See Larry Cuban, *Teachers and Machines*, Teachers College Press, 1986, pp. 9 – 10.

的一大批科技企业，还包括了联邦政府和教育部、农业部等相关政府机构。①
其声势之浩大，显然构成了美国教育历史上浓墨重彩的一笔。1918 年，旧金
山 F. S. Wythe 电影公司生产制作了一系列的公民教育电影，命名为《塑造公
民：30 节电影课程集》(*The Citizens of Making*: *A Film Text Composed of Thirty
Lessons*)，与此同时，该公司还出版了专门为教师使用电影课本而设计的指导
手册。② 这场持续了近半个世纪的课程再造工程是何以在美国的大地上成
为一种普遍化的教育行动的呢？ 高校以科技创新为重要使命，公司以追求
利益最大化为奋斗目标，政府机构希望创造出百姓认可的政绩，这些显然都
构成了这场运动的推动力。但是从深层次来看，如果没有人们对于技术性
能的乐观期待，没有对于技术拯救的坚定信仰，没有对于技术力量的热切崇
拜，那么恐怕将电影引入课程并不会产生如此强大的社会动员能力。那么，
期待来自何方？ 信仰来自何方？ 崇拜又来自何方呢？ 人们为什么如此乐意
将自身置于技术的威力之下呢？ 福柯曾就此提出一个意蕴深远的问题：我
们怎么会去争当"奴隶"呢？③ 当然，这不是一个庸俗意义上争当奴隶的过
程，而恰恰正是个体自我被社会所建构的过程。工业化时代，有关于技术的
知识武装了人们的头脑，这是一种严肃的知识，它来自实验室，经受了科学
的检验，昭示着客观与效率。于是，这种知识所携带的关于效率、效能、现代
性的真理性价值在社会上蔓延开来，身陷其中的人们开始主动去思考：当下
的社会需要什么样的人呢？ 学校教育应该采取怎样的行动呢？ 我们又能够
做些什么呢？ 于是，当"技术——拯救我们"的呼声在全社会形成一种强烈

---

① See Paul Saettler, *The Evolution of American Education Technology*, Information Age Publishing
Inc., 2004, pp. 88 – 122.

② See Paul Saettler, *The Evolution of American Education Technology*, Information Age Publishing
Inc., 2004, p. 113.

③ 参见［美］L. 德赖弗斯、保罗·拉比诺：《超越结构主义与解释学》，张建超、张静译，光明日
报出版社，1992 年，第 288 页。

共鸣的时候,一股巨大的热情在 20 世纪的美国教育领域中迸发了,电影课程被源源不断地生产出来,越来越多的人沉浸在课程形态革新势必带来无限光明的宏大幻象之中。换言之,是严肃的技术知识和技术价值观念导致了人们对技术真理性效应的笃信不疑,这种效应聚焦在教育界,从而缔造了这场轰轰烈烈的革新运动。

(三)信息化课程:突起的异军

从 20 世纪八九十年代开始,电子课程、远程课程、开放课件以及网络课程就逐步走进西方人的生活世界,并逐渐成为大众学习工作的重要支持性力量。相比之下,中国信息化课程建设起步于新旧世纪之交,在时间上略晚于欧美。然而就在这短短的二十年间,中国信息化课程不仅凸显出蓬勃发展的势头,并且产生了广泛的国际影响,尤其是在应对突发性公共卫生事件中释放出巨大的教育实力和教育潜能。进入 21 世纪,中国大中小学和教育出版机构都从不同角度推动了课程形态的信息化变革。

高等院校响应国家号召,通过创建"网络课程"开启了信息化课程建设的初期实践。2000 年,教育部办公厅下发了《关于支持若干所高等学校建设网络教育学院开展现代远程教育试点工作的几点意见》,《意见》中首次公开宣布我国将正式启动"新世纪网络课程建设工程",即用《面向 21 世纪教育振兴行动计划》中"现代远程教育资源建设项目"的经费,重点支持若干所高等学校网络教育学院的网络课程建设和应用,并实现资源共享。同年,高教司发布了《关于实施新世纪网络课程建设工程的通知》,《通知》明确提出:"网络课程是网络教学的基本单元,是网络教育学院的重大支撑条件。新世纪网络课程建设工程是现代远程教育工程的主要内容,是推动我国现代远程教育工程发展的重要举措。"在此基础上,教育部先后分三批批准了 321个网络课程和资源库建设项目。迄今为止,国家承认学历的高校网络教育学院已发展为 69 所，提供的网络课程达两万多门，网络课程业已成为课程界中的生力军。

中小学校以"信息技术与学科课程整合"为着眼点，掀起了信息化课程的规模化建设行动。2000 年 10 月，全国中小学信息技术教育工作会议召开，时任教育部部长的陈至立同志在发言中明确提出，要"努力推进信息技术与其他学科教学的整合"。2001 年，教育部在《基础教育课程改革纲要（试行）》中进一步指出："大力推进信息技术在教学过程中的普遍应用，促进信息技术与学科课程的整合，逐步实现教学内容的呈现方式、学生的学习方式、教师的教学方式和师生互动方式的变革，充分发挥信息技术的优势，为学生的学习和发展提供丰富多彩的教育环境和有力的学习工具。"随后，体现信息技术与课程整合精神的中小学各科课程标准相继出台。在研究早期，有学者就曾将信息技术与课程整合的过程比作是一场教育教学的革命，他认为这一整合已经突破并超越了现代信息技术手段的简单运用，它所激发的是教育观念和思维方式的大调整和大变革。[1] 信息技术与课程整合的形态包括用信息技术去整合课程、用课程去整合信息技术以及双向互动整合。与仅仅将信息技术作为教学手段或是教学工具相比较，"信息技术与课程整合"概念的提出则标志着教育信息化发展进入了一个新的历史阶段，即信息技术由之前外在于课程而逐渐内化成为课程的重要组成部分。信息技术与课程整合理念的提出主要针对的是基础教育阶段教育教学改革的发展需求。

教育出版机构则以开发建设"立体化课程"为着力点，启动了新世纪课程形态的信息化探索。2001 年 3 月，教育部高教〔2001〕1 号文件《关于"十

---

① 参见何克抗：《e‐Learning 的本质——信息技术与学科课程的整合》，《电化教育研究》，2002 年第 1 期。

五"期间普通高等教育教材建设与改革的意见》中明确指出："教材是体现教学内容和教学方法的知识载体,是进行教学的基本工具,也是深化教育教学改革,全面推进素质教育,培养创新人才的重要保证。"以此为契机,21世纪高校课程教材改革的序幕正式拉开。同年8月,教育部又公布了《关于加强高等学校本科教学工作提高教学质量的若干意见》,《意见》明确指出："一本平面纸介质教材和一张CAI课件光盘的模式已经无法满足和适应当前我国高校创新人才培养工作的需要。我国高等教育应该运用现代教育技术,把各种相互作用、相互联系的媒体和资源有机地整合,形成'立体化教材'。"于是,立体化课程建设开始在很多高校中轰轰烈烈地开展起来。2002年6月,高等教育出版社先后在全国20个中心城市组织召开立体化教材系列研讨会,时任中国高等教育学会会长的周远清同志在发言中将立体化教材视为高科技时代教学手段现代化的标志,是实现教学信息化、网络化的途径,倡导教育工作者以课程为核心、整合已有资源并开发新资源,逐渐形成立体化的精品教材体系。为此,高教社推出了"高等教育百门精品课程教材建设计划",并设立了专项基金。之后围绕立体化课程建设,2002年11月全国高校教学研究会举办"高等学校立体化教材建设工作研讨会",2003年4月教育部下发了《启动高等学校教学质量与教学改革工程精品课程建设工作的通知》,2004年3月19日至20日,高等教育出版社、全国高等学校教学研究会和2004中国国际教育科技博览会组委会联合举办了"国际高等教育立体化教材发展趋势论坛"。在教育部领导的关注下,通过高校教师、专家学者、出版界人士的共同努力,目前立体化课程教材建设已取得了一定的成果,并产生了一大批的精品课程。立体化课程(教材)的建设建立在对长期以来高等教育领域中单一教材形态反思和批判的基础之上,它一方面希望通过新型教材的开发和设计来促进教师教育观念的转变,能够真正重视学生的主体精神,将学生置于学习活动的中心地位,发展他们的实践能力、问题解决能力以及发明创新的能力；另一方面，立体化教材又意图带动教师能够主动地将现代教育观念运用并落实在教材研制过程中去，从而为提高高等教育质量做出贡献。总体来看，立体化课程（教材）集中体现了现代教育的根本特点，是高等教育在全球化背景下的重要发展举措，它能够通过调动市场竞争的调节手段来进一步提升课程质量，因而也能够在高等教育由"精英化"向"大众化"的发展过程中发挥重要作用。

从表面来看，开展信息化课程建设的直接动因往往会指向以下方面：实现课程的现代化，促进教育观念的深度变革，改进教学方式，优化学习方式，等等。然而，课程形态的信息化变革日益普遍，这背后的社会历史文化动因却是综合的、复杂的。

1. 全球化进程中的教育现代化建设，成为课程形态信息化变革的动力基础

"全球化"是"世界范围内的社会关系的强化，这种关系以这样一种方式将彼此相距遥远的地域连接起来，即此地所发生的事件可能是由许多英里以外的异地事件而引起，反之亦然"①。全球化进程最初发端于经济领域，把生产力发展和科学技术进步作为原始动力，之后逐渐拓展到政治、文化、教育、社会生活等诸多方面，进而全面影响着人们的生活态度、思维方式和价值取向。"全球化"与"现代性"紧密相连，正如有学者指出的那样："所谓全球化，简单地说就是通过'历史向世界历史的转变'而形成的，全球化的历史展开过程，也就是现代性不断彰显的过程。在此意义上，现代性构成全球化的内在规定，而全球化则不过是现代性的表现形式。"②换言之，全球化就是现代性的当代状态。③ 教育的发生绝无法脱离一定的社会关系，时代特征为

① 安东尼·吉登斯：《现代性的后果》，田禾译，译林出版社，2000年，第56~57页。
② 何中华：《现代性·全球化·全球性问题》，《哲学研究》，2000年第11期。
③ 参见王啸：《全球化与中国教育》，四川人民出版社，2002年。

教育的进程预制了具体的框架和路向。众所周知,全球化确立了教育的全球视野,各国教育工作者需要对教育的使命、功能展开新的思考:当今,各国联系日益紧密,人类也面临着很多只有依靠共同努力才能解决的重大问题,有鉴于此,教育应该培养怎样的未来一代呢? 当个体经历了从小学到大学的教育之后,怎样保证他们在今后的生活中能从容地适应新的环境、灵活地解决新问题、创造性地建构新世界呢?

可以说,"全球化"已经切实成为现代教育的思考语境,影响着现代人的形象构造。对于当下的中国教育来说,"全球化"又意味着什么呢? "全球化"是在改革开放后开始走进大众视野的,之后随着中国正式加入世贸组织(WTO),"全球化"很快成为厚植人心的时代概括——"只有在全球化语境中切实地从事自身的现代化建设,才有可能使改革开放的策略,成为新世纪中国形象重新书写的基本保证"①。就教育而言,新中国成立之后,努力实现现代化是教育坚定不移的奋斗方向,而全球化的来临无疑将中国教育现代化的梦想又推进到了一个崭新的高度。诚如有学者所指出的:"世纪交替之际逐渐提速演进的全球化和中国通过加入世贸组织而对全球化潮流的自觉融汇,自然为教育现代化的新发展增加了外部压力及其转化为内在驱力的潜在可能。"②这也就意味着中国的现代教育必须同时兼顾到两个方面的发展与建设:其一,以开放的胸怀主动了解别国教育发展的有效措施和策略,结合自己的实际展开创造性的尝试与探索,使我们的教育教学真正具备时代特色;其二,尊重并重视我国多年来积累的成功经验,努力提升其理论水准,进而实现与世界各国共享宝贵的教育财富,推广中国特色的教育"品牌"。中国已经加入全球化的浪潮之中,作为全球化发展战略的有机组成部

---

① 王岳川:《中国镜像——90 年代文化研究》,中央编译出版社,2001 年,第 202 页。
② 潘涌:《历史的邂逅——全球化与中国教育现代化》,《教育导刊》,2007 年第 3 期。

分，现代教育无可选择地必须参与到社会发展的整体进程中来。在教育系统内部，课程的重要性无须赘述，因而具有国际风范的现代中国教育势必离不开对课程持续有效的改造。信息技术与课程的关系从"整合"走向"融合"，一方面，就其历史发生来说，它是对全球化宏大背景之下教育现代化建设的积极回应；另一方面，信息通信技术、移动互联技术以及人工智能技术也都将努力使科技更好地发挥育人的效能，从而提升国家民族的核心竞争力。

2. 科教兴邦是近代中国技术文化心理的重要组成部分，课程形态的信息化变革则是这种心理在教育领域的具体投射

中国技术文化心理的积淀与技术在中国发展的时代走向密不可分。回溯历史，古代中国不乏具有科技意识的人物和流派，墨家可以算是一位典型代表。战国后期，墨家一度曾与儒家分庭抗礼，社会上流行着"非儒即墨"的说法。作为墨家的首任"钜子"，墨子被认为是一位杰出的古代科学家，他在力学、几何学、代数学、光学等方面的思考受到了很多现代知名学者的赞誉，胡适先生就指出："墨家论知识，注重经验，注重推论，看《墨辩》中论光学和力学的诸条，可见墨学者真能做许多实地实验。这正是科学的精神，是墨学的贡献。"[①]然而在古代中国，崇尚科学始终都没能跻身成为社会主流文化的组成部分，且技术知识也一直未被作为重要的教育内容，在常规教育系统中，几乎很少能够见到科技的身影。那么，为什么古老的中华大地可以诞生影响世界的重大发明，但却并没有形成尊重科学、重视技术的整体社会风尚呢？一方面，就地缘状况而言，中国一直以来都是一个典型的大陆国家，"土地"不仅是衣食住行的根本，而且古代持续几千年的农耕为主的生活方式深深影响了民族性格的形成。诚如冯友兰先生所言："中国人过去是农，这个

---

① 胡适：《中国哲学史大纲》，岳麓书社，2010 年，第 168 页。

事实还可以解释为什么中国没有发生工业革命。……农的生活方式是顺乎自然的。他们赞美自然,谴责人为,于其纯朴天真之中,很容易满足。他们不想变化,也无从想象变化。"①另一方面,"农"的思维方式也深深折射在政治建制上,集权、专制、从上而下的封建统治在中国漫长的历史进程中始终维持着稳固的局面,于是求新求变在一定程度上受到了体制的抑制和阻碍。加之从汉武帝开始,经过改造的儒家文化长期居于统治地位,这种重视维护伦理道德、恪守等级纲常但却轻视实用技艺的思想文化对于科技创新精神的发展无疑产生了非常严重的消极影响。儒家在教育上极其强调"学而优则仕"的思想,因此能够帮助"入仕"的圣人学说受到热烈追捧,而远离仕途门槛的科学知识则自然遭遇边缘化的命运。所以,尽管"中国曾经有不少著名的创造发明,但是我们常常看到,它们不是受到鼓励,而是受到阻挠"②,进而科学精神没能成功地从具体的器物创造中单独分离出来发展成为一种民族文化共识。

直到近代,经过了明清几百年的闭关锁国,沉醉于天朝大国美梦中的泱泱中华被西方殖民者的坚船利炮轰开了大门,一时间朝野震惊。从那之后,西方技术不再被视作荒谬可笑的"奇技淫巧",而是成为中国人别无选择、必须高度关注的重要议题。部分开明官僚、地主阶级改革派、买办士绅以及先进知识分子共同组成了一股强大的政治势力——洋务派。洋务派在中央以奕䜣、桂良、文祥等为代表、在地方以曾国藩、左宗棠、李鸿章等为核心,他们从中国饱受屈辱的现实中看到了科学技术的重要意义,提出了"中学为体、西学为用"的口号,并于19世纪60年代到90年代掀起了一场"师夷长技以治夷"的洋务运动。在这场运动中,洋务派的代表人物不仅兴办了一系列的

---

① 冯友兰:《中国哲学简史》,北京大学,2010年,第14页。
② 冯友兰:《中国哲学简史》,北京大学,2010年,第123页。

近代军事工业,创办了一大批以培养专业技术人才为宗旨的新式学堂,而且积极促成了选派留学生出国学习的事宜,为近代中国培养出了具有先进科技思想的新型知识分子。在某种意义上,洋务运动完成了近代中国科技启蒙的任务。20世纪初期,重视科学技术成为越来越多心怀救亡图存思想的中国知识分子的共识。陈独秀最早以"赛先生"的形象表达向国人宣传"科学"(Science),他强调,要救中国,必须要真正拥护赛先生和德先生(democracy);而要拥护赛先生,必须反对旧艺术、旧礼教。他的言论在青年学生中引起了极大的反响,使科技的学习超越了洋务派"体用分离"的局限,迈向实用技能和科学精神的完整结合。五四运动之后,科学进一步深入人心,"学科学、救中国"的观念得到广为传播。新中国成立之后,1956年我国政府制定了第一个科学技术发展长远规划——《1956年至1967年全国科学技术发展远景规划》,拟定了57项重大科学技术任务;1962年制定了《1963年至1972年科学技术发展规划》,确立了重点科研项目374项;1985年,中共中央颁布了《中共中央关于科学技术体制改革的决定》,并于1986年制定了《1986—2000年科技发展规划》。经过了半个多世纪的发展,中国在科技领域已经取得了举世瞩目的成就,不少科学发现和科技发明也已领先于世界其他国家。但是,不可否认,中国科技发展的整体实力低下。作为世界工厂,"科技创新不足"依旧是中国人面临的重大挑战。概言之,我们的技术文化心理饱含着对民族存亡的深刻反思,这推动了新中国成立之后科教兴国战略的确立,而课程形态的信息化变革正是该战略的具体化体现。从表面上看,移动互联网、信息通信技术、云计算与大数据技术的应用使课程形态的育人功能得到了前所未有的延伸;就深层次而言,新技术对课程的改造恰恰是民族文化心理的时代映射。对于中国人而言,技术包含了拯救的意味,但是它不同于西方宗教意义上的救赎,它是一种对国家命运和民族前途的深度关切。高举科学精神的大旗,用科学化的观念指导课程形态的技术革新,这不仅意味着要紧跟时代步伐、避免落后挨打,而且也意味着要努力提升教育质量、促进国家全面振兴。

3.信息社会放大了知识的功能价值并改造了知识的生产传播方式,这为课程形态的信息化变革确立了实践逻辑

"信息社会"是指以信息的获取、加工、传递和分配作为运行基础的社会。改革开放之后,中国的经济发展在短期内就取得了令人瞩目的成就,但面对西方思想界积极倡导的"信息社会"和"知识经济",当时的一批学者却表达了强烈的质疑之声。① 不可否认,谨慎的担忧具有其合理之处,毕竟中国原有的社会基础决定了中国势必要晚于西方进入信息社会,也决定了知识经济在中国的表现不可能和在西方社会完全相同。随着经济社会的不断进步,越来越多的学者开始认识到:信息社会不是工业社会发展的高级阶段,而是一个与工业社会有着本质区别的新型社会形态,它可以与未完成的农业社会、工业社会并行存在,它们之间不仅不构成此消彼长的对立关系,反而可能通过相互作用来实现优化发展。在近代,中国已经错失了两次工业革命的发展时机,如果在信息革命的门槛前继续犹豫徘徊,很可能进一步拉大与西方社会的差距,在国际社会的竞争中成为"马太效应"的消极承受者。经过反复对国际形势的分析和对自我国情的研判,政界、军界、学界、商界逐渐倾向于以积极的姿态投身于信息工程的建设,迎接知识经济带来的机遇和挑战。继邓小平同志1984年提出"开发信息资源,服务四化建设"的战略方针之后,江泽民同志又指出"四个现代化,哪一化也离不开信息化"的重要判断,之后党的十四届五中全会明确提出了"加快国民经济信息化进程"的战略任务,八届人大四次会议把推进信息化纳入了国民经济和社会发

① 参见刘曙光:《知识经济与社会形态、历史时代》,《北京大学学报》(哲学社会科学版),2001年第6期。

展"九五"计划和2010年远景目标。此后，"信息化"深刻影响着中国社会各行各业的发展规划。教育界对很多议题的思考都开始围绕"信息社会"的宏大背景展开，例如，信息社会里知识的更新周期缩短而数量急剧增长，因而男女老少都亟需树立终身学习的理念；不仅如此，鉴于创新在知识经济中具有巨大的经济效应和社会效益，因而要高度重视创新教育；此外，信息社会里，知识传递在时间和空间上都将获得巨大的拓展和延伸，知识的获取方式也会变得更加便捷和灵活，教育系统需要创造公平的受教育机会、鼓励多样化学习、倡导个性化发展等等。总而言之，在信息社会中，教育的战略地位更加突出和重要。对此，课程形态的信息化建设不仅顺理成章，而且变得极为迫切。这是因为信息社会中知识的更新速度不断加快，课程所涉及的内容也在不断得以更新、充实和丰富，单纯的纸本形态已经无法满足内容变化的节奏，深层次上也无法完成社会变革和人的发展所赋予的时代使命。课程需要以更灵活的方式"桥接"学习者与知识之间的关系，从而为可持续学习奠定坚实的现实基础。

4. 产教研一体化育人机制的全面构建，为信息化课程的蓬勃发展提供了现实条件

受到市场经济发展的影响，"教育产业化"政策在1998年被正式确立，那个时候我国的宏观经济在1997年东南亚金融危机的冲击下暴露出"需求不足、供给有余"的突出矛盾，在各行各业普遍呈现出"买方市场"的情况下，教育尤其高等教育却是为数不多的"卖方市场"之一，这吸引了不少经济学家和社会管理人士的目光。正是在这样的背景下，有经济学者建言献策，提出可以通过教育产业化来拉动内需的增长。于是，"教育产业化"的政策迅速成为教育界的热点。然而此后的实践证明，"教育产业化"是个权宜之计，对于国家的长远发展，"教育产业化"的弊端要远远大于它所产生的利益。尽管"教育产业化"以失败而告终，但是在十几年的探索过程中，人们逐渐深

刻地认识到,教育虽然不能完全按照市场规则来经营,但是市场却可以为教育的发展注入活力,适当地引入市场规则,对于挖掘和优化教育资源、调动社会各界的参与积极性、提供教育教学的质量和水平都具有积极的意义。

　　一直以来,教材出版机构是课程形态变革的前端阵地,在关于立体化课程研制、网络课程建设以及信息技术与课程融合发展的过程中,出版社相对较早地意识到"面向市场、服务用户"的重要性。有研究者曾撰文指出:"在加入 WTO 后,随着社会主义市场经济体制的完善,客户需求正引导着产品的生产,整个社会正逐步实现从'产品时代'向'客户时代'的转变。高校教材作为一种特殊产品,也必须适应这一转变。时代要求教材建设工作者和出版工作者的自我定位实现从教材出版商向教学资源服务商的转变,计算机技术和网络技术的发展也使这一转变成为可能。"[1]亦有研究者提出:把网络课程再投放到市场中,可以实现其社会和经济的双重效益。[2] 诸如此类的思想共识对此后的大中小学课程教材信息化建设产生了重要的推动作用。从 21 世纪初期开始,在国家政策的支持下,有实力的出版机构纷纷开始尝试开展立体化教材的研发工作,高等教育出版社、中国人民大学出版社、人民教育出版社以及重庆大学出版社等发挥了重要的表率作用。

　　进入到 21 世纪,国家启动了第八次基础教育课程改革,此轮改革将课程由集中统一管理的方式调整为"国家、地方、校本"的三级管理方式,一大批教育文化公司和教育科技公司敏锐意识到地方课程与校本课程开设所潜在的市场需求,于是,课程市场被注入了前所未有的巨大活力。在信息时代,要想赢得更多的市场份额,不仅要在课程内容上做足功夫,而且需要对课程表现形态展开深度变革。围绕"优势互补、资源共享、双赢共进"的基本目

---

　　① 张乃新:《加入 WTO 后高校教材建设的发展趋势》,《科技与出版》,2003 年第 5 期。

　　② 参见李兴敏、李亚秋、许晓琼:《国内网络课程评价实践问题的研究》,《中国电化教育》,2009 年第 7 期。

标,出版界、学术界和政府管理部门加强了沟通与合作,形成了多种类型的信息化课程建设模式,比较典型的如政府负责牵头组织,学术界负责内容的选择、加工和组织,出版界为内容搭配合适的纸本和信息化呈现方式;或者是,出版界规划某类课程教材的研发建设工作,邀请相关专家学者完成内容供给的同时提供配套的课件、音视频以及网站资源,由出版社负责发布、运营和维护;抑或是,高校的部分教师在自行完成国家精品课程或是 MOOC 课程的基础上,将相关内容文本化,交由出版机构出版发行。总而言之,"产""教""研"的深度融合,极大地推动了中国课程的信息化建设,市场机制也借此成为课程不断寻求现代技术武装、弥补传统不足的重要实现方式。

第三章　课程形态创新的实践模式

　　课程形态创新是某一项或某几项技术在教育领域具体化应用的结果，技术与课程的深度融合意味着技术对课程旧边界的打破、向新空间的拓展。究其本质，任何一种新的课程形态从诞生到发展，都属于技术创新扩散的过程。那么，课程形态的创新是如何发起的？新技术在改造既有课程形态时受到了何种力量的推动？新课程形态从塑造到流行又是如何实现的呢？

　　对于教育领域的技术革新，瑞典研究者 Jan Hylén 曾做过系统分析，他指出："革新是引进的变化，旨在完善教育系统的运转方式、提高教育系统的绩效、增加主要利益相关者可察的满意度，或者同时达成以上所有目标。"①在他看来，教育革新过程涉及的利益相关者范围很广，包含学生、家长、教师、研究者、学校地区或当地教育部门、私人公司、非营利性机构与慈善基金、政府革新机构、政府（包含州和郡）以及国际组织，而利益相关者发起或者推动

---

　　①　[瑞典]Jan Hylén:《数字学习资源能够促进革新吗?》,OECD 教育研究与创新中心:《技术驱动,教育为本——技术革新教育的系统方法》,张怀浩译,华东师范大学出版社,2016 年,第 27 页。

革新的主张和动机各不相同,这需要认真加以区分并做一厘清。① 为了深入系统考察利益相关者的教育革新贡献和彼此之间的关联性,揭示革新活动的发生过程,Jan Hylén 构建了一个基于利益相关者的教育革新活动分析框架,该框架将革新的过程划分为启动、实施、普及、监控与评估四个阶段,并具体追问了境脉、输出和利益相关者的作用,详见下表 3–1。

表 3–1　与革新过程相关的境脉、输出与利益相关者②

	革新过程			
	启动	实施	普及	监控与评估
境脉资助	谁发起的革新及采用哪种类型的资助方式?	实施的资金由谁提供?	革新由谁开展或普及以及采用哪种资助机制?	资助机制如何影响监控与评估的模式?
境脉目标群体	谁发起的革新及面向哪类群体?	不同目标人群使用的知识库存在差异?	针对特定用户人群能让普及更容易些?	监控与/或评估的目标人群是?
输出彻底或渐进的数字学习资源	谁发起的革新及这种革新是彻底的还是渐进的?	彻底革新与渐进式革新依据不同的知识库?	哪类普及会更容易些,彻底革新还是渐进式的?	彻底革新与渐进式革新的监控与评估方式方法相同?
利益相关者的作用	启动阶段利益相关者的作用是?	利益相关者知识的作用是?	利益相关者在普及过程中起到的任何作用?	在评估过程中利益相关者所起的作用有哪些?

受到 Jan Hylén 所提出的思想方法的启发,揭示课程形态的实践创新模式需要洞悉利益相关者的动机及其发挥作用的机制,进而遵循实践的真实性并呈现实践的多样性,探寻实践改进的可能空间和可行方式。尽管凝缩了人类文明的课程也在一定程度上是以市场作为流通环境的,具有商品的属性;但是由于受到教育公益性的制约,课程不是一种以追逐经济利益最大

---

① 参见［瑞典］Jan Hylén:《数字学习资源能够促进革新吗?》,OECD 教育研究与创新中心:《技术驱动,教育为本——技术革新教育的系统方法》,张怀浩译,华东师范大学出版社,2016 年,第 30 页。

② 参见［瑞典］Jan Hylén:《数字学习资源能够促进革新吗?》,OECD 教育研究与创新中心:《技术驱动,教育为本——技术革新教育的系统方法》,张怀浩译,华东师范大学出版社,2016 年,第 29 页。

化为旨归的普通商品。课程负载了传承文化、传播文明以及开拓创新的社会责任,在整个学校教育活动中,它既是教学的依据、也是考核的标准,课程是一种"特殊"的商品。正是鉴于课程的这种特殊性,所以课程形态的技术嬗变不能简单化归为技术升级或是技术迭代的问题,课程形态的设计和选择是技术和社会诸因素博弈之后的结果。

对于任何课程形态的变革而言,政府、市场、用户的意志和影响都是并存的,只是在不同的历史阶段里、不同的文化背景中以及不同的国情条件下,起关键作用的力量会有所差别而已。在充分考虑利益相关者相互作用机制的基础上,依据推动变革完成的主导性力量的不同,可以将课程形态实践创新的实现模式划分为政府主导型、市场主导型、学校(区域)主导型和个体主导型四个基本类别。接下来,我们将在批判借鉴 Jan Hylén 分析框架的基础上,进一步剖析不同课程形态创新模式的运作过程。

一、政府主导创新模式

政府主导型模式即政府在课程形态变革的教育实践中,发挥着决定性的影响作用。政府作为国家意志的集中代表,从国家需求和民族利益的高度出发,一方面着力于调动社会中的各种有利因素,为新型课程形态的集中研发、顺利投入使用和规模化流通创造必要的社会条件;另一方面它也致力于推动使用者能够积极接纳并主动应用新型的课程形态。通过政府所架设的桥梁,用户和市场之间最终建立起一种稳定的供求关系,这种供求关系在初始阶段是以政府机构为中介的;如果在其后的发展过程中,新型课程形态能够得到使用者的广泛认可,这种关系就可能发生一种质的变化——摆脱政府的中介支撑,转变为一种直接性连接。

（一）目标定位

政府是全社会的管理者和组织者，它集中代表了国家意志，政府可以从最为上位的视角通观国际国内的发展趋势，立足全局做出最有利于社会民族发展的判断和决策。反映在教育领域，政府通过调动各方面的积极力量，对国内外的社会现状及发展趋势展开判断与评估，以此为依据，制定并发布教育发展的宏观战略与政策文件。各级教育行政部门以国家文件为指针，对课程供给方或是下达直接的行政指令或是给予间接的政策引导，进而促使供给方承担起新形态课程研发的任务，最终为使用者打造更为优化的课程产品和课程服务。

（二）课程建设利益相关者

在该模式中，政府组织是统筹全局、不容置疑的权威统领，在对国内发展和（或）国际形势做出整体判断的基础上，政府组织往往以政策文件的形式对社会发出某种强烈的信号，为课程供给者指明一个新的方向，促使他们按照政府意愿调整原有行为、采取新的行动。由于利益目标的不同，供给方和使用方的表现可能大不相同：课程供给方努力做出积极的应对，尽快制定一系列新的研制计划并迅速组织实施；用户方则常常在变革面前表现得比较消极，即便没有明显的抗拒出现，但是心理和行为都会经历一段相当长时间的适应期，更甚者，使用者的抵制会导致某种新尝试的止步不前或最终失败。除此之外，近现代以来，大学和科研机构作为特殊的课程参与者，它们在课程形态变革的过程中发挥了独特的作用——作为技术创新扩散中心的大学和科研机构总是会以政府决策作为行动的基本指导思想，研发人员接受政府的资助或者主动向政府申请资助，一方面按照政府的规划来改良相关技术，促成新型课程形态的问世和改进；另一方面研发人员又可能从科学理论的专业化角度进一步为政府决策做出合理化的解释并提出改进建议。该模式贯彻的是自上而下的行动策略,该策略体现的是政府权力的一以贯之。之所以采用这样的策略,是因为带有行政强制性色彩的引导被看作是新形态推广最为有力、便捷的途径。该策略并不否定理智、情感、人际关系等对于影响教师和学生在接受变革方面的积极作用,但是它倾向于直接运用权力进而快速消除阻碍因素,达成理想的预期目标。鉴于此,政府往往通过直接投资或是政策引导的手段来组织、管理和协调教师和学生的行为,使某种课程形态在一定时期内成为主流。

(三)运作过程

课程形态政府主导创新模式的具体运作过程见表3-2。

表3-2 政府主导模式的运作过程

	革新过程			
	启动	实施	普及	监控与评估
资金投入	政府发起革新并承诺为变革提供资助	政府为建设活动的运转提供资金支持	政府自上而下引导革新,根据进度分阶段拨付资金	政府以项目方式完成验收
目标群体	政府启动的革新工作针对明确的目标群体	课程资源库建设主要取决于课程建设者对目标群体的需求分析	政府遴选的课程建设者的影响力将影响到课程的普及性	监控/评估的目标人群是课程的建设者
产出状况 彻底性/渐进性 阶段性/持续性	政府发起的革新往往更具彻底性,政策更迭影响建设工作的持续性	彻底革新主要以政策为依据,政策制定过程中可能融入专家论断	普及程度受到政府推动力量和使用者需求的共同影响	行政验收,阶段性重于持续性
利益相关者的作用	在政策设计上体现课程开发者和课程使用者的需求	利益相关者知识的影响作用非常有限	近代以来,教育从业者、出版机构以及公司都可能成为行动的参与者	近代以来,评估专家可能纳入专业化的高校教师和相关研究者

（四）实例举隅

实例一：古代中国的典籍课程建设

无论是东方还是西方，在生产力水平极其低下的古代社会，教育主要为统治阶级所服务，阶级性是当时教育的显著特性。学在官府、学在宫廷，作为奢侈品的"学校教育"几乎与当时的平民百姓无缘。在特定的历史条件下，竹简、丝帛、泥版、莎草纸等课程载体并不为大众所熟悉，它们所面向的主要是特定的利益群体。在这个利益群体中，学习者既是当下社会管理者的后裔、亦是未来的社会管理者，因此"课程的用户"本身就是政府阶层中的组成部分。不仅如此，当时也几乎谈不上有所谓的"市场"，"市场因素"发挥的作用是十分微弱的。课程内容由统治阶层根据统治的需要来决定，课程形态也在技术发展的基础上充分反映了统治阶层的权力意志。如造纸术得到改进之后，汉章帝召请当时著名学者贾逵授业于当时宫廷中的二十位高才生，作为鼓励，汉章帝授予每位学生抄写在简牍上和纸张上的典籍各一通。简牍版本和纸张版本真切地代表了一种极高的荣誉，而且当时只有政府才可能集中力量制作完成这样的"浩大工程"。

回溯历史，在古代中国，雕版印刷术产生于隋末唐初，发明之初主要用于刻印佛经。由于唐朝是中国历史上最强盛的朝代之一——四夷诚服、社会安定、经济繁荣，因此文化教育事业也获得了良好的发展契机，尤其是以诗赋取士的科举制度的确立，为雕版印刷在教育领域中的推广应用创造了必要的前提。不过，历史上第一次大规模的教育经典的刻印工程——"九经"的刊刻——并没有发生在唐代，而是在五代时期才兴起的。九经的刊刻与四朝元老冯道的努力有着直接的关系，冯道认为市面上流行的雕印书籍中奇缺儒家经典，面对此种状况，他与李愚在后唐明宗长兴三年（公元932年）共同上奏当时的皇帝。皇帝下令由国子监依照西京时期的石经版本校订九经,然后选用一些能书之人和能雕之匠,共同雕刻九经印版。历时 22 年,到公元 953 年,九经全部刻成,这期间虽然朝代更替,但刻印事宜却未曾易人。由于当时雕版印书是由国子监主持的,雕版印刷和出售都在国子监,所以称《监本九经》。① 这一工程的完成是中国教育历史上一次里程碑式的重大事件:首先,它开创了经书印刷的先河。在此之前,印刷术在中国大地上已出现数余百年之久,然而印刷品"色类绝多"却"终不及经典"。以朝廷刻碑立石的方式所提供的标准教材,常常由于人们的辗转传抄而不断有各种疏漏和讹误发生。而印刷版本的问世,使规范的课程可以传至千里之外,这无疑对文化教育的繁荣产生了极大的推动作用。其次,由官府主持、国子监具体负责的"监本"制度得以在中国大地正式确立。国子监是封建时代的最高学府,也是国家政府在教育领域中的最高代表,国子监刻书开创了由学校担任教材编注、校勘、印刷、出版发行的课程监制传统。这一制度一直沿用到清代,在中国教育史上产生了深远的影响。② 在统治者的支持下,除"九经"之外,后晋高宗天福五年(公元 940 年),道士张荐明雕版印刷了《道德经》,颁行天下;后蜀主孟昶采纳宰相毋昭裔的建议,用木版雕刻"九经",蜀刻"九经"于公元 953 年完成,其刻工精美堪称当时最好的印刷品;后周世宗显德二年(公元 955 年),30 卷的《经典释文》也宣布雕刻完成。③

五代之后,刻书业在宋朝获得了进一步的发展。众所周知,宋朝实行重文轻武的政策,为了笼络广大的知识分子,宋政府着力发展科考制度。从宋太宗开始,开科取士的人数一次比一次多,且对于那些多次考试不中者,还会赐"特奏名"予以鼓励。这大大刺激了社会各阶层求学读书的积极性,"朝

---

① 参见柳毅:《中国的印刷术》,科学普及出版社,1987 年,第 103 页。

② 参见张树东、庞多益、郑如斯:《简明中华印刷通史》,广西师范大学出版社,2004 年,第 71 ~ 72 页。

③ 参见柳毅:《中国的印刷术》,科学普及出版社,1987 年,第 104 页。

为田舍郎,暮登天子堂"成为当时很多人的理想。宋政府的文教政策在社会中营造了倾心学术、精研文章的浓厚学习氛围,这也为刻书业的繁荣创造了基本的条件。宋代刻印儒家经典,仍主要由国子监主持。国子监设立专门的刻书机构,初名叫印书钱物所,后改称书库官,专管雕印经史群书。并设置书库监官,雕印书籍,以备朝廷需用,同时也负责出卖书籍。① 在平治(公元1064—1067年)以前,官府对地方及私人印书的管理是非常严格的,针对历史及儒家的经典著作,凡想刻印者必须申请国子监,以确保书籍内容的精准。当时,国子监刻书的发展速度是相当快的,也取得了非常显著的成绩:它刊刻的内容不仅包括儒家经典,还进一步囊括了史书、算书、医书、子书、文集和字书、类书等四部群籍。② 除了国子监,中央的殿院、司、局,地方的州、府、县、各路使司,各州的军学、郡斋、郡学、县斋、县学等也都纷纷参与到刻书事业中来,他们以国子监版本作为标准,所刻版本被后世统称为"官刻本"。③ 熙宁元年(公元1068年),官府放宽了对刻书的禁令,一时间"私刻坊刻,风起云涌,刻书遍及全国"。但是在教育领域,"私刻坊刻"仍然以"官刻本"作为蓝本原型。当然,肆坊刻印经、史、子、集,虽以官刻本作为标准,但也会尝试进行创造性的加工,如:唐代对于经书的本文和注疏一向分开印之,宋时建安书坊开创了合刻的形式,印在一起便于研习和诵读;有时坊肆还会给书籍配上插图,增加图书的可读性;抑或他们会附加一些考订材料,丰富图书的信息量,如当时为了迎合应试人的需要,针对性地选编时文、诗赋之类的东西,偶尔还会添加评点和批注。④ 特别值得一提的是,作为社会文化教育重要基地之一的古代书院,也逐步发展成为刻书行当里的一支中

---

① 参见柳毅:《中国的印刷术》,科学普及出版社,1987年,第108~109页。
② 参见张树东、庞多益、郑如斯:《简明中华印刷通史》,广西师范大学出版社,2004年,第76页。
③ 参见柳毅:《中国的印刷术》,科学普及出版社,1987年,第108~109页。
④ 参见魏隐儒、王金雨:《印刷史话》,上海科学技术出版社,1988年,第125~126页。

坚力量,不仅当时著名的白鹿洞书院、石鼓(一说嵩阳)书院、应天书院、岳麓书院,而且丽泽书院、象山书院、建安书院、越州读书堂等也都加入到了刊刻的队伍中来。由于书院一般都由著名学者讲学,山长又往往是理论界名流,因此书院刻本大都校刊比较精审,多属善本,很有学术价值,颇为历代学者所重视。总体来看,就宋代教材的刊刻而言,民间坊肆的力量逐步兴起,但政府始终发挥着绝对的主导作用,不仅控制着刊刻的权限,而且始终扮演着刊刻内容"把关人"的角色。

元明清的教材刊刻基本沿袭宋制,只是在官私坊肆的具体发展上表现出了一些各自的特点。元代除了中央官刻之外,地方各路儒学和书院的刻书事业都获得了一定的发展。元代儒学刻书的数量大,内容涉及各个知识门类:除了刻印一些当时士大夫所需要的正经、正史外,还刻印了一些有插图注本的经书、子弟书,字书和韵书等。科举应试的参考书、模范文章选集等书也刻印不少。[1] 地方多受中书省或是各行中书省的命令,开雕经典。元代书院数量上较宋代多,统治者为了笼络当时的汉族知识分子,授予书院以学田,书院出现了明显的官学化倾向。一方面有丰厚的学田收入作为经济支撑,另一方面学院的山长大都由著名学者担任,他们注重学问、勤于校勘、热心教育,因而书院课本中有不少是内容文字、雕镂、印刷、纸墨用料均属上乘之作的佳品。[2]

明代政府尊奉儒学,尤其推崇程朱理学;在重视科教兴学和人才培养的同时,统治者也加强了对教育的控制,实施文化专制政策。受此文教政策的影响,官府十分重视各类书籍的编辑、出版和印刷。明朝建国初期,就在南京设立了国子监,它不但是全国的最高学府,也是印刷书籍的主要行政部

---

[1]　参见柳毅:《中国的印刷术》,科学普及出版社,1987年,第131~132页。

[2]　参见张树东、庞多益、郑如斯:《简明中华印刷通史》,广西师范大学出版社,2004年,第96页。

门。国子监印书的主要内容是供学生及官员阅读的经、史、子、集等书，也有供初学者使用的启蒙课本。① 明代书院的官学化气氛愈加浓重，书院印书呈现出明显的应考取向，同时有些书院亦开始采用活字印刷的技术。

进入清代之后，文教政策中控制的意味愈加强烈，书院的官学化倾向已经相当严重。反映在教材的刊印上，部分官书局竟附设于书院之中：如官办的尊经书院、存古学堂附设的书局取代了成都书局；湖南思贤讲舍附设的思贤书局，由盐务工岁出六百金为财政来源，是湖南最大的官书局；设在陕西泾阳的味经书院，在学政主持下成立刊书处，代行省、局职权。② 至此，官刻、私刻的课程与八股取士之间的关系达到了顶峰。

循着古代中国纸本课程的历史发展轨迹不难看出，在封建社会的历朝历代，坊肆虽然在课程的装帧质量和内容编排方面确实有过积极的探索和创新，但它却始终只是政府意志的执行者。政府凭借着集权统治的权威，不仅主导着课程的内容，而且在课程形态的变迁中也发挥着决定性的影响作用：首先，没有政府牵头，纸本课程的诞生可能需要经历更加漫长的过程或者根本上就难以实现；其次，离开了政府的投入和支持，纸本课程也无法大规模印刷和推广，就更谈不上广泛惠及平民百姓了。从技术创新扩散的角度来看，作为技术创新扩散主体的政府，其行动的目标并不是追求利益的最大化，而是进行资源的整合、分配与优化，经济利益和潜在商机只是政府行为的附属效应。对于在政府决策中获得了实际利益的坊肆而言，它们扮演了政府意志"加工场"的角色，为政府意志的传播产生了重要的助推作用。

实例二：当代中国的网络课程建设

进入到21世纪之后，伴随着知识经济的崛起，世界各国的政府普遍意识

---

① 参见罗树宝：《中国古代印刷史》，印刷工业出版社，1993年，第300页。
② 参见范慕韩：《中国印刷近代史》，印刷工业出版社，1995年，第20页。

到:要通过大力发展网络教育来推动劳动者素质的提升,并借此为劳动者职业转换和可持续发展创造支持性条件。在这样的宏大背景下,我国政府也积极致力于推动网络课程的发展建设。20 年来,在中国网络课程持续发展的历史进程中,政府始终发挥着最为重要的规划和引领作用,不断通过制定和颁布政策文件来指导网络课程建设主体的行动方式。

从 2000 年迄今,政府出台的代表性文件一方面彰显了政府发展网络课程的指导思想和战略部署,另一方面也反映了政府推动网络课程发展的主体意愿和基本的路径规划。2000 年 2 月 1 日,我国教育部高教司发布了《关于启动网络课程教学试点项目的通知(教高司〔2000〕7 号)》,这是第一个指导"网络课程"建设的重要文件。该文件明确指出启动网络课程教学试点项目,是对网络环境下的远程教学模式、质量保障体系、教学管理制度、技术路线进行探索和实践,要推动高等学校积极使用现代远程教育资源库的素材,建设网络课程,开展远程教学,促进高等学校教育技术和现代远程教育的发展。2000 年 5 月 25 日,高教司又发布了《关于实施新世纪网络课程建设工程的通知(教高司〔2000〕29 号)》。这一《通知》强调了网络课程在现代远程教育工程中的角色和作用——网络课程是网络教学的基本单元,是网络教育学院的重大支撑条件。同时,《通知》宣布启动高等教育新世纪网络课程建设工程,此后分三批共批准了 321 个网络课程和资源库建设项目。2003 年 4 月 8 日,教育部又下发《关于启动高等学校教学质量与教学改革工程精品课程建设工作的通知》,按《通知》要求,计划在 2003—2007 年五年时间内打造 1500 门国家级精品课程、4500 门省级精品课程。2005 年,教育部在 1 号文件《关于进一步加强高等学校本科教学工作的若干意见》中再次强调加大教学信息化建设力度,推进优质教学资源共享,各级教育行政部门和高等学校要大力推进校、省、国家三级精品课程体系建设,形成多学科、多课程的网络共享平台。在 2000—2007 年的 8 年时间里,教育部分别在"新世纪高等教育教学改革工程(教高〔2000〕1号)""高等学校教学质量和教学改革工程(教高〔2001〕4号、教高〔2005〕1号,简称质量工程Ⅰ期)"和"高等学校本科教学质量与教学改革工程(教高〔2007〕1号、教高〔2007〕2号,简称质量工程Ⅱ期)"中安排了专项经费,支持网络课程的开发。其中,新世纪教改工程开发了200门网络课程,质量工程Ⅰ期共建设了1139门国家精品课程。2007年启动的质量工程Ⅱ期,计划建设3000门左右的国家精品课程。① 此外,为了推动网络课程的加速建设,教育部制定了不同的政策措施,主要对网络课程采取招标(见教高〔2000〕1号、教高司〔2000〕29号和教高司〔2000〕51号等文件)和精品课评选(见教高〔2003〕1号、教高厅〔2003〕3号和教高厅〔2004〕13号等文件)两种方式,号召普通高校、网络教育学院、教学团队和教师个人参与网络课程的探索和创建,并成立"现代远程教育资源建设委员会",委托专家组研究和设计网络课程的评估指标体系。②

通过这一系列的政策文件,教育部把"网络课程"的试点任务授予了多个主体,激发了不同主体的建设积极性,使网络课程在落地落实的同时也持续稳定地获得了发展。进入2012年,MOOC在世界范围内呈现出井喷的发展态势。在这种形势下,中国教育部于2012年8月派出开放教育资源考察团赴美国、日本考察慕课建设;2013年5月,教育部召开网络开放教育与高等教育改革研讨会,探讨MOOC兴起背景下我国在线开放课程的发展与实践;2014年4月,教育部成立在线教育研究中心,多家慕课平台开始上线服务。为了打开MOOC建设的良好局面,教育部配套出台了一系列政策和指导性文件:2015年4月,印发《教育部关于加强高等学校在线开放课程建设

---

① 参见郭文革：《中国网络教育政策变迁——从现代远程教育试点到MOOC》,北京大学出版社,2014年,第147~149页。
② 参见郭文革：《中国网络教育政策变迁——从现代远程教育试点到MOOC》,北京大学出版社,2014年,第148页。

应用与管理的意见》,提出以"高校主体、政府支持、社会参与"为方针,强调立足自主建设、注重应用共享、加强规范管理;2016 年 6 月,印发《教育部关于中央部门所属高校深化教育教学改革的指导意见》,要求部属高校大力推进在线开放课程建设,并承诺提供资金和政策保障;2016 年 9 月,印发《教育部关于推进高等教育学分认定和转换工作的意见》,提出要将学生有组织学习在线课程纳入学分管理;2017 年,启动首批"国家精品在线开放课程"认定工作;2019 年、2020 年,我国连续召开中国慕课大会和世界慕课大会,发布中国慕课大会北京宣言和世界慕课大会北京宣言,发起成立世界慕课联盟,持续推动在线教育和在线课程的建设发展。正是在政府的综合规划和努力推动下,中国的 MOOC 建设取得了有目共睹的发展成绩。

在政策精神的引领下,教材出版机构也高度重视网络课程的配套教材建设工作。早在 2001 年,不少大型出版集团的负责人就纷纷表示:围绕网络课程建设的一系列新政策,课程形态一定会成为未来教材研制的重点和市场争夺的关键。时任北京师范大学出版集团副总编辑吕建生谈道:随着技术的进步,将与教材相关的教育教学资源有机地整合在数字化的学习管理平台上,就可以打造出能够承载大量多样化信息资源的数字化教材,数字化教材将是一个能交流、可互动的教材,它既是学习的素材库,又是学习的好助手,更是会说话的好老师。我国经济发展迅速,各地教育资源在硬件上已经基本配备完善,数字化教材的推广与使用具备了现实的可能性。① 时任广西出版传媒集团董事、副总裁李小冉也认为:出版业现在不仅仅是关注教材,更关注国家的教育理念和教育思想的改革,关注国家的教育政策。与教材内容的变化相比,电子书包、电子教材的推进是广西出版传媒更为关注的

---

① 参见《教材改革牵动中国出版》,《编辑之友》,2001 年第 4 期。

问题，他们希望能以此为契机，认真思考教育出版社的转型工作。① 时任上海社会科学院出版社社长缪宏才进一步谈道："如果对《纲要》第十九章'加快教育信息化进程'有深切理解的话，则应在做好纸质教材出版的同时，积极探索电子版教材的出版及推广使用问题。"②也就是在 2001 年，中国人民大学出版社开始率先实践远程教材的出版工作。尝试之初，由于缺乏相应的经验和调查，该社最初采用的策略是最为简单的"课堂搬家"——以本科课堂的常规教学模式为蓝本，按照传统教材的章、节、段将相关内容挑选制作成课件。对此，学员们看不懂，意见相当大。经过了一段时间的艰苦摸索，人大出版社开始与人大网络学院合作，吸纳学科专家、网络课程授课教师、技术工程师等共同组成教材编写小组，打造出集纸质教材、网络课程与脱机光盘为一体的立体化教材包。这套适合自学的多介质教材包不仅较好地配合了人大的网络远程教学，而且全国有近三分之一的网络大学都采用它作为教材，甚至一些全日制大学和企事业单位也将它作为内部培训教材，取得了非常好的社会反响。

在 21 世纪之初，高等教育出版社在借鉴国外各大技术创新企业和出版集团的先进经验的基础上，决定首先推出 20 门理工科课程的"立体化教材"。在初始阶段，高教社将立足点定位在一些教材形象化程度比较高的学科，包括生命科学、计算机、物理、化工等。为了让更多的高校能够了解和接受立体化教材，2002 年 6 月，高教社先后在重庆大学、浙江大学等多所高校召开高等理工立体化教材建设研讨会，介绍立体化教材体系的基本思路和框架，并且现场做演示，受到了与会教师的高度认可。同年 12 月 9 日，高等教育出版社宣布启动"高等教育百门精品课程教材建设计划"，并正式提出

---

① 参见《教材改革牵动中国出版》，《编辑之友》，2001 年第 4 期。
② 《教材改革牵动中国出版》，《编辑之友》，2001 年第 4 期。

了立体化教材的概念,即不是单纯以现有教材为核心,简单地配置相关的电子音像产品;而是以课程为核心,对资源进行扩充、梳理和整合,使课程的内容包括主教材、教师参考书、学习指导书、试题库等,课程的表现形态包括纸介质教科书、音像制品、电子、网络出版物等。经过了近20年的努力,高教社推出了一大批资源丰富、互联互动、特色鲜明的新形态教材,在高等教育、职业教育教材建设中起到了引领作用,达到国际先进教育出版机构的水平。不仅如此,高教社还打造了"爱课程""智慧职教""实验空间""数字课程云平台""教师网络培训中心""ismart 语言学习平台""高教考试在线""中国学术前沿期刊网""高教书苑"等在线教育和知识服务平台,为高等教育的网络开放课程建设提供了重要支持。①

事实上,受到国家政策的驱动,不仅高等教育出版社在数字化教材建设方面取得了显著的成绩,而且人教数字出版有限公司、北京京师讯飞教育科技有限公司、北京出版集团、广东省出版集团数字出版有限公司、外语教学与研究出版社(外研数字教材)以及江苏凤凰电子音像出版社等都在中小学教材的数字化建设方面发挥了重要的作用,最新的调查显示:在开发品种方面,我国现有的数字教材已经覆盖了小学、初中和高中的所有学科;在内容开发方面,各学段的数字教材内容资源大多是以纸质版教材内容为基础,配套开发音频、视频、动画、图片等多媒体资源;在学科工具开发方面,各出版公司都紧紧立足并服务学科特点;在应用场景方面,不同的教材可以在不同程度上对接PC端、移动端、电子白板、一体机等多终端载体,同时适配 Windows、IOS、Android 多系统平台。② 总而言之,数字教材出版工作已经在开创课程新业态、服务教育现代化进程中发挥出了重要作用。

---

① 参见高等教育出版社,数字产品与服务目录[EB/OL],https://www.hep.com.cn/digital。
② 参见王志刚:《我国中小学数字教材开发现状及发展建议——基于中小学数字教材典型产品调研的分析》,《出版科学》,2020 年第 5 期。

同样地，也正是在政府政策的引导鼓励下，很多高校和教师都积极投入到了网络课程的建设进程中。2008年12月，教育部财政部公布了2007年国家精品课程名单，其中，49门网络教育精品课程入选，这是自2003年开始评选国家精品课程以来，首次评出的网络教育精品课程。此后三年，网络教育国家精品课程都呈现出稳步增长态势：2008年，50门网络教育精品课程入选；2009年，50门网络教育精品课程入选；2010年，60门网络教育精品课程入选（入选学校详细情况见附录一）。在这些入选的精品课程中，参与建设的高校共有59所，其中，"985"工程高校25所，占比42.4%；"211"工程高校45所，占比76.3%。2013年，在教育部大力推动下，中国"慕课"建设开始起步。经过了五年的发展，教育部于2017年认定推出首批490门国家精品慕课，于2018年认定推出第二批801门国家精品慕课（课程建设单位见附录二，课程建设平台见附录三）。其中，由一流大学建设高校（A类）开发建设的课程636门，由一流大学建设高校（B类）开发建设的课程47门，占课程开发总量的53%。可见，政府能够非常有效地调动优质高校参与网络课程建设。截至2019年4月10日，中国已有12500门慕课上线，超过2亿人次学习者，6500万人次获得慕课学分，1000余所高校开设慕课，其中的200余门优质慕课先后登录美国、英国、法国、西班牙、韩国等国的著名课程平台。① 此后，到2020年12月，我国上线慕课数量超过3.4万门，学习人数达5.4亿人次，在校生获得慕课学分人数1.5亿人次，慕课数量与学习规模位居世界第一，课程建设数量和应用规模迅速跃居世界第一。②

总体而言，在21世纪的头20年里，中国政府对网络课程建设给予了高

---

① 参见张烁：《中国慕课，大有可为》，人民网，http://edu.people.com.cn/n1/2019/0411/c1006-31023520.html。

② 参见慕课正成为推动高等教育变革的重要引擎[EB/OL].光明日报－光明网：https://m.gmw.cn/2020-12/13/content_1301935632.htm。

度重视,正是在政府教育决策和顶层设计的统一引领下,教材出版集团、教育公司、高校和教师共同推动了中国网络课程的快速成长。

实例三:韩国数字化教材的时代探索

韩国政府高度重视信息技术在教育教学中的应用,他们在 1996 年就研制出台了《信息通信技术用于教育的主要规划》(*Adapting ICT into an Education Master Plan*),这是韩国历史上第一个国家教育信息化规划,这一规划对亚洲其他国家的信息技术教育战略产生了重要的影响。按照规划的基本思路,韩国完成了教育领域中硬件和相关基础设施的部署,并为数字化课程资源的进一步开发做了先行探索。2004 年到 2010 年间,韩国颁布了第二个国家教育信息化规划——《信息化促进教育全面发展规划》(*Comprehensive Plan for the E – learning in Education Support System*),这一规划对推动教育教学资源的公平获取产生了积极的作用。为了进一步应对时代发展的新形势,发挥信息技术在育人方面的重大优势,韩国教育科学技术部(MEST)于 2011 年制定了智慧教育(SMART Education)战略。在这一战略布局中,数字教科书的开发和应用被作为"通过 SMART 教育进行课堂创新"的五大核心举措之一。

韩国教育科学技术部对"数字教科书"做了明确的界定:第一,无论在学校还是在家里,"数字教科书"都能够不受时间和空间的限制进行使用;第二,"数字教科书"能够利用视频、动画、虚拟世界等多媒体手段将现有教科书、参考书、习题集、字典等进行全面整合;第三,"数字教科书"以学习者为中心,能够促进多种类型的互动,学生还可以根据自己的实际需要和能力水平进行学习。数字教科书将现有纸质教科书的课程与各种参考资源和学习支持功能结合在一起,并且可以在个人电脑、平板设备或电视以及其他数字设备上运行。数字化教材较之以往的纸质教材而言,在内容的及时性与丰富性上有着显著的优越性。为了方便学生,数字教科书可随时随地使用,并将与纸质教科书一起使用。数字教科书包含原始教科书的课程,并纳入了更多的学习材料以及学习支持和管理功能,例如词汇表、多媒体数据、评估测试、学习重点以及补充性内容等。此外,数字教科书也比普通的电子教科书有更多的优势(见表3-3)。

表3-3 电子教科书、电子教科书3.0和数字教科书比较①

	电子教科书 (2011年上半年— 2012年上半年)	电子教科书3.0 (2012年第二学期)	数字教科书 (计划2014年推出)
目的	●将纸质教科书保存到PDF格式	●通过在线分销节省成本,并且随时可以在互联网中获得	●强化学习功能,可在各种IT上操作设备
分类方法	●CD离线发行	●在线发行(从Internet下载)	●通过智慧教育平台的实时操作,在线学习可以在365天中的任何时段进行
学习材料	●课程	●课程 ●各种可获取的学习资料(Flash、动画、影片、多媒体素材、单元文本,错误答案分析等)	●课程 ●各种可获取的学习资料(Flash、动画、影片、多媒体素材、单元文本、错误答案分析等) ●互动学习资料 ●利用开放市场可以得到的内容
学习支持管理功能	●不具备相关支持	●外部材料的简单隶属关系(超链接)	●共享合作、存储和协作工具 ●学习管理(包括过去的学习状况和电子档案等)

早在2003年,韩国政府就已经开始关注并组织开展对数字教科书的研究。2007年,时任教育部长宣布启动“数字课本传播促进计划”(Promotional Plan for Digital textbook Dissemination),明确了2013年实现普及数字化教材的基本目标。截至2011年,韩国共计开发了18种数字化教材,科目涉及小

---

① See KERIS, Adapting Education to the Information Age, *White Paper*, 2012, p.13.

学三年级至初中一年级的语文、数学、外语、科学、社会、音乐六门学科,并在 63 所实验校中予以试用。① 每所示范学校都拥有数字教科书学习环境,包括一个电子公告板、每个学生一台学习设备、两个或三个以上的无线网络接入点。示范学校的运作和教育环境的建设为了在全面应用数字教科书之前最大限度地减少试验和错误,以收集老师和学生的意见并反映他们的要求。2012 年,在"SMART 教育促进战略"的推动下,韩国开始大力推进数字化教材的开发和应用,并制定了明确的年度推广计划。2018 年,韩国教育部决定根据 2015 年的课程修订,向小学三四年级以及初中一年级的学生全面派发数字教科书,并同时表示在 2021 年之前完善所有中小学的无线基础设施,以服务于数字教科书的普及化。②

韩国政府除了组织并鼓励数字教科书的设计、研发和实验,还直接推动数字化教材研发标准的建设工作:即认真听取实验校的反馈意见,组织专家进行实地考察来进一步明确数字化教材研发的原则与方向,并于 2012—2013 年间确立数字化教材研发标准。③ 2021 年,教育部进一步启动了数字教科书的 AR 和 VR 转化项目,决定从 2022 年开始开发基于中小学课程(14 种)的沉浸式内容,修正和补充先前开发的内容以匹配可用性的增强和操作系统的升级,并对接 Android 和 iOS 的不同用户系统。不仅如此,韩国政府还不断努力完善数字化教材相关法律与制度建设。为确保数字化教材作为教学用图书的法律地位,政府部门尝试对《关于教学用图书的规定》进行修订,明确数字化教材的鉴定、审查标准与程序,并确定相关评审机构。同时,建立数字化教材价格认定、流通与管理等具体方案。在此基础上,政府也深

---

① See KERIS, Adapting Education to the Information Age, *White Paper*, 2012, p.30.

② 参见冷云红:《韩国:推行数字教科书与软件教学,迈向未来教育》,《人民教育》,2018 年第 22 期。

③ See KERIS, Adapting Education to the Information Age, *White Paper*, 2012, p.13.

刻意识到为了促进在线课程和数字教科书的广泛使用，需要确保高质量的教育内容，而高质量的教育内容必须根植于法律保护框架下的良好环境之中。于是，韩国教育科学技术部不断推动版权法的修订与完善，2011年11月修改的《版权法》规定：教育机构和教育支持机构可在未经版权所有者免费同意的情况下将部分受版权保护的材料用于教育目的。①

尽管经过了数十年的发展，韩国在数字化教材建设进程中仍存在诸多棘手的问题，例如设计过于复杂、操作不便，配套的教学方案不足，相关法律及制度建设跟进迟缓等。但是，韩国政府和教育管理部门仍在努力促进各方面的改进，以落实智慧教育的战略目标，保持韩国在人才培养方面的国际竞争力。

（五）社会影响

通常情况下，政府主导型模式往往与教育的集中化管理体制是相辅相成的，这种模式的社会影响主要集中体现在以下一些方面：

首先，政府主导型模式以国家利益作为战略出发点，可以根据政府规划"集中力量办大事"。市场作为"看不见的手"，确实不可否认它在技术的创新扩散过程中所具有的重大影响作用；但是教育作为一种公益产品或者说准公益产品，完全化的市场调节难免滞后于社会发展的需要，甚至有时还会影响国家和公众利益的整体实现。具体到课程的表现形态上，政府往往是在充分考虑具体历史时期国家利益和教育需求的基础上，通过指令性行为或是政策引导对技术进行刺激性干预或是限制性干预，从而使课程能够满足社会和个体发展的共同需要。

其次，政府主导型模式给予新技术采用以明确的目的性和方向性，大大

---

① See KERIS, Adapting Education to the Information Age, *White Paper*, 2012, p. 13.

缩短了新型课程形态推广试用的时间,有助于新形态的快速普及。众所周知,没有任何一项新技术的发明是专门服务于课程形态的,在课程形态的技术嬗变过程中,技术的准入总是需要有一定的选择标准和筛选机制。在政府主导型模式中,政府恰恰发挥了技术比较、过滤和选拔的职能。在得到了政府的"行政赋权"之后,课程的新型技术形态就获得了身份上的合理性与合法性,于是职能机构或是企事业单位开始采取行动来履行自己的使命,为新形态课程的大规模投入使用做好必要准备。近代以来,政府也常常会通过直接拨款、立项投资或是行政指令的方式来推行新型课程,学校在政府的扶持或是引导下采用新型课程,这在很大程度上加速了新形态课程的普及化进程。

最后,政府主导型模式有助于统筹各方面的力量,为新形态的使用与推广提供良好的保障机制。诚如上文所述,在中国古代漫长的封建社会中,政府具有不容置疑的行政权威,因此不论在课程的雕版刊刻还是印刷过程中,都明显呈现出政府集中调用和配置人、财、物的局面。改革开放之后,关于大、中、小学阶段的数字化教材建设,政府在政策、资金、人员配套方面的统筹协调作用有目共睹。虽然在古代社会和现代社会中,政府作为的具体表现方式和途径有所分殊,但是无可否认的是,政府在课程形态嬗变中的巨大作用是市场之外的其他力量都不可能具备和比拟的。

当然,这一模式也并非是完美的或是最优的,它也具有一定的局限性。第一,尽管政府的全局眼光、统筹思想、责任意识值得肯定,但是政府的决策未必能够适切地反映不同学段、不同地域学生和教师的差异化需求。在这种自上而下的教育改革中,学生和教师的意愿是被代表的,政府对于新型课程推送的过程遵循的是一种"经验——理性"的准则,即合乎理性的改革方案总会得到人的接受与欢迎;长远周密的计划是必要的,尤其是对规律关系的预测,这是使改革具有科学性的基础;改革如果以适当的形式,在适当的时间地点推行，那么某些有理性的人即使开始是被动的，最终也会参与的。①这种基于经验的理性推断使"政府主导模式"过分强调专家和行政的权威，忽视用户对于改革的作用。在近代历史上，不少由教育主管部门配发的磁带、光盘、网站等课程"分身"在实践中被闲置、浪费、抛弃，大抵都是出于上述原因。第二，以政府决策为中介所建立起来的用户和市场的关系，往往缺乏足够的互动、互赖和互信，这导致市场方在创新动力和创新方向上都难免偏离学校的实际需求。第三，学校为了被动满足政府发布的决策、应对上级部门的检查与评估，对于一些不切实际的新形态课程，教师不得不在使用上盲目跟风或是在材料上报过程中弄虚作假，这使得政府难以获得来自实践一线的真正反馈，政府的良好意愿在实践中未必能真正产生良好的效果。

二、市场主导创新模式

"市场"在技术武装课程的过程中始终扮演着不可替代的角色，只是在不同的情形下，市场发挥作用的方式会有所不同：在"政府主导"模式中，市场更像是一个执行者，忠实地贯彻政府意志。然而，很多时候市场会优先按照自己的目标和利益来进行自我驱动、自我规划和自我设计，这里将此称之为"市场主导模式"。所谓市场主导型模式，即指市场力量在课程形态变革的具体历史实践中发挥着开创性和决定性影响的模式。可以说，"市场"是一面凸透镜，它能够将社会生活发展的某些重要趋势聚焦在一起，进而在抓住机遇推动社会变迁的同时为自身创造最大化的利益空间；此外，"市场"又是一面凹透镜，它能够通过自己所做出的决策和所采取的行动向社会释放

---

① 参见张进宝：《我国教育技术扩散系统特征及推广策略研究》，《中国电话教育》，2009 年第 7 期。

一种信号,引导人们进行判断或是展开选择。年轻一代的成长关切国家民族的未来,对于教育这一特殊的活动而言,政府总会通过多种途径给予教育以密切关注和方向性规约;但是在具体问题或是特定事件的处理中,市场力量也会"先发制人",毕竟"市场"对于时代气息的捕捉更为灵敏,市场决策也会比政府行为更为迅疾。从技术的角度审视,技术武装课程的过程在本质上是一个技术扩散的过程。其间,并没有新技术或是新产品横空出世,课程形态所谓的创新不过是技术在课程领域中的推广和应用。很多情况下,都是实实在在的市场需求和市场运作最终促成了课程形态的转变或调整,因而"市场主导型模式"也是非常重要的一种实践类型。

（一）目标定位

对于课程而言,政府的宏观规划也好,用户的使用需要也罢,它们所构成的都是社会需求。社会需求能够成为技术创新扩散的动力来源,但是在很多情况下,社会需求却需要依靠市场来获得满足。"市场"往往汇集了特定历史条件下人力、财力、资源以及技术等要素,它可以通过要素的统整来对接大众消费观念、支付能力以及对产品和服务的预期。因此,面对社会需求,市场可以比政府和受众提出更为快捷、优化且具有操作性的方案和设计,进而在最大程度上服务和满足社会需求。尤其是对于普及化的技术扩散需要而言,"市场主导"无疑是最容易贴近实践要求和最容易得到群众认可的方式。具体而言,商业化的课程供给者能够在复杂的社会发展中辨识并梳理出个体成长的基本需求,并对需求进行市场细分,然后通过市场要素的组合来为客户提供不同形态的课程。

（二）课程建设利益相关者

这里所谓的"市场"不是指通俗意义上的交易空间,而主要是指以经济规律为主导、向社会提供产品和服务的主体，包括出版机构、技术研发公司、文化传播公司等。上述机构结合社会发展的大背景，根据自身的目标与定位，通过组织和调配各方面的资源优势来为用户提供新型的课程形态。这种模式是近代社会的产物，是随着社会分工不断精细化和商品经济不断成熟完善而逐步建立起来的。作为营利性机构，出版集团、技术研发公司以及文化传播公司紧紧以社会需求为基准，不断试图通过对新技术的考量、筛选和改造来为用户提供新形态的课程。社会需求是市场行为的根本出发点和最终指向，因此市场所推出的任何课程形态都是以更好地适应教育教学的特殊性为旨归的。在新形态正式研发之前，市场主体要开展大规模的调研活动，这种调研活动最大限度地保证了新课程在功能、组织、结构以及产品服务、价格等方面优于之前的形态，符合当前阶段里教育发展的实际状况和学习者的经济承受能力；同时调研活动还需要用前瞻性和发展性的眼光来评估新形态的利益空间，保证在一定历史时期内课程研发的投入能够换取更大的经济收益。当然，"市场主导模式"并不意味着课程出版机构可以忽视政府政策，恰恰相反，政府政策依然是产品开发的重要判断依据。政府政策的出台往往综合考虑了社会发展的各个方面，而技术的创新扩散本身就是一个相当复杂的过程，必须用系统论的思维展开研究和加以调控，因此政府导向依然是市场判断前进方向的风向标。此外，市场行为既然指向用户、依托用户、服务用户，那么市场在课程研发的各个环节中也必然要充分兼顾用户利益。

通常情况下，"市场主导模式"总是包括以下环节：首先，深度调研，周密论证；其次，提出合理、科学、完整的课程研发方案；再次，组织专家团队，展开产品的开发；在完成产品研发的基础上，进行市场试用，征询用户的意见和建议；最后，进行大规模的市场推广，调动各方面的力量、呈现各种有说服力的证据、采用多种渠道的广告形式争取使用者的兴趣和信任。整体来看，课程信息化制品研发与推广的大体流程非常符合市场经济中最典型的"设计、开发、推广、采纳"的思路。对此,近年来,很多从事信息技术教育以及传媒出版的学者也做了大量的相关研究,他们从创新扩散、社会认知、决策行为和技术采纳等多个角度研究了新形态课程如何从市场走向受众。当然,也不可否认,为了说服大众,市场主体几乎无一例外地都会使用"科学、进步"作为产品的标签,大力渲染专业化的主张与价值,使人们相信这些由教育专家和技术专家合作开发的课程是最符合教育改革精神和时代发展需要的。

(三)运作方式

关于课程形态变革,市场主导创新模式的具体运作过程见表3-4。

表3-4　市场主导模式的运作过程

	革新过程			
	启动	实施	普及	监控与评估
资金投入	商业主体发起革新并以投资或筹资的方式来给予支持	商业主体为建设活动的运转提供资金支持	商业主体主导革新,构建自己的变革性团队,根据业绩给予资金的投入	商业主体以市场效益作为监测和评估的标准,也就此决定后续投入与否
目标群体	商业主体启动的革新工作经由市场细分来精准定位目标群体	资源库建设主要取决于课程建设团队中的内容研发人员(一线教师也会加盟研发工作),他们会对目标群体的需求进行分析	商业主体的品牌影响力以及商业服务品质将影响到课程的普及性	课程的使用者是监控/评估的目标人群

输出 彻底性/渐进性 阶段性/持续性	商业主体发起的革新可能是彻底的（如 AI 双师课程），也可能是渐进的（线下课程向线上的延伸）	商业主体往往会组建专家团队，任何形式的革新都会融入专家的专业判断	普及程度受到市场营销和用户需求之间吻合度的影响	市场自发验收，持续性重于阶段性
利益相关者的作用	在产品定位上高度重视对课程使用者的需求分析，也重视与教育管理部门的沟通合作	利益相关者的知识理念会被充分考虑	一线教师与教育管理工作者都可能成为行动的共同参与者	用户是评估的主体

（四）实例举隅

实例一：美国教科书的新世纪行动

教科书的电子化、数字化以及智能化，是课程形态变革的重要组成部分。作为一种整合形态或是融合形态，基于电子技术或是信息技术的教科书实现了表达符号的分化（分化为表意符号和存储传送符号），载体形式和制品系统突破了平面和单维的束缚，创制过程纳入了超媒体、超文本以及超链接等非线性的方式，传播通道也更加立体化。2012 年，美国教育部与联邦通讯委员会就成立了"教材协作小组"，"协作小组"发布了《数字教科书战略集》（Digital TextbookPlaybook），对美国数字教科书的发展图景做了全局性的规划和展望。嗅觉敏锐的美国出版业巨头纷纷宣布启动数字化教科书的新探索，他们的创新性行动推动了美国数字化教材的真正落地。

总部位于美国波士顿的霍顿·米夫林·哈考特（Houghton Mifflin Harcourt）公司成立于 1832 年，是全球最大的从幼儿园到高中阶段的基础教育资源和服务的提供商。公司经营范围遍布全球 120 多个国家，为学校和家庭提供全面而具有高品质的教育解决方案,产品涵盖教材、参考书、测试评估、教师培训、教学技术和软件等各类教育服务和资源。Houghton Mifflin Harcourt 公司是苹果公司的重要合作伙伴,为苹果公司研发的 iPad 提供电子教科书的下载服务。在多年电子教材和教学平台研发的基础上,该公司于 2011 年 12 月 15 日发布了一款针对 12 岁以上学生的解题游戏应用软件——Number Stax。Number Stax 将学习资料以数字化、游戏化的形式呈现,让数学变得易懂、有趣,不再令人畏惧,从而促使学生理解核心的数学技能。[1]

美国的约翰·威利父子(John Wiley & Sons) 出版公司是全球最大的独立出版社,创办于 1807 年,总部设在美国纽约,并在德国、英国、澳大利亚和亚洲设有编辑出版机构。John Wiley & Sons 公司的一个主要业务方向是为大学学生(包括本科生、研究生以及终身学习者)提供电子教材和其他辅助教育资料。该公司自己开发了一个学习平台 eGrade Plus,为教师提供一批集成的教学资源,包括教材的在线版本。同时也为教师开展基本教学活动提供支持,基本教学活动包括:创建课程内容、安排作业、自动进级的测验和跟踪学生的学习进度。学校或是学习者只要购买其图书就可以免费获得该公司提供的相关资源和服务。[2]

美国的皮尔逊出版集团(Pearson Education Group)是著名的国际出版集团,从 1994 年就开始了数字化学习平台 Coursecompass 的建设。它着力于以网络教学平台的技术为核心,结合自己的数字化资源与网络课程,为高等学校提供教学支持服务。教师和学生可以直接登录到 Coursecompass 开展教学活动。这种服务模式被称为"应用服务提供商"(Application Service Provid-

---

[1]　http://mobile. yesky. com/120/30962120. shtml.
[2]　参见余胜泉:《数字教材的立体化出版》,《现代远程教育研究》,2008 年第 3 期。

er, ASP)。除了第四代产品开始收费以外, Pearson 公司和 John Wiley & Sons 公司一样,对购买它的教学用书客户免费提供网上资源服务。此外, Pearson 将自己的数字化资源按照其他教学平台的标准,打成教学包做成 CD – ROM 产品进行销售。①

作为资深的教育出版集团,麦格劳 – 希尔(McGraw Hill Education)集团成立于 1888 年,总部设在美国纽约。McGraw Hill 在教学资源数字化建设方面有一个完整的解决方案,包括数字化学习平台、内容管理和网站发布系统。2004 年 6 月, McGraw Hill 公司的高等教育事业部(Higher Education)宣布成立在线学习部门,旨在适应加速成长的在线学习市场的需求。其中, ALEKS 是一个适性化、基于网络的人工智能助教软件,由 ALEKS 公司开发, McGraw Hill 公司经销;Primis Online 提供客制化印刷服务,目前已经累积超过 900 门电子书和 8000 个案例,可让客户选择在线或纸本印刷服务;Grade-Summit 则是一个创新的学习工具,能让学生衡量自我在某特定教材主题上的知识水平。② McGraw Hill Education 集团旗下的麦克米伦公司(Macmillan)于 2010 年 2 月底推出了一种全新的电子教材格式——DynamicBooks。它允许大学教授们制作自己的教材,既可以利用自己的素材,也可以使用麦克米伦开发的素材。"基本上来说,他们需要上网,登录制作工具,在其中输入内容,随心所欲地做出任何修改。"麦克米伦总裁布莱恩纳帕克(Brian Napack)这样告诉《纽约时报》。同时,他也指出:学习者购买他们制作出版的电子教材的价格也远远低于纸本平装教材。③ 2011 年 McGraw Hill 又与互动教科书平台初创企业 Inkling 签订了合作协议,Inkling 将通过其开发的苹果 iPad 应用将 McGraw Hill 推出的数字教材书目更多地显示在用户的 iPad 上,

---

① 参见余胜泉:《数字教材的立体化出版》,《现代远程教育研究》,2008 年第 3 期。
② 参见余胜泉:《数字教材的立体化出版》,《现代远程教育研究》,2008 年第 3 期。
③ http://tech. ifeng. com/inc/detail_2010_03/26/406429_0. shtml.

为用户的使用提供更多的参考。①

在美国,加大对数字化教材研发的投入、争取在未来教材市场中抢得先机,这在多年以前就已成为美国不少有实力出版集团的奋斗目标。随着上网本和平板电脑技术的不断升级,数字化教材的市场争夺战也愈演愈烈。2010 年 4 月,苹果公司推出了 iPad,而 iPad 的问世进一步加剧了这场数字课程之争。2012 年 1 月 19 日,苹果公司又发布了全新电子教科书平台 iBooks2,这一电子教科书平台可以让小学和中学的学生以触控的方式轻松地在苹果平板电脑 iPad 上阅读教科书、看 3D 动画、互动视频,并且可以实现教科书内容的实时更新。② 毫不夸张地讲,这一功能上的拓展将为数字化课程创造更加广阔的发展前景;也正是基于此,以高科技公司、出版集团为代表的"市场力量"将继续在美国的课程界发挥重要作用。

实例二:全球涌动的 MOOCs 风暴

MOOC 指的是大规模在线开放课程,它是 2012 年在教育领域中出现的一种新形态课程,MOOC 具有开放性、大规模、自组织和社会性等特点。③ MOOCs 发端于美国,在大量商业资本的推动下,很多高校都投入到了 MOOCs 建设的浪潮中,这也使得 MOOCs 能够以"数字海啸"的方式迅速在世界各地发展壮大。

迄今为止,Udacity、Coursera 和 edX 是世界范围内最有影响力的三大 MOOCs 平台。其中,Udacity 和 Coursera 都属于营利性质的平台。Udacity 是由斯坦福大学计算机教授塞巴斯蒂安·特龙(Sebastian Thrun)与机器人学家戴维·史蒂文斯(David Stavens)和迈克·索科尔斯基(Mike Sokolsky)共

---

① http://news.diannaodian.com/IT/gj/2011/0530/43464.html.

② http://news.xinhuanet.com/tech/2012-01/20/c_122610108.htm.

③ 参见李青、王涛:《MOOC:一种基于连通主义的巨型开放课程模式》,《中国远程教育》,2012 年第 3 期。

同创立的。最初，塞巴斯蒂安采用了可汗学院的模式将自己的课程上传至网上，并通过邮件的方式告诉别人可以在线免费观看他的课程，开课当天就有 5000 名学生注册。当注册学生人数达 16 万时，他被斯坦福校方要求停止招生，这促使塞巴斯蒂安下决心离开斯坦福，创办自己的在线大学 Udacity。Udacity 并没有采用与大学结盟的方式来开发课程，而是通过公司与教师个人合作来建设课程，其提供的课程主要以计算机类为主，课程数量不多，但是非常重视细节的打造，在相关领域中备受好评。2012 年 10 月，Udacity 获得 B 轮 1500 万美元融资；2014 年 9 月，获得 C 轮 3500 万美元融资；2015 年 11 月，获得 D 轮 1.05 亿美元融资，市场估值 10 亿美元。① 与 Udacity 相类似，Coursera 也是由斯坦福大学两名计算机教授达芙妮·科勒（Daphne Koller）和吴恩达（Andrew Ng）共同创办的大型免费公开课平台。但是与 Udacity 不同，Coursera 从成立之初就非常重视与世界知名大学的合作，美国的斯坦福大学、密歇根大学、普林斯顿大学、宾夕法尼亚大学、杜克大学、约翰霍普金斯大学、加州理工大学、伯克利音乐学院等都是其重要的合作伙伴。2013 年，Coursera 开始进入中国，先后与北京大学、南京大学、上海交大、复旦大学等国内知名高校达成合作关系。2012 年 4 月，Coursera 获得 1600 万美元天使投资；2012 年 7 月，获得 600 万美元 A 轮融资；2013 年，获得 6300 万美元 B 轮融资；2015 年 10 月，完成 C 轮 6110 万美元融资。② 无疑，资本的力量极大地推动了 Udacity 和 Coursera 的规模化扩张与高品质建设。

在中国，开放课程建设项目自 2003 年启动以来，在政府政策的推动下，高校予以了积极响应。不到二十年的时间里，我国的精品课程建设在规模和速度上都有明显的提升。但是，政策主导下的课程建设也暴露出了一系

---

① 参见陈秋晓、武超则、陈滢：《互联网＋教育：产业平台》，电子工业出版社，2017 年，第 6 页。
② 参见陈秋晓、武超则、陈滢：《互联网＋教育：产业平台》，电子工业出版社，2017 年，第 6 页。

列问题,正如有研究者所指出的:"对速度和数量的追求是以牺牲开放课程的部分质量为代价的,即表面上开放课程建设采用教育部统筹规划、逐级申报遴选、层层把关的建设模式,实际上课程建设在学科、专业等方面缺乏体系性,资源形成信息孤岛、知晓率低,过分注重课程的申报及评审,忽略了课程内涵的建设,致使对课程理解的泛化,使得开放课程甚至不及传统课程的效果,缺乏创新与实用的价值。"[①]MOOCs 兴起之后,资本和市场力量的介入对改造我国开放课程建设的传统局面形成了一定的冲击,也对推动我国网络课程的综合快速发展产生了积极的贡献。

2020 年疫情发生期间,教育部认定的为我国高校提供 MOOCs 的机构名单中,由企业创办的平台共有 16 家,包括爱课程(中国大学 MOOC)、学堂在线、智慧树网、学银在线、超星尔雅网络通识课平台、人卫慕课、融优学堂(原北京高校优质课程研究会)、中国高校外语慕课平台、高校邦、优学院、人民网公开课、智慧职教、EduCoder 在线实践教学平台、万学慕课平台(大学生综合能力与创新创业深度教育孵化系统)、FiF 智慧教学平台、课堂派,它们共同构成了供给主体(主办单位、课程平台与服务内容见附录四)。这些机构可以向高校提供课程资源服务、在线教学服务、在线学习和评价工具,有力保证了高校在疫情期间"停课不停学"工作的顺利推进。

在互联网时代里,企业和资本成了优质课程建设的重要推动力量。在慕课发展的浪潮中,大批创业者怀揣互联网教育理念和先进的教育技术开始在教育领域中展开全新探索。与此同时,通过资本的助力,一些 MOOCs 平台得到了快速成长,对推动教育的高品质发展产生了重要的贡献。无论国内还是国外,新技术带来了新服务,新理念萌生了新市场,风险投资也在

---

① 杨现民、王娟、魏雪峰:《互联网＋教育:学习资源建设与发展》,电子工业出版社,2017 年,第 42 页。

不断推动着课程新样态的快速发展。行业的繁荣,需要尊重并重视企业和资本的力量。

实例三:"超星"播种云课程

"超星"是以技术、产品与服务创新为驱动力的教育信息化企业,公司成立于 1993 年,29 年来一直专注于数字资源与在线教育。在业界,"超星"是中国档案数字化、图书数字化、学术资源数字化的开创者,是中国精品课、视频课、公开课、MOOC、SPOC 建设的先行者,是中国学校教学管理平台、移动教学平台、智慧教务系统研发的领军者,也是中国通识教育、智慧教学、公共文化整体解决方案的提供者。"超星"公司从 2005 年开始为大中小学的课程教学改革提供服务,在十五年的时间里,先后开发了超星学术视频、尔雅通识课、泛雅课程平台、学习通以及一平三端课程教学系统,现拥有高等院校用户 1500 余所、中小学用户 30000 余所。

2018 年,结合教育部下发的《教育信息化 2.0 行动计划》,为全面推动教育信息化 2.0 的实施,贯彻落实"优化'平台 + 教育'"服务模式与能力,"超星"集团在分析中小学网络空间课程建设现状和未来趋势的基础上,提出了推动中小学网络课程建设的企业发展规划,制定了全面构建网络课程生态的基本方案。这个方案可以为中小学搭建网络课程支持环境,协助中小学开发网络课程内容,支持网络教学活动创新,并且提供多元课程运营的云服务。

★ 网络课程支持环境建设

超星基础泛雅课程教学活动平台为师生提供独立的学习空间,以 APP 架构的形式满足学习型组织的建构,有效支持个性化学习环境,促进师生的全面发展。学习空间可以为每个用户打造个性化的主页,记录学习历程。同时为了创造一种良好的学习氛围,学习空间融入了 SNS 的概念,学生可以看到其他同学的学习内容,可以相互激励。学习空间支持外部 APP 的接入,学校可以将其他的应用平台全部添加到学习空间中,方便学生与教师使用。

★ 网络课程内容建设

超星基础泛雅课程教学活动平台的网络课程从示范教学包、知识微课、学生选修课、综合实践课、生涯规划课、专业解读微课和安全教育课等方面构建课程内容,课程内容丰富、课程形态多样且全面。

★ 网络教学活动云平台建设

新一代网络教学活动云平台建设是实现学校课程和教学资源数字化、建设高质量教学的有效途径。网络教学活动平台包括个性化门户定制、课程学习系统、课程建设系统、资源建设系统、教学开展与运行管理、教学大数据分析等教学全流程应用服务。网络教学活动云平台通过将一个个分散的教学应用聚合在一起,实现对教学全过程的即时数据采集、云端分析处理和即时结果反馈,激活课堂、转变师生职能、促进课堂教学模式与学习模式变革。各个教学应用服务之间既独立运行,又统一于同一平台进行教学管理,提高教学管理效率。

★ 多元课程运营服务

多元课程运营服务体系包含国家级课程课题建设、地方特色课程联盟、专家名师进校园、课程工作坊、课程活动策划及运营、课程建设服务等。

为了推进整体方案的科学有效落地、深入推进信息技术与课程教学的深度融合，"超星"公司还积极申报了 2018 年度中央电化教育馆组织开展的全国教育信息技术课题——"基于学生综合素质培养的云课程生态构建与应用研究"。借助课题研究的契机，超星集团面向全国中小学征集子课题研究单位，公司决定全力支持课题参与单位利用"超星学习通""一平三端"等技术条件构建"云课程生态"，进而全面提升教师、学生以及管理者的教育信息素养、科学变革教学与学习方式。2019 年，共有来自 32 个省份的 68 所学校提交课题论证申报书，经过课题组专家的层层审核（第一轮审核）以及中央电化教育馆课题办（第二轮审核）的严格把关，最后通过子课题评审、成功立项的子课题学校/单位数量为 14 个。经过了为期三年的探索，超星公司的总课题组和 12 家子课题单位（洪城河小学、南京路小学、凤眠小学、武汉教科院、华中师范大学第一附属中学初中部、绵阳电化教育馆、平定县石门口学校、南湖中学、南山学校、新华小学、武汉市外国语学校初中部、抚顺一中）共同厘清了基于学生综合素质培养的云课程要素，设计开发了一批基于学生综合素质培养的云课程资源系统，构建了一套基于学生综合素质培养的混合式教学生态。

作为互联网时代的教育龙头企业，超星公司以"技术服务 + 课题研究"的方式不断推动着中小学"云课程"的建设与优化，这充分彰显了市场力量对课程形态改造的重大意义。

（五）社会影响

近年来，无论国内还是国外，市场主体不仅参与了课程形态的数字化和智能化变革行动，而且在其中扮演了非常重要的角色。"市场主导模式"的社会影响表现在以下三个方面：

首先，以市场为主体力量开发新型课程形态，要比以政府为主体力量的模式更容易贴近和满足用户的需求。这是因为市场为了最大化地追逐收益,总会想方设法从多层次、多角度去捕捉和评估用户的实际需要,然后结合自身能力和现有条件开展课程研发。可以说,在洞悉技术与课程结合的现实契机和结合的可实现程度上,市场的嗅觉比政府的嗅觉要敏锐得多,市场对可行性的评估和判断更加务实。为了更好地服务于课堂教学,市场和政府的出发点都饱含理想化的色彩;但是鉴于"效益"原则,在推动课程形态变革的过程中,市场探索性行为会比政府指令式行为表现得更为有韧性。

其次,以市场为主体可以提高课程形态研发过程中的资源配置效率。课程形态的变革过程是对新技术选择、纳入和再加工的过程,它需要人力、财力以及物力的全面协调和配合,需要各领域专家和学者的共同努力,而市场在资源配置方面的优势往往是其他主体所不能企及的,"代价小、利益大"是市场进行资源配置的显著特征。

最后,市场主导的模式能够在政府做出决策之前就开展先行探索,利用社会力量为课程形态的规模化变革捕捉新契机、找寻方向,这对于信息化课程改革的稳步推进而言,无疑具有建设性的意义。

当然,"市场主导模式"也存在很大的局限性,一方面,按照市场运行的基本规律,资源的流动以利润的实现为导向,而教育作为一项带有公益属性的社会活动,市场指向在不少情况下并不能与教育发展的现实状况相吻合。例如,废除纸本课程、实现课程的完全电子化或是数字化可能为市场带来巨额的收益,但是在经济和社会发展不平衡的情况下,这种市场行为将会导致课程脱离教育实际的严重后果。在相当长的历史时期里,课程无纸化的尝试——完全以电影、电视或是广播为载体——几乎都以失败而告终。另一方面,市场虽然总是以"服务学生"作为宣传口号,但是利润驱使下的市场主体难免也会夸大其承诺。不仅如此,个别市场主体为了追逐利润、兜售自己的产品,不惜采用一些行贿手段,这为某些教育职能部门或是某些官员的利益寻租提供了温床，成为滋生教育腐败的可能诱因。

三、学校（区域）主导创新模式

"学校（区域）主导模式"指的是学校或者学区在精准评估自身需求的基础上，有针对性地利用现有的技术条件对课程表现形态进行再创造。在市场主导模式下，尽管课程供给的商业主体都会宣称自己的产品是"基于用户需求"或是"用户中心"的；但事实上，市场预期与真实的用户需求之间总是会存在"剪刀差"。对此，有条件的学校或是学区就会主动分析课程"分身"的利弊优劣，进而创造性地利用一定的技术条件对课程表现形态进行"定制化"的变革。在这种情况下，学校或学区成为课程形态创新的推动者和实施者，他们通过主动地对技术的利用、控制和再加工来使课程形态得到进一步的改进和完善。作为使用者，学校或学区比政府或是市场更清楚现实中面临怎样的困惑、哪些问题应该得到优先解决、哪些教育技术的创新最能从根本上改善现状，等等。因此，基于教师和学生需求，学校或学区主导推动课程形态的技术嬗变，这无疑对教育发展而言是颇为有益的。

作为使用方的学校和学区在使用既定课程的同时，也从未放弃过各种改良的尝试，而且很多改良对之后的课程发展产生了方向性的引领作用。近代以来，大学和学院在课程电子化方面做出的努力则毋庸置疑地成为用户主导的典型代表。如20世纪20年代，耶鲁大学开始根据自己的教育需要尝试制作有针对性的电影课程；到了30年代，明尼苏达大学也加入挑选、编排和自制电影课程的行列中来。虽然在课程中最先引入电影表现形态的并不是作为用户的大学，但是大学对于技术的再开发却和公司对于技术的再开发存在着明显的不同：首先，公司即便非常用心地评估了教师和学生的需要，但是他们不可能比大学自身更加了解自己的切近需求；其次，公司的奋斗目标是追求成本和收益的最高性价比,但是大学在可承受的范围内,主要考虑的是如何提高课堂教学的实效性。因此,学校或是特定学区使用技术来丰富课程形态,这种量身定做的再加工、再创造的行动可以从根本上克服前期预置的潜在用户与真正现实用户之间的需求落差。应该说,学校或学区主导模式是比政府主导模式和市场主导模式更为理想的一种课程形态开发模式。

(一)目标定位

学校或是学区总是希望通过最优化的课程形态来达到预期的教育目标,然而课程的设计出版者所提供的课程并不能完全满足用户的切实需要。这是由于,一方面课程的供给方不可能与用户之间达到完全的信息对称状态,用户在使用过程中的实际感受很难及时有效地传递给供给方;即便供给方能够第一时间了解用户的诉求,但是考虑到开发制造的成本、社会影响力以及市场前景等多重因素,课程的改良也很难快速实现。另一方面,课程的供给方无法充分兼顾学校或是学区的个性化需求,他们往往根据现有的技术发展水平、大规模市场需求的预期、之前累积的经验以及自己的专业生产能力来规划自己的行动。

尽管政府或是出版机构、教育公司总是会从社会发展和专业的角度宣传现有的课程形态的种种优势,但是作为规模化的产品,他们不可能全面考虑到学科差异、教师差异、学生差异、家长购买力差异以及教学条件设施差异等,而教师却会真切地反思、评估课程"分身"的贡献度以及不同课程形态的价值。换言之,供给方追求的是整体功能的提升,而用户方聚焦的却是具体功能的实现,因此如果用户方能够根据自己的使用需求来改良或是革新课程形态,一定会比供给方所提供的制品和服务更加切合实际需要。而且伴随着计算机技术的疾速发展,创新可以在模拟的环境下实现,创新也越来越依靠知识技能而不是各种难以获得的硬件工具来完成。此外，通信工具的改善也为用户创新者交换信息提供了更加便捷的渠道。

因此，根据教育目标的规划和实际教学的需要，学校或学区在充分评估原有课程形态的基础上，通过发挥自身的能动性与创造性，为课程形态的变革性实践提供具有建设性意义的策略、方案，或是提供可操作、已成型的实体模式。这种"量体裁衣"的做法能够真正调动蕴藏于教师内部的积极性变革力量，有助于满足用户自己的差异性需求。不仅如此，教师的尝试还可能向市场释放某种信号，唤起市场的兴趣和注意力，进而对课程形态的规模化变革产生引导作用。

（二）课程建设利益相关者

课程领域和其他所有的技术扩散领域一样，在市场主导模式下，课程提供商希望通过销售产品和服务获利，而作为用户的学校或是学区则希望从产品和服务的使用中受益。在市场主导模式中，师生重要的贡献就是生产社会需求，课程制造商则通过对需求的观察、调研、评估、判断来设计和开发新产品，师生的需求能不能得到满足在很大程度上取决于需求所蕴含的市场空间和潜在的社会效益。于是，有些学校或学区出于优化考虑，尝试通过发挥自身的聪明才智来局部改良或是重新变革原有的课程形态，进而满足自己个性化实践的需求。在相当长的一段时间里，课程形态的变革行为主要发生在高等教育领域，近几年开始也越来越多地发生在基础教育领域。

当然，不是所有的学校或学区都能够或是应该成为新型课程的缔造者。借助 Hippel 的观点，只有所谓的"领先用户"才有可能成为"用户主导模式"中的真正主体。在他看来，市场需求不是静态的，而是随着重要潮流的驱动不断发生着变化，那些"领先用户"总是处于重要社会潮流的前端，他们会比其他用户更早地洞察到现有技术改进的空间，并预计可以从自己需求的解决方案中获得相对较高的收益。[①] 的确,学校或学区主动将电影、多媒体、互联网、增强现实以及虚拟仿真技术引入课程之中,使课程走向全时空、富资源以及立体化,根本原因是他们预期自己能够通过此项行动获得更好的发展和进步。当然,在该模式中,市场作为技术的提供方、政府作为政策的引导者,二者的作用也不容忽视。

　　与"政府主导模式"不同,"学校(区域)主导模式"所遵循的恰恰是"自下而上"的路径方式,即变革是由来自教育实践第一线的教师发起并推动的。这种模式的根本特点在于:教育系统中的实施主体是学校,只有教师最了解自己的处境和学生的需要,教师成为变革的发动者、参与者以及引领者。概言之,这种"自下而上"的路径方式可以有力地保证课程形态改革的针对性,最大限度地贴近具体实践的特殊要求。

(三)运作方式

　　课程形态学校(区域)主导创新模式的具体运作过程见表3－5。

表3－5　学校(区域)主导模式的运作过程

	革新过程			
	启动	实施	普及	监控与评估
资金投入	学校(区域)发起革新并为此筹资	学校(区域)为建设活动的运转提供资金源泉	学校(区域)主导革新,构建自己的变革性团队,根据主管部门支持或是项目支持来实现资金的投入	学校(区域)以教学和学习效果作为监测和评估的标准,教学和学习效果也将影响学校(区域)后期建设的资金支持

---

　　① 参见[美]埃里克·冯·希普尔:《民主化创新》,陈劲、朱朝晖译,知识产权出版社,2007年,第22页。

续表

目标群体	学校（区域）精准定位目标群体	资源库建设主要取决于课程建设团队中的内容研发人员（即大中小学教师以及教研员），他们会对目标群体的需求进行分析	学校（区域）的推动直接影响课程的普及性	监控/评估的目标指向于特定的使用群体
输出彻底性/渐进性阶段性/持续性	学校（区域）的改革以渐进型为主	学校（区域）会邀请专家参与，渐进革新会或多或少融入专家的影响	普及程度受到学校（区域）推动力度的影响	教和学的效果作为判别标准，持续性或阶段性都可能成为重要的衡量尺度
利益相关者的作用	教师和学生的需求是根本出发点	利益相关者知识的影响作用比较小	企业、教育主管部门、高校工作者都可能成为行动的共同参与者	师生是评估的主体

（四）实例举隅

实例一：开放课件运动

在 20 世纪 90 年代，世界上越来越多的大学开始关注远程教育领域，不少大学都期望能够找到合适的方式以从远程教育的发展中获得丰厚的收益。1999 年，时任麻省理工学院教务长的罗伯特·布朗（Robert Brown）教授牵头组织了一个由教师、学生及管理者共同组成的委员会，该委员会工作的重心即围绕教育技术应用及远程教育发展来研究制定 MIT 的决策规划。那么，MIT 何去何从？是否应该像很多学校一样，积极投身远程教育并努力分得一杯羹呢？上述委员得出的结论是：远程教育情况复杂、竞争激烈，很难赢利。随后，该委员会向时任校长查尔斯·韦斯特（Charles Vest）提出建议：把学校所有核心的教学资料放到网上，不要试图利用互联网赚钱，而应当供学习者免费共享。查尔斯对这一理念表示高度赞同，因为这一理念非常符合 MIT 的历史传统及价值取向：一直以来，麻省理工学院重视卓越、创新和引领大众的价值选择，学术信息共享是 MIT 文化的一部分。于是，在 2000 年，查尔斯·韦斯特批准并亲自推进启动 MIT OCW 项目。[①]

MIT OCW 又称开放课件运动，该运动致力于将大学讲堂中的优质课程内容免费放在互联网上，供感兴趣的学习者选用。学习者可以获得的素材包括讲义（Lecture Notes）、习题集（Problem Sets）、教学大纲（Syllabi）、阅读材料（Reading Lists）、工具与仿真（Tools and Simulations）、音视频讲座（Video and Audio Lectures）等。在项目正式实施之前，委员会制定了详细的规划和目标，建立了专业咨询团队，成立了项目指导委员会，委员会下设课程开发和发布小组，根据项目实施的不同阶段来协助确立具体的目标。登录网站平台，学习者可以在 MIT OCW 的首页点击主导航"Course"菜单或是次导航学科属性列表，进入免费课程主页，页面上方是学科属性列表，下方是课程列表，点击课程名称，就可看到相关资源。上传到 MIT OCW 平台上的所有课程都包括教程大纲、课程日期安排（教学日历）和讲课记录，许多课程还有作业、试卷、问题（包括解答）、实验室、项目、超文本的课本、模拟、演示、辅导和讲课的视频实况及网络资源链接等。在 MIT OCW 网站页面附有测试，学习者可自主测试并及时把握自己的学习情况。除此之外，MIT OCW 非常重视个人学习体验，设置了学生专门用以分享学习体验的 Stories 板块，还在资源提示中标明所属级别，以满足不同学习者的个性化需求。不仅如此，MIT 还提供在线课程内容的压缩文件，无需注册就可以直接下载获得。[②] 项目开

---

① 参见李静、王美、任友群：《解放知识，给力心智——访美国麻省理工学院开放课件对外关系部主任史蒂芬·卡尔森》，《开放教育研究》，2011 年第 4 期。

② 参见张春玲、朱江：《国外开放教育资源（OER）建设情况分析及启示》，《图书馆论坛》，2013 年第 4 期。

始之初,委员会设定的目标是争取在 10 年之内,人们可以从网上免费获取该校的绝大部分课程;但事实上,在 2007 年 11 月 28 日,这一目标只用了 6 年半的时间就已经全面达成。① 在全世界,有 200 多个麻省理工学院开放课程内容的镜像站点,用户通过这些镜像站点可以快速下载感兴趣的具体内容,减少或免去向互联网服务商支付高额的费用。

　　MIT 作为世界顶尖级名校,其发起的开放课件运动致力于将优质资源免费共享,追求的是资源的可获取率和覆盖范围。经过 20 年的持续努力,MIT OCW 对世界高等教育产生了非常深远的影响:一方面,MIT OCW 增进了人们对高等教育公平的认识。网络技术的发展给高等教育平等理念的实践带来了新的契机,MIT OCW 摒弃以往网络课程只关注有偿服务的运行模式,率先免费共享核心课程内容,为其他高校起到了表率示范作用,促使高等教育更接近其教育平等的理念目标。② 另一方面,MIT OCW 推进了高等教育知识共享的进程。在知识经济和全球化的时代里,高等教育只有在知识开放共享的境脉中才能更好地服务于社会和人的成长,MIT OCW 把这一信念传递给了世界。除此之外,MIT OCW 对 MIT 自身的发展也产生了非常积极的促进作用:MIT OCW 向全世界展示了其课程的品质,巩固了 MIT 的学术声誉,为 MIT 树立了非常正面的公共形象,它还吸引了大批优秀的学生了解学校和教师的情况并就此做出人生的选择,它也在相当大的程度上密切了学校和校友之间的关系。③

---

① 参见[美]柯蒂斯·J.邦克:《世界是开放的:网络技术如何改变教育》,焦建利主译,华东师范大学出版社,2012 年,第 148 页。
② 参见李静、王美、任友群:《解放知识,给力心智——访美国麻省理工学院开放课件对外关系部主任史蒂芬·卡尔森》,《开放教育研究》,2011 年第 4 期。
③ 参见李静、王美、任友群:《解放知识,给力心智——访美国麻省理工学院开放课件对外关系部主任史蒂芬·卡尔森》,《开放教育研究》,2011 年第 4 期。

实例二:小学生"A+"生命成长云课程

山西省阳泉市新华小学从"十二五"到"十三五"期间一直致力于培养学生的全面发展,落实素质教育。在分析学生认知水平和年龄特点的基础上,为了落实国家、地方和学校的育人目标,郭玉华校长带领全校教师构建了"A+"生命成长课程体系。"A+"生命成长课程体系是以国家课程为基础的,其中,"A"是主干(国家课程),"+"号后面是枝桠(地方和校本个性化七彩课程)。进入 2017 年之后,学校开始加大教育信息化的推进速度,将实施智慧教育作为学校的战略抓手。就硬件而言,新华小学升级了网络设施、接入了 300 兆光纤的数据专线,实现了校园各角落的无线网络覆盖,教师们可以做到"一师一机",教室的"班班通"工程扎实落地。然而,信息技术究竟如何深度助益孩子们的发展呢? 郭校长有了一个大胆的想法,决定和老师们一起把"A+"生命成长课程搬上"云端"。

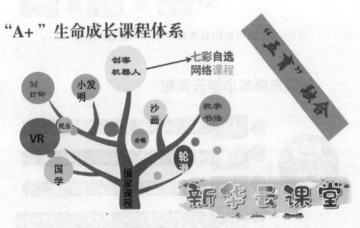

图 3-1　山西省阳泉市新华小学"A+"生命成长云课程

为了实现这一目标,郭玉兰校长牵头信息化改革,从顶层设计入手,成立了新华小学信息化领导小组,校长任组长,分管副校长任副组长。领导小组负责全面统筹学校信息化的规划与发展,制定了《新华小学数字校园建设规划方案》，同时改革了学校内部机构设置，在教学部门中特设信息技术应用研究中心，加大了课改项目人人通的创建力度。教学领导小组制定了《在线教学情况分析报告制度》《七彩课程建设与应用要求》《教师信息技术素养提升工程方案》《远程教学巡课制度》。于是，一个基于"云端"的"A＋生命成长课程"和学生们见面了。这一课程系统鼓励学生们结合自我发展特点，尝试自主选择，力争做到"一人一课表"。

阳泉市新华小学云课程

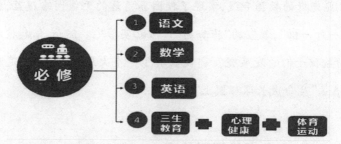

图3-2　山西省阳泉市新华小学云课程的必修科目

阳泉市新华小学云课程

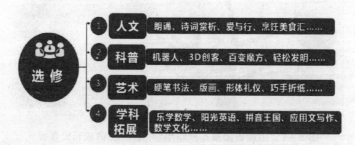

图3-3　山西省阳泉市新华小学云课程的选修科目

这一课程系统注重把"五育并举"贯彻到全时空、全过程和全环节，它不仅推动了线上教学与线下教学的融合新发展，构建了"实体学校＋虚拟学校"相结合的教育新格局,而且打造了"人人皆学、时时能学、处处可学"的学习新生态。

2020 年,面对突如其来的新冠肺炎疫情,新华小学承担了阳泉市小学远程教学的"保底"服务工作,学校向全市开放了"A＋生命成长"课程体系中的 1379 节课。在"停课不停学"期间,阳泉市共有 83178 名小学生利用云课堂居家学习,其中有 61403 名选择"A＋生命成长"课程进行学习,选课人数占到了全市小学生总数的 75%,可以说,6 万学子同上一堂课,"A＋生命成长"课程托起了全市小学生特殊的生命时光,得到了全市小学生和家长的认可。不仅在阳泉市,而且在山西省乃至全国其他地方,新华小学的"A＋生命成长"课程都受到了广泛的关注和认可。郭玉兰校长在"全国智慧教育实践与创新应用交流会"上应邀做大会交流,并于 2020 年 5 月 13 日在中国信息协会主办的全国数据驱动在线教学质量评价论坛上分享他们的实践探索。

实例三:乡村联校共享"云课程"

山西省平定县石门口小学是一所农村单轨寄宿制小学,学校主要服务于石门口、小口头、小桥铺、前徐峪沟、里徐峪沟、卢家庄及枣岭 7 个行政村,服务半径 10 公里,服务人口 4000 余人。这所小学现有教师 13 人,在校学生 94 人,其中寄宿生 43 人。尽管自身规模"微小",但石门口小学在乡村振兴的过程中还承担着另一项重要使命:作为联校的中心校,它需要辐射带动附近的西郊小学、南坪小学、南上庄小学、乱流小学、桥头小学、大石门小学及东郊小学。整体来看,这个以石门口小学为中心的"联校"师资状况堪忧:在岗教师 76 人,其中,公办教师 42 人,代课教师 34 人。公办教师结构性短缺,文化基础较差,知识老化现象严重,很多老师已接近退休年龄;而代课教师大多为五年以下的新教师,很多都是非师范毕业生,他们没有教学经验,急需要提高教育教学的业务能力。

面对这样的现状，石门口小学如何发挥辐射带动作用呢？学校的李祯主任召集骨干教师对学校的处境进行了认真的研讨。石门口小学已接入带宽200兆的网络，已接通阳泉教育城域网，达到了国家规定的"三通两平台"的建设标准和使用条件。联校的各间教室于2020年全部安装了希沃白板一体机，所有任课老师都有专用的办公电脑(大部分为教育均衡验收时配备的笔记本电脑)，每个办公室都安装了打印机，办公区域基本可以实现无线网络覆盖。从硬件设施设备等办公条件及教学条件上来说，这所农村校并不输于当地县城学校的办公条件，甚至在生均计算机比、实验室生均比等方面还高于县城学校，基本上能支撑教育信息化2.0时代下的教育教学需要。但是，一直以来，由于没有系统化和体系化的课程，学校的信息基础设施大多处于闲置状态。经过李主任的剖析，老师们都同意尝试搭建"云课程"，这可能是破除困局、引领联校共同发展的最好选择。

在李主任的组织带动下，石门口学校的老师们通过运用超星尔雅选修课平台并结合阳泉市教育资源公共服务平台，开发创建了基于人教版教材的云课程。借助课程推送平台，他们为全县教师提供可利用可修改的共享网络课程，并通过开放课程端为适龄学生提供网上学习材料。在两年时间里，石门口小学的老师们利用学习通平台编写了小学一年级语文、四年级语文、五年级语文、五年级数学以及三至五年级信息技术等多门网络课程，共计发放任务点650个，累计学习46990人次，发放学习合格证书415人。除此之外，他们组织线上考试共计15次，并组织了学生线上讨论及线上教学与辅导若干次。特别是在疫情期间，石门口学校的云课程不仅为各联校的学生提供了重要的学习资源支持，而且对全县的学生都给予了不同程度的教育服务，在阳泉市乃至山西省都产生了重要的影响作用。

"努力让每个孩子都能享有公平而有质量的教育"，这是党的《十九大报告》明确提出的新时代中国特色社会主义教育的新使命。石门口学校的"云课程"建设是当下万千农村中小学的缩影,李主任和他的同事们也是万千农村教育工作者的缩影。

实例四:基于"云动平台"的课程探索

天津市南开区教育局在传承与弘扬区域特色文化的基础上,以区教育发展第十三个五年规划为依据,以课程作为培育学生核心素养发展的载体,积极探索能最大化满足师生发展需求与多样选择的网络课程资源平台建设。该区于2015年规划了"云动"课程资源平台建设项目,确定以"公能"核心思想为引领,在课程资源研发与建设中以"培育学生核心素养"为主线,尝试通过区校共建共享,形成纵向中小学段衔接、横向学科知识贯通、线上线下实时互动、素养培育全程立体化的动态课程系统。一方面,他们倡导对学科课程进行深加工,用"公能"思想浸润学科课程的点滴细节;另一方面,他们又积极推动区域所辖高中个性化地构建习惯养成课程、实践活动课程、传统文化课程、核心价值观课程、心理健康课程等五大主题课程,从而在学科拓展、能力提升、核心素养培育等方面对国家课程进行有益补充。

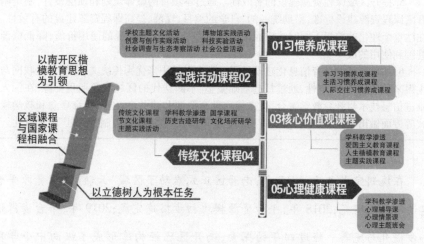

图3-4 天津市南开区"云动"平台课程

在项目启动之初,南开区教育局与教师发展中心就对项目的功能定位做了明确规定,详见表3-6。

表3-6 "云动"课程平台的功能定位

1. 助力区域优质教育资源均衡分配。通过区域整体统筹规划,建设区域特色课程资源并通过课程平台实现共享,将有助于优质教育资源的传播,使更多学生受益,促进本区教育均衡发展。

2. 促进区校特色课程资源实现互通。利用互联网技术打破时空界限,实现区域精品课程与选修课程资源共享,对于各具特色的部分可以实现交流和分享;对于重合的部分可以相互比较,相互借鉴,共建优质课程,从而构建区域特色课程资源库,实现资源的优化利用,减少各校的重复建设。

3. 实现数字环境下中学教研课程化。高考改革倒逼课程改革,课程改革不仅带来国家课程校本化实施与开发,更应运而生了富有本土文化特色的校本课程,其关联性、多样性与选择性为每一位学生提供了更加适合的教育。在这样的教育新常态下,教研部门基于各校选课走班所带来的师资分配不均、教学水平不均、集中教研时间不定等现状必须实现数字环境下的教研课程化。南开区将借助课程资源平台,建构中学教研课程体系,以满足中学不同学科、不同水平层次教师线上线下个性化学习需求,以更好地服务于课堂教学,满足学生学习需求。

4. 建构基于个性化学习的教学模式。本项目紧紧围绕着课程资源的建设与应用展开,尤以应用为重。课程平台功能设计充分利用互联网技术及慕课理念,支持慕课式在线学习。本项目不仅仅要解决优质资源的数字化与共享问题,更重要的是要将优质资源应用于个性化学习,同时致力于基于个性化学习的教学模式的探索与创新。

5. 提升区域课程资源建设的有效性。通过本项目的整体规划和顶层设计,制定南开区课程资源建设标准,借助统一的、科学的编目,规范、提高课程资源建设的有效性。在注重个性化的前提下同时注重通用性和可移植性,放大资源的使用价值,降低资源管理和使用的成本。

6. 加速跨区域教育信息化建设进程。大力弘扬中华优秀传统文化,借力互联网与生俱来的开放性、共享性,通过打造基础完整、不断迭代的区域特色课程资源,在深入推进信息技术与教育教学融合,促进优质教育资源共建共享,创新教育理念和教学模式等方面做出了尝试,本项目具有为其他县区提供可参考、可复制、可推广的示范性。

在规划完成之后,2017年,南开区正式启动了区域"云动"课程资源平台建设与应用研究;2018年,平台资源模块初步搭建完成;2019年,平台资源进一步提升与完善。经过四年的探索,南开区已经构建形成了纵向中小学段衔接、横向学科知识贯通、线上线下实时互动、素养培育全程立体化的"跨领域、跨学科、跨学段、跨时空"的新优质教育学习空间——南开区"云动"课程资源平台。截至目前,"云动"课程资源系统已经相对完善:从课程类别上看,包括了超星选修课程、教师研修课程、学生选修课程、学生必修课程、学科德育课堂、区域名师讲堂以及楷模育人课堂;从学生学习内容上看,包括了校本特色课程、区域精品课程、京津沪渝联盟课程等若干领域;从实施路径上看,包括了学科课程、活动课程、实践课程、社团课程和环境课程;从课程功能上看,包括了基础性课程、拓展性课程、选择性课程、综合性课程。这些对创新课堂模式、服务师生的自主选择需求发挥了非常明显的作用。

2020 年,面对突如其来的新冠肺炎疫情,南开区充分发挥"云动"平台的潜力,提供疫情应对、学生选修、教师研修、学科德育、楷模育人与名师讲堂六类课程,总计 142 门课程、259 节课堂实录与微课。在特殊时期,南开区云动课程资源平台又无缝对接北京超星尔雅教育 400 + 选修课程与 200 + 微课程以丰富师生课程选择。在疫情期间,南开区"云动"课程资源平台不仅为本区域,更为甘肃等地区的学生提供了在线学习的强大资源保障。2020 年 2 月 14 日,是天津市开学的第四天,南开区"云动"课程资源访问量就已达到202970,课程浏览量 2748604,学习访问量 431212。《人民日报》《天津教育报》、天津卫视电视台等多家媒体对此项工作进行了相关报道。日前,《南开区"云动"课程资源平台应用实践》被教育部遴选为 2019 年度教育信息化教学应用实践共同体项目。

南开区"云动"课程资源平台已完成了三期建设,2022 年启动第四期建设项目。一期建设主要实现平台课程资源由无到有的突破,基于区校已有的特色课程,初步进行区校两级课程建设探索;二期建设主要实现平台课程由有到优的完善提升,以教研课程研发为主,辅以精品校本课程研发;三期建设以平台课程推广应用为主,通过开展"你心目中最喜爱的课程"等师生学习与课程评选活动促进课程应用推广,同时着手国家课程配套微课建设。区教育局和教师发展中心明确提出了第四期平台建设的目标指向:第一,关注高品质课程资源的辐射引领作用,促进区域优质教育均衡发展;第二,通过平台各类学习活动的有效开展,提升平台课程资源的生命活力;第三,进一步丰富完善平台课程内容体系,满足师生自主选择性学习需求;第四,通过专项课程研发建设,进一步推动教育部相关主题教育活动落地。

(五)社会影响

"学校或学区主导"模式与"政府主导"模式或是"市场主导"模式最大的差别在于:学校或是学区作为开发主体,对于课程形态的再创造是密切贴合自身需求的,改进或是创新的动力都源于内而非源于外。因此,作为参与者的教师,不仅行动的目标非常明确,而且也有着更为强烈的使命感和责任感。比较而言,这一模式的社会价值具体体现在以下三方面。

首先,"学校或学区主导"模式能够调动具有创新潜质的教学实践者的积极性与能动性,使处于教育活动一线的机构真正成为最强有力的改革者。毕竟,没有比身处实践中的人更了解自身需求的了。对于具体的课程目标,学校或是学区比政府、课程开发商更清楚哪种课程形态是最为适合的,他们可以最大限度地照顾到特定环境下的实践诉求,而且可以精准地评估各种技术应用的时机和细节。

其次,"学校或学区主导"模式还会大大降低创新推广的成本,正是由于作为变革者和实践者的教师或是管理者是基于自身需求所采取的行动,因此和政府推动或是市场推动的状况不同,师生在接受和使用新的课程制品时往往不会产生强烈的抗拒心理,这有益于新形态课程育人效能的释放。

最后,"学校或学区主导"模式是局部、小规模的,教师的技术驾驭能力和学习掌握新技术的投入度有限,虽然他们能够及时洞悉自己的需要,但是将自己的意愿转化成现实仍然面临着诸多困难。此外,教师在时间和精力方面的投入也难以保证,毕竟达成既定的课程目标是他们的主要工作职责,而变革课程以更加出色地完成目标并不是一个强制性的工作要求。倘若教师中的"领先用户"浅尝辄止或是组织领导不够强有力,那么有价值的尝试就会半途而废,无法实现原初的既定目标。

四、个体主导创新模式

"个体主导创新模式"即指个体的行动者作为课程形态变革的核心力量,他(们)依据自己对课程使用现状和使用需求的评估,通过充分发挥个人的创造性和能动性来利用现有技术条件对课程表现形态进行再创造。"个体主导创新模式"最突出的特点就是非组织性,创新不是由自上而下的力量所驱动,而是完全出自个体对现实需求的判断和个体所持有的改进意愿。在"个体主导创新模式"中,作为创新主体的"个体"包括但不仅限于学校教师。

(一)目标定位

通常情况下,个体创新的目标指向非常直接明确——特定的学段、特定的学科、特定的个体或是群体。由于个体创新不是有组织、有规划、自上而下的行为,因此,个体创新往往以个人的主观判断作为重要依据,也正是由于采用"主观判断"的方式,这使得需求分析更加聚焦、深入、个性化及情境化。与其他几种模式相比较,个体创新更接近"量体裁衣""因材施教"的价值指向,个体创新在手段和方式的选择上也更为机动、灵活,使课程形态的变革能够更加贴近"定制化"。在个体创新模式中,个人的实践智慧往往成为创新最重要的基础和支撑,与此同时,个人的问题解决能力也往往影响着创新的表现形式、节奏进度和效率效能。个体创新较少地受到已有程式的限制,优秀个体的课程创新同样可以产生重大的社会影响。

(二)课程建设利益相关者

在个体主导创新的初期阶段,课程形态变革的利益相关者主要是指课程的学习者。课程学习者的课程学习状况和学习需求构成了课程形态创新的起点,也成为课程形态创新的最终旨归。当然,学习者也会为课程形态创新提供持续的动力,当一种创新方式受到了学习者的认可,那么这种形式就可能会产生扩散效应,进而给予创新者以积极的正向反馈,不断激励创新者的后续行动。在个体主导创新进入稳定发展阶段,课程形态变革的利益相关者也有可能增加,例如,有些公司或是个人可能提供财物支持,有些机构可能会提供技术服务,有些专家学者可能会提供专业帮助,有些管理组织部门可能会提供政策关照等。总体而言,随着创新实践的发展,利益相关者的性质也会由单一向复杂转变。

(三)运作方式

课程形态个体主导创新模式的具体运作过程见表3-7。

表3-7 个体主导模式的运作过程

	革新过程			
	启动	**实施**	**普及**	**监控与评估**
资金投入	个体启动革新并为此出资/筹资	个体所拥有的金钱或是获得的资助为建设活动的运转提供资金源泉	个体主导革新,个体能够获得的收入会影响普及推广的程度	个体以学习效果作为监测和评估的标准,学习效果也是吸引资金支持的重要因素
目标群体	个体精准定位目标群体	资源库建设主要由个体建设者负责,他们会对目标群体的需求进行分析	课程普及具有偶发性	监控/评估的目标人群是课程的学习者

续表

输出 彻底性/渐进性 阶段性/持续性	个体主导的改革以渐进型为主	个体发动的渐进革新可能或多或少融入专家的影响	普及程度受到需求对接程度的影响	学习的效果作为判别标准,持续性可能成为重要的衡量尺度
利益相关者的作用	学习者的需求是根本出发点	利益相关者知识的影响作用非常小	初期的相关者主要是学习者,之后,会进一步扩展到其他人员	学习者是重要的评估主体

(四)实例举隅

实例一:可汗学院的课程革命①

在 21 世纪,萨尔曼·可汗(Salman Khan)成为享誉全球的教育明星。这个生于 1976 年的美国年轻人,创建了免费的在线教育平台,并以此为基础,先后成立了可汗学院(Khan Academy)和可汗实验学校(Khan Lab School)。他个人制作并发布了 6500 多个视频课程,最初主要集中在数学和科学领域,后拓展至多门学科。截至 2020 年 1 月,在 YouTube 上,可汗学院频道拥有 560 万订阅用户,可汗学院的视频观看次数超过 17 亿次。2010 年,萨尔曼·可汗荣登《财富》杂志"全球 40 大青年才俊榜单";2012 年,他获评成为《时代周刊》"全球 100 名最具影响力人物";同年,《福布斯》(Forbes)杂志将他作为封面人物,并以《1 万亿美元的机会》($1 Trillion Opportunity)为标题讲述了他的教育创业故事。可汗推动了"微视频课程"的常规化和普及化,由此掀起了全球化的课程革命。与政府主导模式、商业主导模式或是学校主导模式不同,可汗的课程创新模式完全是"个体主导"的。这种个体化模式

---

① 本部分内容主要参考:[美]萨尔曼·可汗:《翻转课堂的可汗学院:互联时代的教育革命》,刘婧译,浙江人民出版社出版,2014 年。可汗学院官方网站,https://www.khanacademy.org。

主要体现在以下方面:

其一,可汗学院的课程创意萌生于"帮扶亲戚"的个人意愿。2004 年,就读于七年级的纳迪亚在数学学习方面遇到了困难,于是,她求助于表哥可汗。事实上,可汗并非数学教师,也没有从事过教育教学工作,但是他毕业于著名的麻省理工学院,拥有数学学士学位、电子工程与计算机科学学士及硕士学位。在家人看来,可汗的学习经历无疑能够为表妹提供很好的学习指导。起初,可汗的教学辅导借助的只是电话和电脑上的雅虎涂鸦程序。后来,随着纳迪亚成绩的明显进步,越来越多的亲戚朋友开始请可汗担任"家庭教师"。可汗开始尝试使用 Skype 来同时为几名孩子提供讲解,但他发现这样做没有一对一的辅导效果好。为了优化教学流程,可汗决定编写一些能够自动生成问题并记录每个孩子答案的程序,这些程序有助于收集、整理和诠释孩子们的学习过程。然而,随着"学生"数目的不断增多,可汗感到压力越来越大,毕竟他只能在工作之余开展辅导。在朋友的建议下,他尝试将课程录制成视频发布到 YouTube 上,受制于 YouTube 的管理规定,他的每个课程视频都控制在 10 分钟之内。可汗预先完全没有意识到他"无心插柳"的举动竟然会掀起课程形态的革命,更没有想象过这会孕育可汗学院的雏形。

其二,可汗学院的课程设计依托于对学习者认知瓶颈的直觉性判断。尽管可汗毕业于顶尖名校,但是可汗工作的机构是一家基金公司,他的常规业务与教育教学几乎不存在任何交叉。可汗没有接受过教师教育的正统训练,他对于微视频课程的设计完全依靠的是自己对学习障碍的思考和分析。在可汗看来,表妹纳迪亚非常愿意解决棘手的问题,她的分析能力、创造力以及在遇到复杂问题时分解问题的能力都很优秀,但一遇到数学中的单位换算问题,纳迪亚的大脑就停止工作了,而这背后的原因在于纳迪亚缺乏信心、无法克服焦虑、没有勇气直面问题的关键症结。于是,可汗总结认为:课程的进度应按照每个学生的不同需求来制定,而不是人为规定一个统一的进度;此外,学生如果想要掌握更高难度的知识,就必须深入理解最为基本的概念。在此之外,可汗坦言他的个人品位和性格对于视频课程的设计产生了重要的影响。例如,可汗将电脑上的"黑板"设计为黑色,这是由于他认为"黑色"具有一种魔力——正如知识为黑暗中的人带来光明一样,"黑色"也预示着教学辅导要唤起学生对学习的热情,让学生重拾学习的乐趣或是呈现一种学习探究的悬念,使学生能够带着问题寻找答案。又如,可汗决定不在视频课程中露脸,在他看来,视频课程不同于面授课程,如果视频中出现了人,学生会很容易分神,难以把精力集中在视频所讲的内容上。所以,可汗的视频课程中看不到眉飞色舞、口若悬河的主讲人,只有一些平实无华的文字、数字、公式等。在相当长的时间里,可汗就是这样凭借着自己的教育敏感性和教育主张在视频课程的设计中摸索前行。直到2012年,可汗正式辞去了对冲基金分析师的工作、全身心投入了到可汗学院的创办之后,他开始慢慢接触一系列的教育研究和教育理论,这为他的课程设计提供了进一步的学理支持。

其三,可汗学院的课程运营源自个体对教育的真诚热爱。可汗在You-Tube上上传自己的视频课程,这是一件纯属偶然的事情;不仅如此,可汗学院的创办也不是从明确的决策规划开始的。2009年,在YouTube上,可汗学院的视频点击量已经超过了麻省理工学院国际开放课件联盟以及斯坦福大学教学视频的点击量,但可汗学院背后的工作人员只有可汗一个人,它的"办公室"只不过是一个衣帽间。随着视频课程影响的不断扩大,在经历了一番挣扎之后,可汗决定放弃优厚的收入,将全部的时间精力都投入在可汗学院的运行上。在生活陷入焦灼困顿的日子里,比尔·盖茨约见了可汗,盖茨基金会为可汗学院提供了150万美元的资助,可汗用这笔钱租用办公室并招聘了5名员工;之后,盖茨基金会又投资了400万美元,以支持可汗学院开展其他项目；与此同时，谷歌宣布出资200万美元帮助可汗学院建立习题库，并承诺将视频课程内容翻译成世界上最常用的10种语言。自此，可汗学院走上了发展壮大的征途。

可汗学院作为使用自己团队进行课程开发的代表，不断谋求对自己的课程进行迭代更新，根据其对学习者体验的分析，教学评价团队对于其线上课程的实施情况进行评估，并且进行再设计，改变课程学习的顺序，这大大提高了教师教学的效率与学习者的学习效果。到目前为止，可汗学院提供的课程内容涉及数学、科学、计算机编程、历史、艺术史、经济学等，其中，数学方面的内容涵盖了从幼儿园的基础知识到大学的微积分，并采用了最先进的可识别学习强度和学习障碍的自适应技术。此外，可汗学院还与 NASA、The Museum of Modern Art、The California Academy of Sciences 和 MIT 等机构合作，提供特定的专业内容。每天，来自世界各地的、拥有不相同个性和经历的数百万学生，按照自己的进度在可汗学院学习。除了西班牙语、法语、葡萄牙语之外，可汗学院的内容资源已被翻译成36种语言，其影响力仍然在不断扩散。

实例二：林地高中的课程新样态①

在21世纪的美国，乔纳森·伯格曼（Jonathan Bergmann）、亚伦·萨姆（Aaron Sams）与萨尔曼·可汗一样，他们都是课程形态创新的实践者和重要的推动性人物。但他们的不同之处在于，萨尔曼·可汗的课程形态创新是辅导亲朋所产生的"无心插柳"的结果，而乔纳森·伯格曼和亚伦·萨姆的课程形态创新则是有意识帮助个别学生查漏补缺的结果。

伯格曼和萨姆从2006年开始在科罗拉多州伍德兰德公园高中工作，他

---

① 本部分内容主要参考：[美]乔纳森·伯格曼、亚伦·萨姆：《翻转课堂与慕课教学：一场正在到来的教育变革》，宋伟译，中国青年出版社，2015年。

们二人负责全校 950 名学生的化学课程。由于二人有着相似的教育理念，于是他们在备课的过程中总能够很好地做到分工与合作。尽管教学的工作是相对愉快的，但是有个严重的问题却始终困扰着他们：学校中很多学生需要不定期地参加各种比赛和活动，并会因此而错过大量的课程，学生追赶课程进度的过程往往充满了挣扎。偶然的一天，萨姆从一本科技杂志中获得了解决上述难题的灵感：杂志有篇文章介绍了一款软件，这种软件能够记录下幻灯片上的内容，包括语言和注释，然后可以将其转换成视频文件，并轻松地上传到网上。萨姆与伯格曼分享了这篇文章的观点，他们兴奋地意识到，利用这种软件或许可以使落课的学生不再落课。2007 年的春天，二人购买了简单的设备，并开始利用屏幕内容截取软件来录制视频课程。这些课程被上传至网上之后，学生可以很方便地进行学习。伯格曼坦言：制作这些视频课程也是有私心的，这些录制的视频课程可以成为他们避免花大量时间为学生补课的"防线"。

此后，这些课程产生的影响大大超越了伯格曼和萨姆的预期：在学校里，缺课的学生很喜欢录制的课程，他们很容易就能补上错过的课程内容；不仅如此，有些上了课的学生也会去观看视频，用以温习学过的内容或是用以应对考试的需要。让他们更没有想到的是：美国很多地方的老师都观看了他们的视频，他们开始受邀参加网络科学教师论坛，并接待来自各地的学习访问团队。同时，大量的电子邮件随之涌来，来自世界各地的师生都对他们的创造性工作表示感谢。在此基础上，萨姆进一步提出：如果把所有的课堂讲稿都预先录制下来，学生把观看视频作为"家庭作业"，那他们就可以用整堂课的时间来帮助学生厘清他们不懂的内容。就这样，基于视频课程的"翻转课堂"诞生了：伯格曼和萨姆花了整整一学年的时间录制了所有化学课的讲稿，新型的课堂教学形式很快传遍了美国大地。

对于视频课程的制作，伯格曼和萨姆从大量的亲身实践中总结了一套行之有效的规则(见表3-8),在他们看来,视频课程的品质也直接关乎翻转课堂的质量和学生学习的效果。

表3-8　视频课程制作规则

1. 视频要简短。学生是 YouTube 环境下生活的一代,他们喜欢"一口能咽下去"的东西。尽可能要将视频控制在15分钟以内,争取控制在10分钟以下,做到"一个视频一个主题"。 2. 嗓音要生动。制作教学视频的时候,教师一般会使用某种展示软件(Power-Point、Prezi、Keynote、Smart Notebook 等)。除了幻灯片之外,教师仅有的可以与学生有所联系的就是手写笔和嗓音了。语调要多变,使视频令人兴奋一些。如果教师选择在给学生讲课的时候录制视频,生动、有趣的语调就尤其重要。 3. 与另外一位老师共同制作视频。对于观看者而言,两位老师通过对话的模式进行讲课,比一位老师单独讲课要更有意思。两个人(两种声音)比一个要好,学生通过教师的对话可以更好地理解学习材料。 4. 加入一些幽默。通常在每段视频的第一分钟插入笑话。有的学生喜欢这些笑话,有的则并不喜欢。但他们知道这些笑话会在视频的第一分钟里出现,那些喜欢怪异幽默感的学生可以收听,而不喜欢的学生则可以快进跳过。 5. 不要浪费学生的时间。学生在自己的时间里观看教学视频,老师畅谈个人的喜好完全是浪费他们的时间,请一定要把关注点放在课程主题上。 6. 添加注释。请把屏幕想象成有炫酷照片的白板,利用可以手写注释的设备在上面留下笔记。如果不可以添加手写注释,翻转课堂就很难发生。 7. 添加文本插图。文本插图可以是文字框,可以是某种图形,也可以是其他类似的物象,会在视频中出现一会儿,然后消失。对于学生而言,文本插图对他们很有帮助,因为这些插图可以使他们把注意力集中在视频的关键要素上。 8. 缩放部分内容。在后期制作过程中,把屏幕中重要的部分放大。缩放屏幕能够便于学生更好地理解关键的知识要点。缩放不仅可以强调某一部分内容,而且可以整理屏幕布局,帮助学生集中注意力。 9. 不侵犯他人版权。因为教师视频很可能被放到网上,所以一定不要违反版权法。

伯格曼和萨姆的课程形态创新不是出自组织政策的驱动,也不是出自经济利益的驱动。如果说他们确有私心的话,那就是"少教多学"的私心。一本杂志,一次顿悟,一场说干就干的实验,基本可以粗线条地勾勒两位化学教师的课程探索。也许正如他们所宣称的那样:只有学生卡壳了,需要特别帮助时,才是教师真正需要现身的时候。学生不需要教师一直都留在教

室里,不需要教师对着他们喋喋不休地教授课程内容,事实上,学生自己就能学习课程内容。

(五)社会影响

"个体主导创新模式"可能发生在学校内部,也可能发生在学校外部。进入21世纪之后,大量的开源软件、社交平台以及一系列可以便利获得的信息化产品,为个体开展课程形态创新提供了很多有利的条件。最近这些年来,个体通过直播、录播的形式开展网络课程建设以及混合课程建设的行动越来越多,展示了个体创新的强劲势头。需要予以区别的是,个体主导创新是自下而上的行为,当某些个体从学习需要的实际出发、提出课程形态的变革方案、申请政府或是企业资助,这种行为活动亦可以归属为"个体主导模式"。但是,如果有些教师作为政府政策的执行者,通过承担政府从上至下的研究项目来对课程形态展开变革,那么这种行为活动就不再属于"用户主导模式",而是应该被视为"政府主导模式"了。

"个体主导创新模式"在未来的发展进程中究竟能够获得多大的发展空间呢?应该说,前景还是令人乐观的。个体的创新能力获得了前所未有的"解放"。这不是说现在或是将来的个体会在智力水平上明显超越前人,而是说信息技术的大发展为个体参与创新和发明提供了更加便利的条件。古代社会,课程形态的每一次里程碑式的大发展总是政府主导,因为只有政府可以"集中力量办大事",离开了政府的统筹调度,个体力量很难具备变革课程的条件和能力。但是进入到信息化社会之后,情况发生了很大的变化:个体创新不再需要借助笨重的工具,以软件程序或是多媒体平台为依托的"工具箱"为个体实现自己的课程理想提供了必要的基础和广阔的空间。对创新主体而言,针对课程的具体目标,实现纸质材料、音频材料、视频材料以及网络信息的重组与再造已不再是一件遥不可及的事情,打造个性、优化的课程形态会更加简易和便捷。相信在不久的将来,随着信息技术不断向着开源化、便利化、人本化方向发展,那些潜藏在个体身上的实践智慧会进一步爆发出来,更多的可汗、伯格曼和萨姆将会出现。

第四章　课程形态变革的理论议题

课程形态变革既是一项创新型的实践工程,也是一项不断需要深化拓展的理论工程,课程形态的变革背后汇集着很多的新问题和新矛盾亟待化解,以下试做一探讨。

一、课程形态变革与人的发展[①]

人是教育的对象,教育的功能就在于促进人的发展。那么,教育如何促进人的发展呢? 首要的问题就在于准确理解人的本质,进而基于人的本质来把握人的发展需求。德国著名哲学家恩斯特·卡西尔在梳理西方思想史的基础之上,依据生物学家乌克威尔的生物学原理,通过比较人与动物的生命差异,指出:"除了在一切动物种属中都可看到的感受器系统和效应器系统之外,在人那里还可发现可称之为符号系统的第三环节,它存在于这两个

[①]　本部分的内容节选自赵婧:《课程形态信息化变革的"人学"致思》,《教育理论与实践》,2016 年第 10 期。

系统之间。这个新的获得物改变了整个的人类生活。"①因此,"人是理性的动物"这一论断并不充分,应该用"人是符号的动物(animal symbolicum)"来取代这一观点。既然"人是符号的动物",教育又该如何促进人的发展呢?这也就意味着:人类需要借助文化符号来完成对年轻一代的培育,而课程正是文化符号的凝缩和再现。

在工业时代之前的岁月里,课程服务的是当时社会的"小众群体",换言之,课程的目标旨在于培养社会的统治者和管理阶级,"政治性"是课程最受关注的文化品性。进入到工业时代之后,培养合格劳动者、提升全社会的文化素养成为教育发展的重要目标。于是,"什么知识最有价值""谁的知识最有价值"成为课程的核心关切以及争议的焦点。进入到电子时代之后,课程的呈现方式开始突破了单维、静态、线性的稳定格局,人们逐渐注意到课程的样态问题,并围绕由此可能带来的教学效率和教育效益展开探讨。直到信息时代的到来,新技术对课程的改造展示出前所未有的强大而迅疾的力量,课程不仅在立体、动态、非线性发展方面取得了巨大的进步,而且也带动了教学、学习和评估的全面革新。在这样的背景下,"如何加工知识最有价值""如何呈现知识最有价值""如何获取知识最有价值",这些问题跃升为课程领域中的新关切。也正是从信息时代开始,课程研究不仅要审慎思考波普尔笔下"世界三"的教育重构问题,而且要高度重视"世界三"以何种形态促进人的最优发展的问题。直观看来,课程形态从缄默无声到备受瞩目,引领这场时代变局的无疑正是日新月异、蓬勃发展的信息技术。那么,这是否意味着:课程形态信息化变革从本质上讲就是一场由信息技术主导并由信息技术决定的革命呢? 作为育人的核心中介,课程追求的是"人的逻辑"和"技术逻辑"的高度统一,然而,奠定课程形态信息化变革原点并构筑课程

---

① [德]恩斯特·卡西尔:《人论》,甘阳译,上海译文出版社,2004年,第38页。

形态信息化变革始基的决定性力量究竟是"人"还是"技术"呢？从学理上探寻上述问题的答案，对深化和优化当前课程形态的变革性实践而言，不仅必要而且紧迫。

（一）夯实课程形态信息化变革的"人学"基础

回顾几千年来课程形态嬗变的历史不难发现：从多元载体林立到纸本权威的确立，再到多重信息技术媒介的有机整合和共生演进，课程形态变革的进程从未停滞。那么，是何种力量始终支持着变革的进行呢？难道课程形态所经历的一切果真如技术决定论者埃吕尔所宣称的那样：技术依赖自己并制定了自己的路径，进而从根本上决定了变革的发生？[1] 当下，无论是立体化课程所包括的"音像制品、电子和网络出版物"[2]，还是云课程所涵盖的"端、管、云、台"[3]，以至于微课程所主要指涉的"在线视频"[4]，推动上述信息技术与课程深度耦合的根本动因又是什么呢？

回到课程的发生学原点可知："课程是为了培养人和教育人而产生和发展的，培养人是课程的本体功能，一旦离开了这个本体功能，课程便不复存在。"[5]这也就说明，和曾经的简牍、羊皮、纸张一样，信息技术与课程能否际遇结合的生命密码并不掌握在信息技术手中，信息技术向课程有序扩散的根本前提在于育人的需要；离开了"人"这一根本出发点，课程形态也就丧失了安身立命和发展演变的一切基础。因此，纵使技术再发达，课程形态信息化变革的过程也绝不是一个"见物不见人"的过程；恰恰相反，课程对信息技

---

[1] See Jacques Ellul, *The Technological System*, Contimuum, 1980, p.125.

[2] 刘成新、王焕景、褚晓红：《立体化课程建设的研究与实践探索?》，《电化教育研究》，2006 年第 11 期。

[3] 王本陆：《关于加强云课程研究的几点思考》，《课程·教材·教法》，2013 年第 12 期。

[4] 梁乐明、梁锦明：《从资源建设到应用：微课程的现状与趋势》，《中国电化教育》，2013 年第 8 期。

[5] 丛立新：《课程论问题》，教育科学出版社，2000 年，第 99 页。

术的有效整合正是立足于人、指向于人并服务于人的。可以说，构成课程形态信息化变革根本条件和合法依据的不是所谓的技术逻辑和技术机理，而是以"人的本质、存在和历史发展规律"①为核心的"人学"思想和"人学"情怀。

第一，课程形态信息化变革的基点是主体需求。课程形态作为课程的重要组成部分，其发展的基本趋向是由课程的根本矛盾所决定的，即课程形态的每一次历史变革无不是为了更加优化地解决"一定教育目标对受教育者身心发展的要求与受教育者现有身心发展水平的矛盾"②。在课程形态变迁的历史上，纸本之所以能够依靠其"比较优势"终结莎草纸、羊皮、木牍、简册等多元媒介林立的局面，其根本原因在于纸本轻便、廉价、易获取、易携带、易传输的特点能够最大程度地满足当时历史条件下更多学习者广泛求知的需要。与纸张平面、线性、单维、静态的呈现方式不同，如今迅猛发展的信息技术以其灵活多样的富媒体形式为学习者搭建了一个个丰富立体的课程世界，在这样的课程世界中，学习者可以调动多重感官进行多维度的个性化学习。无疑，信息技术介入课程形态变革，这和现代社会对人的发展要求息息相关，正如有研究者所指出的：只有人加上信息、加上智能装备、加上电脑的"人机合一"的现代认知方式，才能适应社会的复杂性，才能适应技术所改造的信息时代的到来。③ 总而言之，从曾经辉煌一时的纸本到如今精彩纷呈的信息媒介，课程形态变革始终以主体需要作为孜孜以求的终极目标，正所谓"千举万变，其道一也"。

第二，课程形态信息化变革的动力是人的生命发展。课程的核心使命

---

① 韩庆祥、邹诗鹏：《人学》，云南人民出版社，2001年，第12页。
② 廖哲勋、田慧生：《课程新论》，教育科学出版社，2003年，第42页。
③ 参见余胜泉：《技术何以革新教育——在第三届佛山教育博览会"智能教育与学习的革命"论坛上的演讲》，《中国电化教育》，2011年第7期。

是解决个体经验和人类社会历史经验之间的矛盾,即努力将人类社会的精神文明成果转化为学生个体生命发展中的持久禀赋。正因为如此,在任何时代里,"如何优质高效地服务于生命发展"始终都是催生课程改革的永恒驱动力,只不过在不同的时代改革的表现形式及其侧重面有所不同罢了。从农业社会向工业社会转型的过程中,课程改革紧紧围绕"什么知识最有价值"展开。"什么知识"是对课程营养构成元素的梳理与盘点,对于个体生命成长而言,它代表了一种内容视角的人学关切。进入到信息社会,高品质的个体发展不仅需要持续关注"什么知识最有价值",而且还需要高度重视"什么样态最有效率"。"什么样态"即课程的形态问题,它所聚焦的是课程营养元素的排列组合与传输呈现方式。例如,经过加工选择的书面语言文化最经济的架构方式是什么?电子课程对纸质课程的改良性特质表现在哪些方面?"纸本、光盘、资源平台"的一体化是如何掀起认知革命的?这些都属于课程形态的思考范畴。当今,"由信息人、教育实践和技术化的环境构成的一个自组织、自我进化"[①]的教育信息生态已经形成,而课程形态的信息化变革无疑正是对这种生态系统中个体生命最优化发展所做出的时代回应。

第三,课程形态信息化变革的旨归是人的价值实现。从 20 世纪后半叶开始,课程形态信息化变革的步伐不断加速——先是单机版的电子课程以规模化推广之势彻底打破了纸本大一统的传统局面;其后,支持实时互动的网络课程很快就占据了新的战略制高点;最近几年来,吸纳了云计算、大数据等先进技术理念的大规模在线开放课程(MOOC)又迅速成为全球课程界的新焦点。对此,不妨借用哈贝·马斯的一句名言做一概括:课程形态的信息化变革是一项未竟的事业!表面上看,"这项事业"的直接动因在于新型

---

① 余胜泉、赵兴龙:《基于信息生态观的区域教育信息化推进》,《中国电化教育》,2009 年第 8 期。

技术扩散所预期产生的积极效应,而究其根本,对人之价值实现的终极关怀才是"这项事业"的核心旨归。发展到今天,"媒介是人体的延伸",这已然成为不争的共识。而服务于"延伸人体"的所有技术手段无一不是为了个体生命价值最大化、最优化的显现。

综上,课程形态的信息化变革绝不可能是一场单纯的技术革命,这是因为:"人是有自我的,所有外力如果不通过自我的内在转换,根本就不能起到真正的作用。"①无视"人"这一根本,变革将最终走向"目的性"与"工具性"的尖锐对立。所以信息技术与课程的整合,必须要以现实的主体需求作为原点,以生命的生成发展作为向度,以人的价值实现作为最高准则。

(二)正视课程形态信息化变革的"人学"困境

如上文所言,"人"是课程形态信息化变革的本体性目的,由于作为教育对象的人具有未确定性、未完成性和无限生成性的特质,因而信息技术变革课程的教育实践总是以最优化地服务于发展中的人作为努力的根本方向。在实践中,以信息技术的"应然逻辑"检视其"实然效能"不难发现:信息技术之于主体发展的"预设"与"生成"之间总是存在着一定的"剪刀差"。那么课程形态信息化变革怀揣怎样的育人理想,又面临着哪些现实难题呢?

第一,就课程目标而言,课程形态的信息化变革尽管满怀热情地期许主体自觉的唤起,但尚未能够成功规避主体自觉的失落。从目标维度上讲,与传统纸介质相比,信息技术介入课程的理论优势在于:它有助于打破物理时空条件的限制,构建多感觉通道的沉浸环境,进而为不同学习风格的学习者提供多重可选的认知工具,从根本上唤起学生学习的主动性和积极性,使学习的过程不再囿于"填鸭式"的知识记诵,而真正走向以"学习者为中心"的

---

① 王啸:《教育人学内涵探析》,《华东师范大学学报》(教育科学版),2006年第1期。

知识建构。然而在实践中，信息技术的使用与主体自觉之间似乎并不构成直接的因果关联。有学者通过对我国当前网络教学实践中课程形态的考察发现：对于以网页形式、流媒体点播形式和实时在线形式而实现内容搬家的"课堂迁移型"课程而言，学生的学习在很多时候依然是被动机械的，真正的学习并没有发生；对于将学习材料和内容上传到网络平台的"网上自学型"课程而言，学生学习的兴趣很难得到激发，真正的学习较难发生；而对于线上线下"简单混合型"的课程而言，网上学习的优势也几乎没有得到充分发挥。①

第二，就课程结构而言，课程形态的信息化变革在提供多重选择的同时，也带来了低效和失效的难题。从结构维度上讲，课程形态的信息化变革即打破印刷教材的单一化局面，将电子课程、教学课件、音像制品及网络服务平台都纳入课程系统当中来，努力促成文字、图形、图像、音频、视频及网络交互技术的有机统整，进而试图通过多重媒介"各尽其用、各成其美"来为学习者的学习活动提供更多类型的学习工具和学习手段。然而，选择空间的拓展必然带来学习效能的增强吗？有研究者在 20 世纪末期就对此提出了质疑：在纷繁的资讯来源面前，"如果学习者缺少指导和自学能力，他们会发现自己在一篇文字、一幅图画中迷失路向，忘记原来的目的和方向，在错综复杂的网上教育系统里兜兜转转"②。此外，亦有研究揭示：与自由访问的学生相比，访问方式受限制的学生回答问题正确率反而更高……尤其是对本身知识水平较低的学生而言，他们在受限制的环境中比在自由的环境中学

---

① 参见黄荣怀、张振虹、陈庚、徐玲：《网上学习：学习真的发生了吗？——跨文化背景下中英网上学习的比较研究》，《开放教育研究》，2007 年第 6 期。

② Kirkup, G., & Jones, A., New technologies for open learning: The superhighway to the learning society? P. Raggatt, R. Edwards, & N. Small (Eds.). *The learning society – challenges and trends*. Routledge, 1996, p. 273.

习更成功。① 有鉴于此,纷繁复杂的技术渠道只构成了学生学业成就提升的充分条件而非必要条件。

第三,就课程功能而言,课程形态的信息化变革在多元发展的繁荣局面背后,潜藏着异化的风险。从功能维度上讲,由于当代社会的全面进步需要多层次、多样化的后备人才,因而课程必须打破千人一面的"工业流水线式"的陈旧模式,努力为学生的多元发展创造条件。自20世纪末期开始,课程形态的信息化变革就被寄予厚望,人们乐观地认为以非线性网状信息组织模式取代线性封闭式信息组织模式的新型课程将极大活化课程的传播方式,促进学习活动的弹性化、差异化和自主化开展。然而课程实践却并不完全尽如人意,有研究证明:在国内,远程教育课程体系建设追求"大而全",教学资源数量上去了、质量下来了,针对性、有用性和时效性缺失,教学效果不佳;②而在美国,以电子媒介为依托的"教科书搬家"与"黑板搬家"、教师中心主义则一起加剧了学习的异化和"非人化"③。最近几年来,随着互联网技术的快速普及,大规模在线开放课程(MOOC)的崛起被视为个性化学习的新契机。但与此同时,包括哈佛大学在内的很多大学教师却表达了他们对当前现实的共同忧虑,即 MOOC 的大范围推广不仅可能无法推动大学教育的多样化,反而有可能会成为大学教育多样化的新阻力。④

第四,就课程实施而言,课程形态的信息化变革在一定程度上也影响了个体创造精神的释放。从实施维度上讲,多媒体技术、互联网技术、移动智能技术、虚拟现实技术以及融合了云计算和大数据思维的学习分析技术等

---

① 参见汪琼、缪蓉:《超媒体神话的破灭?——相关研究述评》,《北京大学教育评论》,2003 年第 2 期。

② 参见汤书波等:《远程教育文化现象批判》,《电化教育研究》,2013 年第 11 期。

③ 桑新民:《MOOCs 的挑战与教学学术的深化》,《阅江学刊》,2014 年第 1 期。

④ See Michael M. Crow. Look, then leap[J/OL]. http://www. nature. com/nature/journal/v499/n7458/full/499275a. html.

相继介入课程,不仅在物化结构和功能层面促成了课程的重大历史突破,而且也对课程传递方式形成了强烈的冲击。在印刷纸本大一统的时代,课程被看作是后喻文化取向的①——"代际积累和上下传承"有余,而"及时更新和互动生成"不足。信息技术以其非线性网状信息架构模式打破了纸本平面、静态、封闭的内容编排方式,被认为有助于推动课程向前喻文化取向的转型,即通过开辟广泛互动与平等对话的渠道来充分调动和释放使用者的参与及创造热情。然而在现实中,技术系统的开放却并不一定能够带来课程实施的真正革新。事实上,在几十年前,网络精品课就因"课堂搬家"而广受诟病;如今,微课程又因"东施效颦"而遭遇质疑;对于时下里引领潮流的MOOC而言,亦有研究者严肃指出:离开了制度创新和教师创新,哪怕再怎么追随、效仿,或者加入形形色色的"慕课",高校也无法回应国家对文化复兴、科技创新和人才培养的期待。② 因此,对于激发课程使用者的参与意识和创新能力而言,恐怕到目前为止,信息技术所具有的理论意义也远远大于其实际效能。

总而言之,在当下时代里,课程形态信息化变革的积极意义不容小觑,但是也要谨防"技术崇拜"论调的滋生。毕竟纵使技术再先进,也不能自动引发学习的革命。多年过去了,教育技术专家乔纳森的训诫始终发人警醒:"教育技术学家曾一度认为,若能通过运用电视媒体、计算机等技术设计并创建有效的课时内容,那么在将这些内容呈现给学生的时候,学生就会学到预期的知识。……技术传递知识的作用发挥得越好,学生学习到的知识就会越多。然而,实际上学生并不是从技术中获得知识,他们是从思考中进行

---

① 参见鲍嵘、李凌云:《从纸质课程到电子课程:通向教育平等的路径?》,《中国远程教育》,2003年第1期。

② 参见顾骏:《"慕课"虽好,难解国内教育难题》,《东方早报》,2013年7月19日。

学习的。"①

(三)提升课程形态信息化变革的"人学"效能

不论信息技术如何发达,"人"都是课程形态信息化变革的根本所在,毕竟"一切物的要素在教育中都是处于第二位的、可分的和可替换的,而唯有人的因素在教育中是处于主导地位的、不可分的和不可替换的"②。因此,课程工作者必须始终将"以人为本"作为变革性行动的第一准则,在此基础上,深入研究技术特点,充分利用技术优势,进一步释放技术的育人效能。具体而言:

第一,恪守人之于技术的主体性地位,强化课程形态信息化变革的人学意识。信息技术改造课程的过程,本质上是信息技术通过不断"人化"来提升课程"化人"效能的过程——其中,信息技术的"人化"是为了改良"化人"的工具和手段,而促进课程"化人"质量的提高才是信息技术"人化"的根本目标。在教育发展的历史上,技术应用"目中无人"所造成的惨痛教训并不鲜见。美国教育专家曾对世纪之交教育技术"高投入、低产出"的状况做了大量研究,研究揭示,技术决定论的教育改革思维是导致信息技术在课程教学方面应用效果不佳的主要原因。③ 的确,尽管没人能够否认信息技术对于优化课程所具有的建设性意义,但是倘若这种"建设性"是以放弃人的主体性地位为代价的话,那么信息技术带给课程的恐怕最终只会是沮丧和失望。在课程形态信息化变革的进程中,强化"人学"意识、坚持人的主体性地位意味着:其一,客观对待技术的潜在优势,冷静分析技术的功能边界,拒绝盲目

---

① [美]D. H. 乔纳森:《用于概念转变的思维工具——技术支持的思维建模》,顾小清等译,华东师范大学出版社,2008 年,前言第 7 页。

② 赵卫:《马克思主义"人学"与教育现代化》,《教育科学》,2001 年第 3 期。

③ 参见桑新民:《MOOCs 的挑战与教学学术的深化》,《阅江学刊》,2014 年第 1 期。

迷信新技术;其二,深入研究课程形态的变革机理,认真考察技术的实际效能,拒绝盲目引进新技术;其三,重视技术的价值负荷,关注技术的文化内涵,拒绝盲目搬用新技术。

第二,探索教育领域的技术扩散规律,落实课程形态信息化变革的人学理念。课程是个体社会化成长的核心中介,因而,课程形态的变革性行动需要在理性的指导下最大限度地实现技术的人性化,充分发挥技术的育人价值。借助信息技术改造课程,既要紧紧立足于既成的技术基础,又要充分尊重教育领域的特殊规律。在利用信息技术的过程中,存在有两种不同的思维倾向:一种是"实体实在"的思维倾向,另一种是"功能实在"的思维倾向。其中,"实体实在"的思维倾向重视技术独立的、特有的身份存在,反映在课程形态建设上,以"技术投入"作为基本特征。而"功能实在"的思维倾向看重的是技术对于人和事物的功能和效用,反映在课程形态建设上,以"技术实现"作为基本特征。综观国内外的课程形态变革性实践,"实体实在"思维在推动配套音像制品研发、纸本教材电子化以及资源平台规模化建设等方面发挥了重要作用;然而"实体实在"思维指导之下所构建起来的却往往是以重投入为标志的"粗放型"课程建设模式,强调技术应用而对技术实际育人效能的关注不足。尽管今天虚拟技术、数字技术的崛起使信息技术看似越来越趋于"无形",但是"实体实在"思维的影响力并未明显消退——课程形态变革重跟风袭仿、重规模扩张、重求新求变的状况仍然广泛存在。"功能实在"思维是对"实体实在"思维的批判与超越,它将技术借鉴的重心由投入转向效能,崇尚"集约化"的建设理念,更加重视对技术实际课程价值的深度钻研以及以此为基础的技术转化应用研究,代表了未来建设的新取向。从根本上讲,由于课程纳入的信息技术最初大都发端于商界或是娱乐界,因而课程形态变革必须强化人学理念,加强技术和教育的深层次耦合研究,进而使技术能够更好地服务于课程目标的达成。

第三，重视以实践为轴心的理论研究，提升课程形态信息化变革的人学价值。信息技术疾速变革的时代不是一个理论自动消亡的时代，相反地，这个时代对于理论研究表现出更加热切的渴望和更加迫切的吁求。这是因为，信息技术本身就是科学理论的产物，而信息技术在任何领域的传播和扩散都要以一定的理论预设作为前提。此外，对信息技术效果的评判无不需要理论为其提供深刻洞见，信息技术在课程领域的应用亦不例外。一方面，教育工作者需要基于理论去审慎分析信息技术能否解决传统教育技术无法解决或不能很好解决的问题，判断信息技术使用的必要性和可能性；另一方面，教育工作者需要依据理论来探求信息技术介入课程的路径和方式，澄明信息技术使用的可行性和操作性。因此，深化理论研究，可谓意义重大。值得注意的是，课程形态信息化变革的理论研究需要置于具体的实践活动和生活世界中加以展开，突破宏大空洞的形而上格局，这是因为，首先，"进行一些概念和范畴的推演和排列组合，偶尔外在地、表层次地联系一下实际，然后做一些永远正确、普遍适用而又可有可无的理论指导或理论呼吁"[1]，这是无益和无效的；其次，技术并非中立的，"具体的技术有自己的倾向、偏见和内在属性，这使它们在具体的任务中比其他技术更加适用"[2]，因而必须充分考虑当下的社会历史条件和国情教育境脉，生动鲜活地揭示出人与技术在具体条件下的活动机制。有鉴于此，课程形态信息化变革的理论研究不能囿于大而化之的理论教条，只有尊重实践、关注实践并深入实践，才有可能做到具体问题具体分析，也才有可能真正提升课程形态信息化变革的人学意义。

总而言之，作为育人的核心中介，课程形态将随着信息技术的发展而不

---

[1] 衣俊卿：《关于人学研究内在局限性的反思》，《江海学刊》，2005 年第 5 期。

[2] ［美］全美教师教育学院协会创新与技术委员会：《整合技术的学科教学知识：教育者手册》，任友群、詹艺主译，教育科学出版社，2011 年，第 12 页。

断得以改造和革新。但是,无论课程纳入多少崭新的技术要素,说到底技术都是为人服务的,人的根本性地位在任何技术面前都不能被颠覆或是被遮蔽。课程形态的变革性实践必须紧紧围绕"人"这一根本出发点,以对人所特有的理性观照方式来统筹思考技术规律和技术理路,只有这样,课程形态的信息化、社会的现代化和人的发展之间才能真正构筑起更加健康良性的互动机制。

二、课程形态变革与知识教育①

进入 21 世纪以来,信息技术的大发展引发了课程生产机制、存在样态、传播方式以及更新速度的大变革,知识教育在学校中的地位和意义再度成为理论界讨论的焦点。试想,当知识已经可以被智能设备便捷地检索、定位、获取及调用之后,学校还要重视知识的教授吗?

(一)学校为什么还要教知识?

与课程形态的信息化、智能化趋势相伴随,学校教授知识是否仍具有内在的合目的性与合规律性呢? 换言之,在信息时代里,学校要扎实做好知识教育工作的自在逻辑是什么呢?

首先,知识教育合乎了人的符号本性。德国哲学家恩斯特·卡西尔(Ernst Cassirer)在借鉴生物学家乌克威尔研究成果的基础上,通过比较"人的功能圈"与"动物功能圈"的显著差异后指出:"在使自己适应于环境方面,人仿佛已经发现了一种新的方法。除了在一切动物种属中都可看到的感受

---

① 本部分内容主要节选自赵婧:《信息时代学校知识教育的辨识与澄明》,《山西大学学报》(哲学社会科学版), 2021 年第 6 期。

器系统和效应器系统之外,在人那里还可发现可称之为符号系统的第三环节,它存在于这两个系统之间。这个新的获得物改变了整个的人类生活。"①得益于"符号系统"的存在,人不再需要直接面对实在,而是可以通过把握符号形式的特性与结构去继承文化并发展创新文化,这是人区别于其他任何动物的根本所在,也是知识教育可以在学校系统安身立命的基本前提。在学校中,知识教育借助"符号系统",使人的生活超越了单纯的"物理宇宙"而步入了"符号宇宙"②,"符号之网"支持并成就了学习者的发展与进步。进入信息社会,"人是符号的动物"不可能发生颠覆性变化,学校将知识符号教给学生,学生从与知识符号的对话中获得滋养,这仍然是人能够实现自我成长和族群演化的关键路径。

其次,知识教育满足了学习者的发展需求。作为学习者的个体,需要在有限的时间内,相对快速地从不知道走向知道、从不成熟走向成熟、从不独立走向独立,而能够精简集约地完成这一使命的则非知识教育莫属。我国著名教育家王策三先生曾形象地指出:在学校中,作为"符号"的知识构成了学生发展的百宝箱,这一"百宝箱"不仅集结了人类历史实践和思想认识的结果,而且集成了人类实践和思想认识的活动方式与方法过程;不仅内含了关于客观事物的特性和规律,而且凝结了人类主观能力、思想、情感、价值观等精神力量、品质和态度。③ 知识教育的过程是社会精神文化成果个体化的过程,其实质就是符号的传播、扩散与再生产的过程。伴随着信息时代的到来,知识仍然是学习者发展的"持存之物",只是知识的组织方式和教育活动的设计将得到进一步的改造。

---

① [德]恩斯特·卡西尔:《人论》,甘阳译,上海译文出版社,2004 年,第 35 页。

② [德]恩斯特·卡西尔:《人论》,甘阳译,上海译文出版社,2004 年。

③ 参见王策三:《恢复全面发展教育权威:王策三新世纪教育文存》,人民教育出版社,2018年,第 144 页。

　　最后,知识教育搭建了学习者成长的"脚手架"。学校系统中的知识教育不仅遵从了人的"符号"本性,而且实现了"符号"的专门化、高水平迭代加工,这为学生的发展架设了典型化和简约化的进阶通衢。在学校中,知识教育是有预设、有计划、有组织进行的,教师作为知识教育的直接实施者,不仅会把关知识的方向和内容,而且会不断调整知识教育的方法和进程,并对知识教育的效果和质量做出及时和延时的评估与反馈。概言之,学校中知识教育的过程不是"碎片化"符号的堆砌和传递过程,而是充满了理性"精密算计"的过程。学生通过特定知识的学习,能够以最为经济的方式丰富和发展自我,提升认识和实践的水平与能力,引发意识和心理结构的相应变化,并形成新的行为方式和价值判断标准。随着信息化基础设施的不断完善,知识的泛在传播的确释放出巨大的教育影响,然而学校中的知识教育是由专业的知识工作者来承担和完成的,这也是学校中的知识教育不可被替代的重要原因。

　　综上所述,学校中的知识教育可以帮助个体避免复演不必要的知识发现或是发明过程,可以实现个体认识与社会总体认识的集约化桥接,可以在有限的时间内更加经济高效地直面人类当下认识的"终点",这俨然构成了学校中知识教育的内在逻辑。在奔腾的时代里,信息技术的有机融入,可能改变学校的组织样态与知识的获取方式,但不可能变革人的符号本性、发展需求与成长机制,也就不可能撼动知识教育的核心地位。

(二)课程应呈现怎样的知识?

　　19世纪中叶,斯宾塞在提出并回应"什么知识最有价值"的经典课程问题时,曾旗帜鲜明地指出,"最重要的问题并不在于这个或那个知识有没有价值,而在于它的比较价值"①。进入信息化社会之后,知识生产和知识进化越来越多地在分布式协作网络中完成,由此,不仅知识的规模和增速发生了重大提升,而且知识的迭代方式和传播方式都变得日益多元多样。在这样的生态中,课程应该呈现怎样的知识呢? 循着斯宾塞的思维理络,探问知识的"比较价值"发现:

第一,课程呈现的应该是典型的知识而非泛泛的知识。互联网可以使"知识还原为人类的全部智慧"②,这意味着,个体只要点击鼠标就可以随时随地查找想要的各种知识。那么,学校还要扮演"知识把关人"这一貌似陈旧的角色吗? 进入 21 世纪以来,美国学界围绕学校要不要传授基本知识展开了激烈论辩:激进的一方声称互联网连接了大量的事实,因此授人以鱼不如授人以渔;保守的一方则坚持认为,必备的基本知识是个体构建理解能力、批判性思考能力和创新创造能力的根本前提,缺失了基本知识,互联网也难以发挥其潜在的支持作用。对此,威廉·庞德斯通(William Pounds-tone)形象而深刻地指出:最基本的知识如"砖",拿走大部分会让墙体垮掉,学习者必须掌握足够多的知识才能意识到自己的无知,才能借助谷歌补上欠缺的部分。③ 在信息时代,培养学生的高阶思维能力和创新创造素养,无疑非常重要;然而,离开了关键知识概念的奠基作用,能力、思维和素养的发展都将陷于空谈。玛雅·比亚利克(Maya Bialik)和查尔斯·菲德尔(Charles Fadel)在论及人工智能时代的知识教育时谈道:学生必须理解最重要的概念,以建立联系和创造意义,从而最终形成迁移;同时,学生必须知道

---

① [英]赫·斯宾塞:《斯宾塞教育论著选》,胡毅、王承绪译,人民教育出版社,2005 年,第10 页。

② 陈丽、逯行、郑勤华:《"互联网＋教育"的知识观:知识回归与知识进化》,《中国远程教育》,2019 年第 7 期。

③ 参见[美]威廉·庞德斯通:《知识大迁移:移动时代知识的真正价值》,闾佳译,浙江人民出版社,2018 年,第 10 页。

最重要的学科知识,以便在生活中做出明智的抉择,而不是在需要时才去查阅。① 概言之,学生由识转智、转识成智,必须要以经典的知识作为勃发的前提。

第二,课程呈现的应该是确定的知识而非变动的知识。基于信息化学习环境的连通特性,加拿大学者乔治·西蒙斯(George Siemens)指出:我们过去把知识视为目的和作为一种产品来学习,但是现在我们发现知识更多的是流动的并且学习更多的是一个过程。② 这种观点迅速受到了众多教育技术研究者的推崇,于是,知识的流变论开始在教育界弥散,正如有学者指出的那样:在信息化尤其是智能化的环境中,知识结构的稳定性、知识内容的稳定性及知识价值的稳定性都在衰减,教与学的方式正在被新的知识观所重塑。③ 稳定的客观知识在学校教育中的存在基础会被信息技术所消解吗?尽管信息技术推动了学校全息化学习生态的创设,但"传授间接经验"是学校自产生之日起就具有的内在规定性。间接经验作为独立于学习者个体的确定性知识,它们既是学生认识世界、塑造自身的根本依托,又是人类文明得以延续、优秀文化得以传承的关键介质。当下,信息技术的大发展的确引发了知识生产机制、存在样态以及更新速度的大变革。但是,信息技术不应该也不可能动摇确定性知识在学校教育中的核心地位,离开了确定性知识,师生对话的基础就将彻底丧失。因此,无论技术如何发展,传递社会中最重要的确定性知识仍然是学校教育不可变更的旨趣。

第三,课程呈现的应该是公共的知识而非个体的知识。随着计算机通

---

① 参见玛雅·比亚利克、查尔斯·菲德尔:《人工智能时代的知识:致力于培养专长和学会迁移》,《开放教育研究》,2018 年第 2 期。

② 参见[加拿大]G.西蒙斯:《网络时代的知识和学习——走向连通》,詹青龙译,华东师范大学出版社,2009 年,第 46 页。

③ 王竹立:《新知识观:重塑面向智能时代的教与学》,《华东师范大学学报》(教育科学版),2019 年第 5 期。

信技术、网络技术、云计算技术和大数据技术的快速发展,知识迎来了爆发式增长的崭新局面。对此,哈佛大学教授戴维·温伯格(David Weinberger)在《知识的边界》一书中指出:"知识正在结为网状——这里的网指的是互联网","互联网能够达到如此大的规模,原因是因为它没有边界,知识因此不必非要挤压才能塞进来"。① 时至今日,在浩瀚无垠的网络世界中,知识的确无需经由"挤压"就可获得一席之地,大量草根知识的网络化涌现即为生动鲜活的实例。那么"个体知识"会不会取代"公共知识"成为学校知识教育的关键依托呢? 比较来看,"个体知识"的最本质特征是其单一主体性和理解向度,它从生活认识论的视角出发,强调认知主体的主动性、创造性,注重直接经验在个人知识形成过程中的建构性作用。"公共知识"的最本质特征是其复合主体性和认识向度,它从科学认识论的视角出发,强调认知主体的社会性、交往性,注重间接经验在人类知识传播过程中的社会发展作用。② 事实上,即便进入智能时代,学校服务的对象仍然是"群体"而非"个体"。因此,学校需要在有限的时间内促进最大多数学生的最优成长,需要不断定位和确认知识的"最大公约数";倘若以个体知识作为学校教育的初始原点,那么学校走向的只能是"非学校化"抑或是"去学校化"的道路了。

综上,无论课程形态发生怎样的变化,学校作为育人的核心机构,无论在任何时代,都需要提供学生发展必需的典型知识、确定知识和公共知识,否定或是弱化学校知识的典型性、确定性和公共性,都将使学校教育走向迷途。

---

① [美]戴维·温伯格:《知识的边界》,胡咏、高美译,山西人民出版社,2015 年,第 27 页。
② 参见余文森:《个体知识与公共知识——课程变革的知识基础研究》,教育科学出版社,2010 年,第 44 页。

（三）学校怎样开展知识教育？

在信息时代里，"获取何种知识，以及为什么、在何时、在何地、如何使用这些知识，是个人成长和社会发展的基本问题"[①]。在新的历史条件下，课程形态革新依然要将知识的筛选、组织、呈现和管理作为首要任务。

一是加强基础知识的夯实与更新。随着科学技术的疾速发展，学校系统中知识增长无限性与受教育者时间精力有限性的根本矛盾愈加突出。作为应对举措，一方面，学校需要始终坚持基础知识在价值排序上的优先性。知识迭代与知识增殖的本质恰恰是核心知识、基本原理以及重要规律在新科技、新方法和新思维推动下的智慧精进，离开了关键的知识、原理和规律，知识创新就会沦为无源之水、无本之木。因此，学校必须在有限的时间内为学生提供最基础和最典型的知识，只有基础知识夯实了，个体才可能发展智力、形成素养、提高解决问题和实践创新的能力。当代美国教育专家彭达维斯教授（Edwina Pendarvis）多次呼吁，学校对学生思维品质的培养一定要立足知识和事实，根本不可能存在腹中空空却能够创造、能够解决问题的人。[②]另一方面，学校亦需要对前沿知识的及时更新与增补保持敏感与热忱。对于个体的知识结构而言，基础知识好比"地基和梁柱"，前沿知识好比"大门和窗户"——"地基和梁柱"稳固，知识结构的可拓展性和可迁移性才会强；"大门和窗户"通透，知识结构的时代性和先进性才能得到保障。因此，学校借力新技术推进知识教育创新，要防止对基础知识的弱化，也要加强对前沿知识的吸纳。

---

① 联合国教科文组织：《反思教育：向"全球共同利益"的理念转变？》，联合国教科文组织总部中文科译，教育科学出版社，2017年，第9页。

② 参见［美］威廉·庞德斯通：《知识大迁移：移动时代知识的真正价值》，闾佳译，浙江人民出版社，2018年，第16页。

二是创新知识组织的思维和路径。进入 21 世纪以来，以全球互联网和计算系统为依托的网络空间得以构建完成，网络空间以其虚拟性、泛在性、融通性、互动性、便捷性等新型功能特征为知识的组织架构开拓了全新的视界。在这样的发展背景下，学校在知识组织方面既要重视思维方法的"固本纳新"，又要关注实施操作的"统筹共进"。具体而言，一方面，学校需要逐步树立"虚实一体化思维"。知识和学习的互动是在核心要素不断变化的混沌环境中发生的过程，动态虚拟空间的搭建完成，可以使得知识获得"实体"和"网络"的多重驻留方式。这也就意味着，随着网络学习空间的规模化建设，在传统的"直线型"知识组织结构与"螺旋型"知识组织结构之外，还应有意识地推动"结点型"知识组织结构的发展建设，通过实体空间与虚拟空间的连接，努力使基础性和典型性的知识能够在虚、实的不同空间中以适宜的方式被学习者有效定位、提取和应用。另一方面，学校需要鼓励"大概念"知识设计的实践探索。"大概念"（big idea）可以回溯到布鲁纳"学科基本结构"的思想，它重在强调事实和信息之间以概念、主题、问题所形成的有组织、有结构联结。① 学生通过"大概念"学习，可以习得更加体系化的知识，有助于提升记忆、理解与迁移水平。在信息时代，围绕"大概念"展开的知识组织架构，可以将模块化的学科或是跨学科知识打造成为集概念框架、方法和应用为网络结点的知识资源网。这样，学校可以进一步为"知识的贯通而教"②，同时也可以为学生的弹性化、个性化和深度化学习创造更为广泛的空间。

三是优化知识形态的结构与功能。回顾教育的发展进程，在不同的历史阶段中，知识营养是如何被"装配"的、又是以何种面孔与学习者展开对话

---

① 参见李学书：《指向核心素养培育的大概念：课程意蕴及其价值》，《教育研究与实验》，2020 年第 4 期。
② 张良、易伶俐：《试论未来学校背景下教学范式的转型——基于知识观重建的视角》，《中国电化教育》，2020 年第 4 期。

的,这都是由知识的呈现形态所决定的。一般来看,在学校教育中,知识的呈现形态往往会涉及表达符号、载体形式和传播通道三个基本组成部分。在信息时代里,印刷本、光盘、电子出版物、网络平台以及互联网云端共同推动着知识形态的多样化发展。面向未来,学校知识的重构需要在以下方面做出不懈努力:第一,加大数字信号的转化和应用,释放其在存储传输过程中的功能优势,加强表意符号转化的灵活性和精确性,提升知识内容及时获取的速度与品质;第二,充分挖掘互联网平台的"通衢性"载体价值,综合多样地纳入文字、图像、音频、视频、动画以及数字化的学习工具,有力、有节、有效地拓展知识容量,为满足学生的差异性和定制化需求提供适宜的知识供给;第三,大力拓展网络学习空间中的知识传播通道,促进校际、区域性、国际化的知识共建共享,稳步推动基础性、高品质知识的全时域、全空域、全资源和全媒体传播。

四是改进知识教授的活动与过程。在国内外,"授之以鱼不如授之以渔""发展创造力比学会知识更重要""提高信息素养优于掌握实体知识"等观点,反复被提及。这些提法的"片面深刻性"反映了改进学校知识教育的必要性和紧迫性,那么,学校如何优化知识的教授活动呢? 首先,最为根本的是要尊重教师在知识教学中的能动性和创造性。约翰·哈蒂(John Hat-tie)在分析了八百多项实证研究的基础上指出,教师在知识教学过程中所采用的学习目标组织策略、成功标准掌控策略、反馈策略、元认知策略等都会直接影响学生的学习效果。① 做好知识教育工作,学校不能用僵化的模式捆绑教师的手脚,而是要尽可能为教师能动性和创造性的发挥提供宽松的环境和必要的支持。其次,指导教师做好知识教学的过程设计。从发生学的

---

① 参见[新西兰]约翰·哈蒂:《可见的学习:对 800 多项关于学业成就的元分析的综合报告》,彭正梅等译,教育科学出版社,2017 年。

角度来看,知识教学经历了"两次倒转":"第一次倒转"是把人类总体认识"倒过来"作为学生认识的起点,"第二次倒转"是引导学生将简约化的经历"倒过来"进而获得人类认识成果。① 知识教学的过程设计要遵循"两次倒转"的思维路径,既要能够使所教授的知识典型地反映人类认识的过程、意义与方法,又要能够使所教授的知识适宜于学生理解、习得与掌握。最后,为教师搭建"技术脚手架"提供支持和服务。随着信息化基础设施的铺设完成,云计算、大数据、人工智能等技术开始越来越多地参与课堂教学活动。研究证明,在知识教学过程中,基于新技术的教学"脚手架"能够个性化地对接不同的学习者,更加充分地释放"启发"效应,进而促使学生的知识学习能够逐步从依靠教师走向主动独立。② 总而言之,知识授受不仅影响着知识教育的效果,甚至也影响着人们对知识价值的判断,学校需要在改进知识教育活动方面付诸努力。

面向未来,不难预见:智能技术与知识经济共同推动的社会变革将是愈加深刻、复杂且剧烈的;然而,学校的人才培养使命和个体的内在发展需求无法离开也不可能离开知识教育。无论课程形态如何变化,知识教育始终都是人类全部教育的共同基础。弱化知识教育的地位,势必降低人才培养质量,也就更是妄谈提升人才素养。对于年轻一代的成长而言,我们的学校课程不仅需要"把知识带回来"③,而且亦需要成为"明智教育学"④的积极推

---

① 参见郭华:《带领学生进入历史:"两次倒转"教学机制的理论意义》,《北京大学教育评论》,2016 年第 2 期。

② See Radford J, Bosanquet P, Webster R, et al, Fostering Learner Independence through Heuristic Scaffolding: A Valuable Role for Teaching Assistants, *International Journal of Educational Research*, 2014 (63).

③ [英]迈克尔·杨:《把知识带回来——教育社会学从社会建构主义到社会实在论的转向》,朱旭东、文雯、许甜译,教育科学出版社,2019 年。

④ [加拿大]迈克尔·富兰:《极度空间:整合科技、教育学与变革知识》,于佳琪等译,西南师范大学出版社,2016 年,第 108 页。

动者和持续建设者。

三、课程形态变革与资源建设[①]

面对学校教育的新生态,迈克尔·富兰与玛丽亚·兰沃希研究指出,"基于普遍使用的数字资源,以深度学习为目标的学生和老师的学习伙伴关系的新模式"[②]已经得以建立。在新的教育系统中,"无处不在的数字工具和数字资源,让任何人在任何时候都可以学习知识内容,这意味着两件事。第一,教师不需要再去亲自传授广泛的知识内容。第二,学校也无需传授那些理论上学生以后生活所需的全部知识。虽然学生知识内容的广度是非常重要的,但学校和教师没有义务传授给学生全部知识。学习应该更注重于帮助学生掌握学习的过程,帮助学生自己应用数字工具和数字资源发现和掌握新知识。在这种情况下,对于教师直接传授知识内容的需求减少了,对于高质量、便于获取、用户体验优良的数字学习资源的需求就提高了"[③]。于是,课程形态信息化变革带给理论界一个非常迫切而棘手的问题,即课程资源建设应该如何被理性地加以评估和思考,并借此探索合理优化的路径?结合近年来云计算技术和大数据技术的应用,我们可以从以下方面来加以思考:

(一)认真厘清课程资源建设的新态势

进入 21 世纪以来,随着我国教育核心矛盾从规模扩张向质量提升的转

---

① 本部分内容主要节选自赵婧:《课程资源"云建设":动向、特点与进路》,《课程·教材·教法》,2018 年第 5 期;赵婧:《基于大数据的课程资源建设:趋势、价值及路向》,《课程·教材·教法》,2015 年第 4 期。

② [加拿大]迈克尔·富兰、[美]玛丽亚·兰沃希:《极富空间:新教育学如何实现深度学习》,于佳琪、黄雪锋译,西南师范大学出版社,2016 年,第 10 页。

③ [加拿大]迈克尔·富兰、[美]玛丽亚·兰沃希:《极富空间:新教育学如何实现深度学习》,于佳琪、黄雪锋译,西南师范大学出版社,2016 年,第 63 页。

变,课程资源开发建设的重心也逐渐从数量扩容过渡为品质提升。对于课程资源的品质提升而言,日新月异的信息技术无疑提供了重要的支持性力量,那么,近年来,围绕"云技术"和"大数据"应用,课程资源建设呈现出哪些基本的发展态势呢?

1. 就"云技术"的使用而言,课程资源建设的新变化

第一,实践探索日趋活跃。"云化"课程资源的行动与高等教育网络课程的深化建设密切相关,21世纪初期,全球三大 MOOC 平台开始依托于 Google App Engine 和 Amazon AWS 这两种典型的"云技术"实现平台运营。之后,随着 MOOC 在全球范围的扩张,"云技术"的教育影响也迅速扩大。反映在我们国内,"爱课程""学堂在线""网易云课堂""新维学习空间站"等课程资源平台纷纷采用了云计算技术。之后,随着探索的深入,"云技术"逐渐向基础教育领域扩散。2012年12月,我国国家教育资源云(即国家教育资源公共服务平台)开始正式为广大师生提供课程资源推送服务,借此,全国范围内幼儿园、中小学的课程资源"腾云驾雾"的构想成了真切的现实。顺应时代发展趋势,作为对各地基础教育发展需求的积极回应,北京、湖南、山西、天津、浙江、上海、河北等多省市也相继搭建了区域教育云平台,这些平台针对不同学段的教育需求,分层次、分类型地向广大中小学师生提供课程资源内容和相应的课程资源服务。不仅如此,传统出版机构、新兴教育公司以及区域校际联盟也都积极引入"云技术"来推动课程资源建设的转型与重构。总而言之,对于越来越多的学习者而言,尽管个体可能并不知道提供其使用的课程资源设备位于何处、如何运行,但是却可以在学习的过程中实现对课程资源的及时获取、按需取用和随时扩展。①

第二,政策供给持续发力。教育政策是对重大或紧迫教育发展需求的

---

① See What is cloud computing? [EB/OL]. https://www.salesforce.com/cloudcomputing.

正式回应,政策议程的出台往往体现了强烈的实践导向性和现实应对性。2012 年 3 月,教育部发布了《教育信息化十年发展规划(2011—2020 年)》,明确提出"建设教育云资源平台,汇聚百家企事业单位、万名师生开发的优秀资源",这成为课程资源"云建设"在国家层面上最为权威的政策依据。继此之后,很多省市开始先后出台针对本地域的相关政策,如《北京市教育"十三五"发展规划》《江苏省"十三五"教育发展规划》《山东省教育信息化"十三五"行动计划》《上海市教育信息化"十三五"规划》等,这些政策为基于"云技术"的课程资源开发既提供了政策保障,又提供了政策引领。与此同时,为了更好地落实国家和省市政策,以天津市南开区、南京市玄武区、无锡市滨湖区等为代表的区县教育主管部门,也将"云化"课程资源工作纳入了区域教育政策优先扶植的范畴。总体来看,从中央到地方,各级政府都对"云技术"与课程资源的深度融合给予了积极的政策支持,这对课程资源的建设主体产生了重要的激励作用。

第三,观念自觉初步形成。究其根本,云计算技术集中展示的是一种科学的思维方法,即"根据上层应用需求的不同,以一种灵活可靠的组织机制,通过对底层资源和业务模块进行调度和重组来实现系统平台结构的转变,从而重新定义资源的使用方式和服务的提供方式"[①]。在"云技术"应用于课程资源开发建设的早期阶段,其使用更多地被视为一种基于技术集成的商业化行为,广大的课程工作者对其认识大多止于耳闻、未及甚解。伴随着政策的不断推进和实践的日趋深入,尽管"云技术"的技术机理尚未被广泛熟稔,但是"云技术"的教育性能却已日益深入人心:它所具有的随时随地随机接入、服务永远在线、大用户多交互的特点,俨然已成为众多课程工作者的共识。由此,推动课程资源的"云架构",越来越多地成为自觉观念引领下的

---

① 姚宏宇、田溯宁:《云计算:大数据时代的系统工程》,电子工业出版社,2013 年,自序Ⅸ。

自为之举。

2. 就"大数据"的使用而言，课程资源建设的新变化

第一，基于大数据的课程资源开发建设是对现实需求的积极回应。从一般意义上讲，信息技术作用于教育活动需要满足两方面的基本前提："一是社会和教育的发展遇到了传统教育技术无法解决或不能很好解决的问题，即存在信息技术应用于教育领域的必要性；二是在信息技术与传统教育技术的关系上，信息技术比传统教育技术更有优势，具备解决问题的可能性。"①当前，作为提高教育质量、推动教育公平的重要途径，课程资源建设亟待以系统性思维全面综合地解决资源数量、资源类型、资源质量以及资源高效扩散与有效利用等一系列重大问题。而这些问题对于新型技术介入课程资源的开发建设而言，既构成了严峻的挑战，又提供了重要的历史契机。与传统技术相比，大数据技术能够"以一种前所未有的方式，通过对海量数据进行分析，获得有巨大价值的产品和服务，或深刻洞见"②，其所具有的"海量化（Volume）、多样化（Variety）、快速化（Velocity）和价值化（Value）"③的突出特性，不仅能够为满足课程资源建设的上述需求提供前所未有的技术支持，而且可以为优化开发机制、降低建设成本、打通协作门槛、改进使用效能创造重要的技术条件。由此可见，搭乘"大数据"的顺风车，是基于对课程资源开发建设的现实需要做出的理性选择。

第二，基于大数据的课程资源开发建设的基础条件初步形成。多年来，经由"校校通""班班通"工程的推动，我国教育信息化基础设施的铺设基本完成并开始步入优化升级阶段。如今，广泛渗透的社交网络、日趋完善的物

---

① 王奕标：《信息技术何以未能有效变革教育的框架分析——兼论技术变革教育的"社会变革中介论"》，《电化教育研究》，2012 年第 2 期。

② ［英］维克托·迈尔－舍恩伯格、肯尼思·库克耶：《大数据时代：生活、工作与思维的大变革》，盛杨燕、周涛译，浙江人民出版社，2013 年，第 4 页。

③ 丁圣勇、樊勇兵、闵世武：《解惑大数据》，人民邮电出版社，2013 年，第 1 页。

联网和多样普及的智能终端从根本上改变了教育信息流通的方式,而与课程相关的海量结构化数据(如 Excel 数据)与非结构化数据(如文本、图片、图像、音频、视频等)在云计算的统筹下正在逐步实现全面整合、集中管理与分布访问。正是以此为基础,以数据挖掘技术和学习分析技术为代表的"大数据"技术在课程资源建设方面的影响力不断得以彰显。可以说,大数据应用所需要的物质条件已基本得以奠定。此外,由于"任何技术都倾向于创造一个新的人类环境"①,而新的人类环境又绝不仅仅是技术意义上的,它同时也是思想观念意义上的。2011 年之后,"大数据"效能在商业运作、金融服务、公共管理、医疗保健、交通运输、传媒通信等众多领域得以迅速显现和释放,身处大数据时代的课程工作者势必会有意识或无意识地受到大数据思维的浸润。因此,从教育自觉的宏观层面考量,应用大数据技术来规划课程资源的顶层设计和开发流程也已具备了基本的思想文化条件。

第三,基于大数据的课程资源开发建设的实践样态初露端倪。在信息化课程资源开发的早期阶段,资源建设主体集中解决的是课程资源数字化累积的问题,即如何将上传至服务器的文本、图片、课件等资源有序地排列呈现出来,供教师和学生使用。例如,麻省理工学院(MIT)在发起开放课件(OCW)运动之初的几年时间里,他们主要通过网络向感兴趣的人士提供免费的、可检索的讲义笔记、教学大纲、参考书目、专业课表等内容。此后,随着计算机存储能力、处理能力以及带宽的不断提高,麻省理工学院和众多加盟大学开始携手将大量的音频、视频文件纳入课程资源系统中,由此,课程资源数量越来越多且形式也越来越丰富。但是,数字化资源的积累并不能自然激发出所谓的"大数据"效应,大数据的重心在于通过数据挖掘来发现规律、预测未来。对于课程资源的建设而言,"数据发声"是近几年才备受关

---

① 王继新:《非线性学习:数字化时代的学习创新》,高等教育出版社,2012 年,第 46 页。

注的事情。当下，不仅国际知名的 MOOC 运营平台 Udacity、Coursera 及 Edx，而且国内很多资源开发机构、区域性的校际联盟或校企联盟都已经搭建了分布式数据库或是采用了分布式资源服务器，这使得课程资源拥有了更大的存储空间、更强的可扩展性和更高的并发访问量。以此为基础，资源开发主体对课程资源使用行为的数据跟踪也已远远突破了单纯的点击量统计和登录时间统计，而是包括了对使用者停留时间、回播频率、发帖主题、出错概率等更加多维化、个性化和精细化的测量与记录，这为资源的后续加工完善提供了重要的参考指标。尽管受到教育特殊性以及相关工作人员技术能力等条件的制约，"大数据"在课程资源建设过程中发挥的作用还非常有限，但不可否认的是，"大数据"已经不再是课程资源开发的"旁观者"。

从整体来看，"云计算""大数据"技术在课程资源建设过程中不仅已是"落地有声"，而且其影响力也在不断扩大。虽然基于"云计算"和"大数据"技术的课程资源建设只是刚刚开始，但是变革序幕已经拉开，这是无法规避、必须积极应对的未来方向。

（二）努力揭示课程资源建设的新特点

"云计算"技术和"大数据"技术既作为一种技术实现机制，亦作为一种技术思想方法，它们的教育介入，为课程资源建设带来了很多全新的功能特点。以下将分别考察"云计算"技术和"大数据"技术带给课程资源建设的新特点。

1. 基于"云计算"的课程资源建设新特点

"云计算"可以通过分布式计算的途径实现对课程资源的汇集、重组、再造、优化、创新与扩散，基于"云计算"的课程资源建设集中呈现出以下三方面的主要特点：

第一，资源开发集约化。依托强大的数据处理能力，"云计算"技术有利于推动课程资源建设活动中人、财、物的优化配置,从而整体提升资源的设计开发效能。形象地讲,"云计算"可以使课程资源开发主体将有限的资金、时间、精力更多地用在开发工作的"刀刃"上,从而真正实现"集中力量办大事"的发展目标。其一,就成本投入而言,众多的资源建设主体都可以通过免费使用或低偿租赁的方式享受由云端提供的软硬件集成服务,这显然比过去单个主体分别购买软硬件设施更加经济划算。其二,就资源编辑而言,通过与开源软件的强势联合,"云计算"技术为各式资源的成功上传解决了图文适配、音视频添加、信息交互等关键性技术问题,这极大简化了课程资源编辑的技术准入门槛。其三,就运行维护而言,在"云环境"下,课程资源建设主体只需能够正常访问互联网即可随时对资源进行扩增、调整或是再加工,而网络管理、运行保障、技术维护等问题则完全交由专业团队负责,这使得资源开发者能够全身心地投入到资源的创生工作上来,而无需再为考虑软硬件环境耗费大量精力。其四,就服务品质而言,"云计算"能够将分布式存储的资源数据集中起来组建一个虚拟的课程资源池,教师和学生可以通过灵活多样的终端设备从"资源池"中按需调取资源,而且云存储的服务器集群和虚拟化技术可以很好地解决因资源访问量过大而导致的网站拥堵或服务器崩溃等问题。由此,课程资源的供给水平能够得以显著提升。整体来看,云计算技术助推了课程资源开发的集约化发展。

第二,用户选用个性化。基于"云计算"的课程资源建设推动了一个教育个性化发展时代的莅临,即选择最适合的课程资源配置来满足不同的教学需求和学习风格。那么,个性化的用户选择是如何实现的呢?首先,"云计算"技术能够以"分布式集中"的方式将有助于课程目标实现的各类知识、信息与经验广泛纳入课程资源系统中来,借此,用户选择课程资源的空间可以得到极大的延展。其次,存储在云端的海量课程资源不仅包括了文字、图片、录像、音频、视频、Flash、动画等多重样态,而且还能够支持多样化的终端设备,如电子白板、触屏电视、手机、个人 PC、PDA 等,用户可以在自己喜欢的设备上选择适合自己的资源呈现方式。最后,"云计算"技术通过与学习分析和数据挖掘技术的协同合作,能够捕捉个体的"行为"足迹,即记录用户的课程资源使用时长、勾勒资源的调用轨迹、汇总人机交互状况,进而通过对个体阶段性行为数据的收集与分析,来为使用者规划、定制甚至推送更有针对性的课程资源。一言以蔽之,课程资源"云建设"就是在云端搭建一个课程资源超市,作为用户的教师和学生可以在这个新型的"超市"中按需进行自助式、个性化的资源采撷。

第三,优质资源共享化。"云计算"技术不仅在优化资源开发、满足个性需求方面具有显著优势,而且对优质课程资源的共建共享也同样能够发挥重要的促进作用。具体而言,一方面,"云计算"可以为破除课程资源共享壁垒提供强有力的技术支持。长期以来,课程资源建设主要遵循"自给自足"的原则,基层学校通过筹资购买或自主开发的方式来架构属于自己的"课程资源库",结果导致课程资源规模小、功能少、更新慢,且校际存在大量低水平的重复建设。"云计算"则可以"加速信息化与课程资源的融合,这个融合既是技术和运营方式的融合,更是创新模式、体系的转变"①,即通过"云端"联动来消除"资源孤岛"和"资源割据"的状况,促成学校之间以及区域之间的优质资源互补。另一方面,"云计算"能够为课程资源建设的"跨界协作"搭建通衢。通过"云平台"的架构,学校、传统的教材出版机构以及新型互联网企业就可以打破时空界限,及时围绕课程资源的"供需矛盾"展开深层次的对话与沟通,进而全面提升课程资源的服务意识、服务能力和服务水平。今后,随着通用型技术标准的构建以及终端数据格式一体化进程的加速,资

---

① 陈学军、黄利华:《基于云计算的义务教育学科课程资源共建共享模式》,《中国电化教育》,2013 年第 1 期。

源的协同构建将日益常态化,这对于提高资源质量、扩大优质资源的受益面无疑具有十分重要的建设性意义。

2. 基于"大数据"的课程资源建设新特点

大数据是"互联网、智能终端、社交网络发展到一定阶段的必然产物"[①],正以前所未有的方式洞察并预测着事物的发展趋势,进而深刻影响人们的认知方式、价值判断和行为选择。当下,"让湮没在众多信息系统中的海量数据能够'说话'已成为教育信息化领域中的一个重要课题"[②],那么,"大数据"将为课程资源开发赋予哪些新变化呢?

第一,大数据有助于提升课程资源的建设质量。在信息化课程资源建设的早期阶段,资源数量相对匮乏,为了从根本上突破"资源割据"和"资源孤岛"所造成的现实壁垒,国内外的教育行政管理部门都大力推动校际或是校企合作。例如,在美国,不同学区或是不同学校结成的资源共建共享战略联盟,最初集中解决的主要都是资源占有量的问题。[③] 同样地,在我国的江苏无锡等地,从课程资源数据库的单独购买到学校与企业、学校与学校之间建立合作,大家在相当长的时间内关注的重心都集中在资源数量的汇集上。经过了一段时间的探索之后,人们逐渐意识到,课程资源建设的核心矛盾并不能简单划归为"大和多"的问题,除了数量本身,资源形式和资源效能更为重要。于是,继数量问题之后,如何丰富形式并提升效率,成为课程资源建设的关键攻坚点。与传统技术所能带来的局部扩容及局部改良效应相比,大数据的优势在于能够全面系统地解决"数量—形式—效能"三位一体的结构性难题。具体而言,其一,大数据技术能够彻底消除课程资源的累积和存

---

① 赵国栋等:《大数据时代的历史机会:产业变革与数据科学》,清华大学出版社,2013 年,第45 页。
② 顾小清等:《让数据说话:决策支持系统在教育中的应用》,《开放教育研究》,2012 年第5 期。
③ 参见曹卫真:《中美中小学网络教育资源整合》,《比较电化教育研究》,2007 年第7 期。

取难题,由于作为大数据技术核心组成部分的"云计算"具有强大的采集、存储和运算性能,因而与课程资源体量相关的系列问题都将不再成为课程资源建设的障碍;其二,大数据技术能够使文件、图片、照片、音频、视频等不同类型的资源得到及时、快捷地加工处理,大大降低了课程资源的准入门槛并提升了课程资源的更新速度,使资源能够以更加多样灵活的方式来满足不同终端的应用需求;其三,大数据技术不仅能够通过解决并发访问压力、资源上传瓶颈、网站登录不畅等难题来为课程资源育人效能的释放提供技术支持和技术保障,而且它还能够通过对行为数据的收集来为资源利用主体和建设主体提供个性化的资源使用分析报告,为资源及时补充完善提供重要的参考依据。有鉴于此,对于整体提升课程资源的建设质量而言,大数据技术无疑能够发挥重要的推动作用。

第二,大数据有助于提高课程资源的使用效能。长期以来,课程资源"建设有余、使用不佳"的困局,一直备受诟病。事实上,课程资源建设并不是为了单纯追求体量而盲目组织开展的活动,资源建设是为了资源能够更好地产生社会效用,因而,资源使用才是资源建设的根本出发点和最终旨归。与资源建设相比,资源使用直接关乎资源价值的显现,它决定着资源的受益范围和获益程度。课程资源使用主要涉及两个层面的问题,一是课程资源能够服务于多少人的问题,二是课程资源对每个独特个体能够产生多大实际价值的问题。与传统的信息技术相比,大数据技术的突出优势在于,它能够深入地了解和揭示学生的个人学习行为、风格倾向和兴趣态度,并有针对性地为学生提供相适应的个性化的资源支持。具体而言,首先,大数据技术能够对学习者的课程资源选择和使用情况展开追踪式的数据分析,从而帮助学习者对自己的学习需求有一个更加全面清醒的认识。其次,以数据分析结论为依据,凭借数据流动性高、处理速度快和时效性强的特点,大数据技术还能帮助学习者实现课程资源的定制化配送,并为学习者提供相应的资源选择建议和资源应用指导。最后,由于拥有基于行为数据的强大预测功能,大数据技术还可以对学习者的未来发展需求做一趋势评估,并为学习者提供动态化的"资源套餐"。总体而言,大数据技术的介入,有利于课程资源的使用真正走向"以学习者为中心",并且这里的"学习者"不再是一个抽象的、刻板的、标准化的学习者,而是一个具体的、鲜活的、个性化的学习者。

第三,大数据有助于优化课程资源的研发机制。以 Coursera 为代表的MOOC 平台运营商,通过深度分析学习者在课程资源使用过程中所产生的海量行为数据,总结归纳出一系列重要的研究性结论:如哪些资源学生点击率最高,哪些讲座视频的片段重播率最高,哪些内容学生的出错概率最高,等等,然后将上述结论及时反馈给课程资源的研发团队,用以指导之后的改进工作。这种做法表明,大数据技术的应用,不仅对提高课程资源的建设品质和使用效能具有积极作用,而且对优化课程资源的研发机制同样具有重要的促进作用。首先,就课程资源研发的决策而言,大数据技术能够提供更加真实可靠的资源需求诊断报告,进而为决策的可行性和操作性做出切实合理的舆情分析,毕竟"相对于完全根据个人经验和直觉作出的决策而言,基于数据的决策一般更为客观、科学、有效和合理"[1]。其次,就课程资源研发的组织而言,大数据技术可以对学习者的资源调用活动轨迹进行全面多维、实时动态的梳理与描述,并通过聚类分析、关系挖掘、模型建构等方式系统揭示出课程资源使用中的规律与问题,从而帮助研发主体不断提高研发的针对性和实用性。再次,就课程资源研发的评价而言,一方面,以海量信息的流变和快速处理为依托,大数据技术能够充分发挥形成性评价的重要作用,使资源的及时更新可以做到"有章可循";另一方面,大数据技术亦使评

---

① 沈学珺:《大数据对教育意味着什么》,《上海教育科研》,2013 年第 9 期。

价方式从以"经验"归纳为主转向以"数据"归纳为主,这无疑有助于整体提升资源研发的现实意义。最后,就课程资源研发的创新而言,大数据技术通过对学习者使用行为的追踪与挖掘来为用户参与创新提供了重要的"发声"渠道,由此,资源创新可以做到以客户需求为起点而不是传统地以开发者的主观意愿或是主观想象为起点。综上,大数据无疑有助于推动基于教育数据和实证理念的新型课程资源研发机制的构建。

总而言之,对课程资源的建设而言,"云计算"和"大数据"技术所带来的将是思维层面和行为层面的双重革新。当然,"云计算"和"大数据"在课程资源建设中的应用目前还只是崭露头角,其更多的功能特点也将随着实践和研究的不断深化而进一步得以展现。

(三)探索廓清课程资源建设的新路向

课程资源关涉所培养人才的核心竞争力以及民族社会的长远发展,因此它是重要的国家战略性资源。在信息时代里,依托先进的技术条件优化课程资源建设,这是教育工作的理性之举。但是,尽管当下的"云计算""大数据"着实集结了众多的先进技术思想于一身,其课程应用仍旧必须首先遵从"教育"规律和"育人"本性。换言之,课程资源建设终归不是一个技术实践问题,而是一个教育价值选择、教育规划设计和教育功能实现的问题。

1.基于"云计算"的课程资源建设理路

第一,打造互补性战略格局,优化课程资源开发业态。当下,参与课程资源"云建设"活动的主体日益多元化,多元主体所具有的优势和所面临挑战不尽相同。具体而言,传统的教材出版机构和基层学校拥有丰富的课程资源储备,他们所需要关注的是如何实现原有优质资源的"云技术化"。与此形成鲜明对照的是,一些老牌互联网公司和新型教育产业机构凭借"云技术"的后发优势在课程资源的虚拟呈现、通用组织和智能管理等方面取得了巨大突破,但他们缺乏资源需求判断和资源内容选择的相关经验。当然,"老资格"也好、"生力军"也罢,大家借助"云计算"技术都有着共同的目标,即通过"串珠成链、聚沙成塔"的方式扩大优质资源的受益范围、满足个体学习者的资源使用需求,进而提升移动智能时代课程资源的教育品质及教育效能。那么,在资源数量井喷式增长的同时,怎样才能确保资源质量不断地实现去粗取细、披沙拣金、精益求精呢? 这就需要不同类型的资源开发主体依据各自的实际状况,精准定位目标群体,着力挖掘自我优势,不断提升服务的针对性和实效性。具体而言,传统的教材教辅出版机构在借助"云计算"实现扩容增量的同时,亟须不断提升其研发和创新的能力,从而将长期积淀的资源建设经验转化为新的资源建设增长点,努力维护并扩大其用户忠诚度;由政府自上而下主导建设的课程资源云平台(如精品课资源平台)则需要在课程资源多层次、多维度、多样化的构建上不断力争有所突破,从而引领课程资源建设的战略制高点;新兴崛起的教育公司和自媒体组织不能只关注"云计算"的技术介入和终端革新,而应将创立个性化的优质教育品牌作为更高的奋斗目标;此外,基层学校不仅要做好新时期的资源"把关人",更要成为能够"量体裁衣"的自觉的资源贡献者。如王本陆教授几年前曾谈到的:云课程建设既是一个重大的教育战略问题,也是重大的技术创新和产业布局问题。① 尽管"云计算"技术对课程资源的开发的确产生了不可低估的重要影响,但是没有哪家主体能够使其开发的课程资源做到"包打天下",只有逐步构建"蓄百家之势、扬个性之长"的业态新格局,课程资源"云建设"才能真正实现"增量"与"提质"并举的基本目标。

第二,深耕育人的价值空间,完善课程资源架构体系。就课程资源系统而言,资源要素的组织结构直接影响着育人效能的释放程度。"云技术"的

① 参见王本陆:《关于加强云课程研究的几点思考》,《课程·教材·教法》,2013 年第 12 期。

融入,使得传统技术条件下资源体量扩张的瓶颈被打破,"海量资源"不再止步于梦想。然而,"海量"并不会自动转化为"高效"育人的充分条件,"海量"反而使个体身心有限性和人类知识经验无限性之间的矛盾愈加突出。于是,要想使课程资源数量的扩容真正带来教育效能的显著增殖,就必须努力完善课程资源的架构体系。那么,如何实现对课程资源架构体系的深度改造呢?这就需要对资源价值空间进行再加工和再创造,围绕价值最大化来重构资源的组织要素。具体包括:其一,搭建立体化的资源层级系统。"云技术"赋予课程资源系统以"海纳百川"的能力,但是资源纳入并不等于资源堆砌,一类资源抑或一个资源只有获得了明确的价值定位,其教育效应才会获得相应的释放空间。这就意味着,课程资源的"云建设"必须遵循"立体集成"的工作思路,认真分析资源需求,按照核心资源—重要资源—关联资源—辅助资源的排序方式构筑资源层级系统,力争做到精准定位核心资源、严格把关重要资源、努力拓展关联资源、积极引介辅助资源。其二,布设通达化的资源导航系统。在云平台上,课程资源的存在是以"片段"作为基本单位的,当"片段"数量足够庞大的时候,由资源"碎片化"所带来的认知危机也会进一步加剧。因此,如何建设方便使用的资源导航系统,这就成了一个紧迫的现实问题。从课程论的角度来看,资源导航系统的建设要始终以帮助资源内容与资源使用者实现深度链接作为第一要义,明确资源的功能位置、精制资源的路向标签、拓展资源的连接触角,进而使导航系统真正成为课程资源"云生态"中的骨架支柱。其三,完善智能化的资源检索系统。与层级系统和导航系统相比,检索系统是课程资源与师生对话的"第一门户"。因此,提升人机交互的智能化水平,就成为"云环境"下资源检索系统建设的方向。反映在技术实现上,这就意味着资源检索需要进一步在用户细分、集成查询、系统监控、自动化推介等方面做出持续努力。总之,在"云技术"条件下,"资源汇聚"将不再是课程资源"供给侧"改革的难点,取而代之的会是优质资源的建设与扩散。因此,充分利用"云计算"的技术优势,以教育价值空间的再造为核心来重构课程资源体系的架构方式,这将成为实现课程资源质量提升的关键着力点。

第三,吸纳多学科研究成果,改进课程资源配置方式。"云计算"的高聚合性和虚拟性突破了传统媒介的容量局限,不仅使得课程资源的数量能够得以极大扩展,而且也使得课程资源能够以影、音、图、文等多重形式组合被深度网络化的编辑、存储和再现。然而,数量和形式的增殖绝不是课程资源建设的旨归所在,课程资源建设最根本的关切永远都是教育效能的孕育与释放。那么,如何使基于"云技术"的课程资源建设实践免于走向"虚假繁荣"呢? 这就需要从深层次上改进课程资源的配置方式,即提升"资源目标—资源内容—资源载体"三者之间的适配性和耦合度,采用最有效的形式呈现最有价值的信息。当下,何以实现课程资源"目标—内容—载体"的最佳配置呢? 这需要搭建起兼顾社会需求、个体认知和技术实现的综合化的问题解决框架,而这一框架的建设仅仅只依靠教育理论和技术手段是远远不够的,开展多学科的协同研究已是形势所趋、势在必行了。具体就改进课程资源配置方式而言,多学科协同攻坚的着力点主要体现在以下 4 个方面:

一是全面拓展"教育人学"视野。"云化"课程资源的根本旨趣是为了更好地服务于人的成长,而"人的本质、存在和历史发展规律"构成了一切教育工作的逻辑起点。因此,课程资源建设者需要在流变的社会历史发展进程中动态深入地理解人的发展需求。这意味着要不断超越狭小的理论视域,以更加开放的姿态广泛地汲取多方面的精神营养,如尼尔波兹曼(Neil Postman)的媒介生态学、怀特海(Alfred North Whitehead)的过程哲学、爱德华·威尔逊(Edward O. Wilson)的社会生物学、唐·伊德(Don Ihde)的技术现象学,等等,都可以成为新时期课程资源建设工作的思想源泉。二是深度转化利用认知规律。"云计算"凭借强大的资源整合和调配能力,可以为不同的学习者提供多样化的资源选择。多年前,尼葛洛庞帝所预设的"卡通""三维立体图""附加文字说明的电影""柔声朗读的书籍"①如今都可以在课程资源的云动平台上完成集结。然而,"富媒体"并不势必带来"高效率"。那么,如何解决"众媒云集"和"学习效果"之间的"剪刀差"问题呢? 这就需要课程资源建设工作积极纳入心理认知机制的最新研究成果,例如,致力于统筹揭示感觉、认知、学习和行为之间相互作用机制的多通道加工理论,②从生理发生学的角度对信息获取和知识学习做出诠释的脑神经科学,③等等,这些理论对深度思考数字化课程资源的媒介适配机制都具有重要的指导价值。三是立体把控人与资源对话的可塑空间。凭借强大的平台运营能力,"云技术"极大拓展了使用者与课程资源对话的渠道和方式。但是,如何能够持续有效地改进课程资源的服务品质呢? 这就需要资源的建设者要及时准确地了解资源供需的矛盾变化,并以此为依据对资源的后续建设做出合理的判断和部署。在课程资源建设中,课程工作者应充分重视数据挖掘、学习分析、人工智能等先进理论和技术的引介与应用,进而力争为"资源目标—资源内容—资源载体"的统整优化提供更为科学的参考依据。可以说,"云技术"条件使课程资源海量汇集的技术障壁基本得以消除,但是当下课程资源建设仍处于精品化进程中的初始阶段。推动多学科思维和视野的融合,加强跨领域技术和方法的协同,这将是不断改进资源配置方式、提高资源育人效能的必然选择。四是关注资源的生命周期,改善课程资源管理机制。在"云技术"条件下,海量资源集聚,资源读取、迁移、存档、更新甚至删除的压

---

① [美]尼古拉·尼葛洛庞帝:《数字化生存》,胡泳、范海燕译,电子工业出版社,2017 年,第67 页。

② See Micah M. Murray, David J. Lewkowicz, Amir Amedi, Mark T. Wallace, Multisensory Processes: A Balancing Act across the Lifespan, *Trends in Neurosciences*, 2016(8).

③ 参见 David A Sousa 主编:《心智、脑与教育——教育神经科学对课堂教学的启示》,周加仙等译,华东师范大学出版社,2013 年。

力都急剧增加,课程资源管理面临着前所未有的巨大挑战。在这种情况下,如若那些价值已经衰减殆尽的课程资源依然被长时间保留,不仅会加大资源维护工作的负荷,而且也会对精准取用有效资源造成一定的障碍。事实上,同其他所有类型的信息资源一样,数字化的课程资源也是有生命周期的,它会随着课程价值的孕育与释放经历一个从诞生到老化的生命历程。这也就意味着,课程资源建设者要树立资源的生命周期意识,对资源进行合理的规划和管理,最大化地发挥课程资源的育人价值。

2. 基于"大数据"的课程资源建设理路

就切实有效地"借力"大数据而言,未来的课程资源建设可以着重从以下方面努力。

第一,加强基于大数据的课程资源开发建设的理论研究。曾任《连线》杂志主编的克里斯·安德森在《拍字节时代》(*The Petabyte Age*)一书中认为,大量的数据从某种程度上意味着"理论的终结"。那么,理论研究真的会随着数据时代的崛起而寿终正寝吗? 事实上,就发生学而言,大数据技术的诞生首先就深刻体现了数学、计算机科学、统计学等多学科相关理论的综合作用;而就实际操作而言,大数据技术所涵盖的每个环节——从数据的搜集到分析再到其社会意义的解析——无不都是将理论假设作为出发的原点又以理论概括作为回归的终点。同样地,对基于大数据的课程资源的开发建设而言,也只有加强理论研究,才能避免实践活动落入盲目的试误性窠臼。当前,亟待深入探讨的理论问题包括:大数据技术介入课程资源开发的理论前提是什么? 大数据技术参与课程资源开发的目标定位指向何处? 大数据技术应用于课程资源开发的方式特征、原则标准、途径策略分别包括哪些具体内容? 等等。上述问题直接关乎课程资源的建设取向和实际成效。因此,课程工作者应有意识地将基于大数据的课程资源的开发建设作为一个综合的教育理论问题来加以关注和探讨,从不同学科角度揭示其中的新变化和新矛盾,努力系统综合地建构相应的教育理论体系,进而为实践的改进提供合理有力的指导和科学可行的思想保障。

第二,采用知识管理理念统整基于大数据的资源架构实践。20世纪90年代,信息技术的大发展使得知识的更新速度日益加快且更新周期不断缩短,于是,"知识管理"理念应运而生。知识管理理念倡导"在正确的时间将正确的知识送给正确的人",强调将信息技术的高效数据处理能力和人的生产创造能力有机结合起来,通过有针对性的知识共享和知识创新来实现人类个体与集体智慧的增长。究其实质,知识管理理念体现了信息时代的人本意识和人本情怀。常言道,思路决定出路,理念指挥行动。综观国内外的教育改革实践,理念的先导性作用几乎无一例外地受到了高度重视。对课程资源建设而言,在知识急速增长的时代里,课程资源建设的根本目标不再是向学习者提供用于记忆背诵的知识百宝箱,而是为学习者提供用于解决问题的知识工具盒。因此,基于大数据的课程资源建设活动必须从根本上摒弃那种"将人简单视作知识容器"的陈旧落后的思想观念,而是力求采用一种能够彰显信息时代人本精神的全新理念作为行动指导。在新的历史时期里,课程资源架构的实践吁求与知识管理理念的精神实质恰好高度契合。采用知识管理理念统整基于大数据的课程资源建设活动,其突出优势主要表现在两个方面:一是确保资源建设在顶层设计上的"人本共识",避免使大数据技术的应用走入"技术决定论"的思想误区;二是保障资源建设在具体操作上的"主体意识",即围绕主体需求进行知识的积木化动态集成管理,充分而有效地发挥大数据技术的知识搜集和处理能力,更好地为学习者提供个性化的服务,进一步释放课程资源的育人效能。

第三,重视基于大数据的课程资源教育效能的深度挖掘。全面丰富和大力发展信息化课程资源的根本目的是为了提升教育效能,这已经成为当下教育界的一个共识。然而,信息化课程资源的教育效能并不是恒定不变的。事实上,信息化课程资源具有自己的生命周期,即课程资源从搜集整理到组织开发再到价值释放最终到衰退以至被淘汰的全过程,所以教育效能亦势必存在着从高峰到低谷的衰变。鉴于此,对信息化课程资源教育效能惯常使用的总结性评估方式往往很难反映出课程资源在运作过程的不同阶段中所产生的实际价值,它的评定结论对于资源的调整、转换和更新表现出严重的滞后性。大数据技术的优势在于,借助发达的网络触角随时记录和采集资源使用过程中产生的大量用户数据,在此基础上,利用数据挖掘、分析和建模等技术对资源效能进行以动态监控和实时分析为特点的过程性评价,从而为资源的二次加工利用及时提供较为科学的依据和支撑。不仅如此,大数据技术通过相关关系分析法还可以揭示出隐藏在大量行为数据背后的规律,这为管窥资源效能的释放取向和释放途径提供了具有前瞻性的重要信号,对课程资源建设的未来规划无疑具有重要的指导价值。

整体来看,云计算技术和大数据技术的不断发展,为推动课程资源的变革性实践创造了前所未有的历史机遇。基于云计算和大数据的课程资源建设是一个具有战略意义的教育议题,也是一个与时俱进的开放性课题,亟待更加深入的研究与探索。

四、课程形态变革与教师成长

课程形态变革对教师成长提出了挑战,也为教师成长创造了条件。从电子技术的课程应用开始,磁带、光盘、网站等就逐步发展成为课程的"分身",此后,PPT、视频、音频、flash 动画及超文本等都日益融入课程设计与实施的过程中来。进入 21 世纪之后,随着信息技术和互联网技术的进一步发展,课程获得了从录播走向直播的技术基础,课程形态的发展也迎来了历史的新契机。在这一不断变化的过程中,教师作为教育教学的实施者,总是需要持续地通过自我革新来适应时代的新变化。

就整体发展趋势而言,课程形态变革呼唤教师更高水平的"存在"。从电子技术的教育应用开始,"教师职业消亡论"总是余音绕梁。进入到信息时代之后,MOOC 和微课的全面勃兴,进一步使得"屏幕上的教师""网师"成为社会各界广泛关注的对象。鉴于网络技术的连通性和扩散性,不少人主张,新的数字技术将逐步取代教师,实现更广泛的知识传播,提高可获得性,最重要的是在教育机会急速扩张的同时节约资金和资源。[①] 由此推论,教师职业似乎必将不断萎缩,乃至走向消亡。然而,情况似乎并不尽然。2017年,英国广播公司(BBC)基于剑桥大学研究者的数据体系,分析了 365 种职业未来的"被淘汰概率"。其中,电话推销员、打字员、银行职员等职业,分别以 99.0%、98.5%、96.8% 的概率,被列为可被人工智能取代的职业;而艺术家、心理医生、教师等职业,分别以 3.8%、0.7%、0.4% 的概率,被列为最不可能被人工智能取代的职业。英国广播公司分析认为,教师被机器人替代的概率只有 0.4%。[②] 倘若智能化的机器人都无法取代真正的教师,那么普通的影像就更难以替代教师的存在了。事实上,英国广播公司的数据逻辑反映出,机械重复的专业特质属性与淘汰率基本成正相关关系,而创意审美的专业特质属性则与淘汰率成负相关关系。[③] 教师的工作在本质上是一项创造性的工作,这是因为,一方面,教师工作的对象都是独特的生命个体;另一方面,教师的工作生态也总是在随着社会的发展而变化。进入到知识经济的时代,信息量和知识量激增,教师不仅不会被信息和通信技术取代,而且教师还需要成为向导,引导学习者(从幼儿时期开始,贯穿整个学校轨迹)

---

① 参见联合国教科文组织:《反思教育:向"全球共同利益"的理念转变?》,联合国教科文组织总部中文科译,教育科学出版社,2017 年,第 46 页。

② 参见余胜泉:《人工智能教师的未来角色》,《开放教育研究》,2018 年第 1 期。

③ 参见李栋:《人工智能时代教师专业发展特质的新定位》,《中国教育学刊》,2018 年第 9 期。

通过不断扩大知识库来实现发展和进步。[①] 可以说,教师的存在将成为混合空间中指向于高标准、高水平、高品质的生命存在。

随着课程形态向着信息化、智能化方向的不断演进,对促进教师的职业发展而言,需要加强以下方面的持续思考。

(一)深入剖析教师职业角色的分殊化趋势

教师需要扮演哪些角色? 教师角色是否正在发生根本性变化? 迈克尔·富兰和玛丽亚·兰沃希在研究的基础上指出:在信息化的当下,数字工具和数字资源不断得以普及,深度学习成为学习的核心追求,师生形成了新型的伙伴关系,这些崭新的力量形构了新的教与学模型。在此形势下,教师的角色必然需要发生一系列的新变化(见表4-1):

表4-1　教师在新教育学的角色[②]

●与学生和其他教师建立可信任的关系;寻找好的顾问
●在达成深度学习的任务中,帮助学生发现兴趣,建立学习的志向
●具备创新和运用新知识的能力,能够为自己和学生提出挑战性的学习目标、任务和评定标准
●丰富教学技巧,运用不同的策略来激发学生学习
●提供高质量的反馈结果和鼓励,尤其在学生面临学习挑战的时候
●与其他教师和领导合作,研究不同学习策略对学生的影响(如运用循环探究方法)
●树立积极学习态度的榜样,创造新知识并采取行动应用新知识
●不断地发现和创造数字学习工具和数字资源来:
(1)发现新内容、概念、信息及观点;
(2)激发学生去创造新知识;
(3)与学生、其他教师和专家进行交流;
(4)培养学生掌控学习进程的能力;
(5)评估、分析学生学习能力态度的信息

---

① 参见联合国教科文组织:《反思教育:向"全球共同利益"的理念转变?》,联合国教科文组织总部中文科译,教育科学出版社,2017年,第46页。

② 参见[加拿大]迈克尔·富兰、玛丽亚·兰沃希:《极富空间:新教育学如何实现深度学习》,于佳琪、黄雪锋译,西南师范大学出版社,2016年,第28页。

那么教师职业角色是不是仅限于新角色的澄明呢?换言之,教师职业角色变迁仅是一种“加减乘除”的游戏么?教师职业角色需要回到思考的原点——教师是谁?对此,波兰著名的社会学家弗·兹纳涅茨基(Florian Znaniecki)在其著名的《知识人的社会角色》一书中给出了学理性的回应。在弗·兹纳涅茨基看来,作为一类社会人,“知识人”是一群专业化了的人,他们在社会生活中扮演着不同的社会角色;作为个体意义上的“知识人”,从根本上讲,每个知识人的具体社会角色取决于他参与什么样的知识系统和如何参与知识系统。“知识系统”不同,“社会圈子”就不同,角色的行为规范就不同。弗·兹纳涅茨基在研究知识人扮演的社会角色的类型时,把知识人置于“社会圈子”中考察,考察知识人在自己生活的舞台中的“自我”“地位”和“功能”,从而区分出知识人的不同社会角色类型,他的“角色—范式”就是由“社会圈子”“自我”“地位”“功能”四个概念构成的。弗·兹纳涅茨基认为:“尽管不同种类的社会角色各自有相当不同的成分,但上述几个方面是所有社会角色都拥有的基本成分。”①在弗·兹纳涅茨基角色分类框架中,教师被划归入“学者”。进一步而言,学者类型中又有很多亚类,有的是“真理的发现者”,有的是“知识的创造者”,而教师则是“知识的传播者”。教师作为“知识的传播者”,他的核心使命就是在普通教育过程中把知识传授给年轻人,为他们未来成为组织社会中的成员作好准备。②弗·兹纳涅茨基的知识社会学对教师角色研究的方法论意义在于:其一,考察教师依赖的知识系统;其二,考察知识的参与方式。

面对课程形态的信息化变革,对教师职业角色的探问,绝不是要完成角

---

① [波兰]弗·兹纳涅茨基:《知识人的社会角色》,郏斌祥译,译林出版社,2000 年,第 12 ~ 13 页。

② 参见[波兰]弗·兹纳涅茨基:《知识人的社会角色》,郏斌祥译,译林出版社,2000 年,第 104 页。

色的简单罗列或是角色的加减工作,而是要深入洞察教师的知识系统以及知识参与方式。运用知识社会学的分析方法,我们不难发现:有些教师是兢兢业业的"知识的传播者",有些教师则在传播知识的过程中也是"知识的重组者",还有些教师是"知识的发现者",甚至是"真理的发现者"。因此,教师的职业角色不是笼统探讨"教师应该成为谁",而是要根据教师的能力潜质认真分析"教师可能成为谁",并以此依据来指导教师的职业发展。伴随着网络课程的规模化使用,有些教师可能更适合成为网络空间中的"知识的传播者",有些教师可能更适合成为实体空间中的"学习的诊断者"或是"学业的辅导者",亦有些教师可能更适合成为"知识的重构者"。因此,未来的教师队伍建设将可能日趋走向分殊化,教师也可能更好地实现"人尽其才"。

(二)积极推动教师信息技术素养结构研究

随着信息技术向教育领域的不断延伸,教师的教育教学活动将面临一系列全新的挑战,包括:如何借助信息技术的力量优化教学设计? 如何利用信息技术的优势完善教学组织? 如何充分发挥信息技术的跨时空育人功能? 等等。正如有研究者所高度概括的那样,信息时代的教师"不再是传统意义上的简单的重视传授,而且要拥有新的信息化利用和整合的竞争力和专业技能"[1]。从现代教学媒体介入课堂教学活动之后,理论界关于"教师如何利用先进的技术手段提高教育教学效能"的讨论就一直没有中断过。但是在相当长的时间里,对教师和技术媒介关系的讨论主要是基于"工具理性"的视角,讨论的焦点主要集中在"工具使用"的问题上。直到 20 世纪八九十年代,随着信息技术在教育活动中的规模化应用,一些理论工作者开始意识到,单纯的"工具论"已经不能够深入指导教师的教育教学实践了,从系

---

[1] 周洪宇:《第三次工业革命给人类社会带来什么》,《教育研究与实验》,2013 年第 2 期。

统整合的视角重新探讨教育领域中的"人－机"关系已经是势在必行。于是在这样的背景下，"教师信息技术素养"逐渐受到了研究者的重视。

在教育领域中，教师的信息技术素养可以定义为"教师在驾驭信息技术媒介方面所具备的较为稳定的内在品质与涵养"。这里需要指出的是，首先，教师的"信息技术素养"不同于教师的"教育技术素养"。教师的"信息技术素养"是从"媒介技术"的角度来分析和透视教师能力品质问题的，而教师的"教育技术素养"则着重于强调教师在教育教学过程中灵活使用相关技巧、方法、手段、策略、模式等方面的综合能力。其次，教师的"信息技术素养"也不同于教师的"信息素养"。教师的"信息素养"关注的是教师查找、获取、加工以及传递信息资源的能力，而教师的"信息技术素养"则关注的是教师为何借助信息技术、如何借助信息技术以及借助哪些信息技术来达成既定的教育教学目标。简言之，教师的信息技术素养主要强调的是教师在使用信息技术媒介时所表现出来的积极的态度、心理和行为。

依据一般意义上教师的素养结构，可以将教师信息技术素养具体划分为信息技术意识、信息技术知识、信息技术能力和信息技术伦理四个组成部分，它们对教师专业发展的影响主要体现在以下方面：

第一，信息技术意识制约教师教育观念的持续更新。教育观念直接影响着教师对教育现象的感知和判断，进而影响着教师的教育教学行为，但是"教师个体教育观念不是一个静态的观念系统或观念集合，而是一个不断变化的动态的过程体系，它总是在不断地变化与形成过程之中"①。在信息时代里，技术与教育结合得日益紧密，而且由于技术更新周期缩短、节奏加快，因而技术可以在更短的时间内带给教师更多的新刺激和新震撼，这些刺激

---

① 易凌云、庞丽娟：《教师个体教育观念：反思与改善教师教育的新机制》，《教育理论与实践》，2004年第5期。

和震撼构成了教师感知社会变革、分析未来趋势并进行理性判断的一个重要"信息源"。正如很多人所乐观期待的那样,信息技术的发展将促成"教师中心"向"学生中心"的转变,课堂教学设计将更多张扬学生的主体精神,同时教师的课堂角色也会随之发生系列调整。因而一个对技术信号高度敏感的教师,能够在信息技术的优化升级中捕捉到更新教育观念的契机,并在此基础上自觉地反思和扬弃旧有观念,主动地实现教育观念的吐故纳新。与来自外部施加的教育观念相比,这种由信息技术意识激发的、生成于内心的教育观念会更有生命力。

第二,信息技术知识制约教师教学活动的改进。技术知识主要由两部分组成:一部分是技术本身所内含的知识;另一部分则是关于技术的知识,包括技术是什么,技术如何生成、如何改进、如何管理、如何决策以及如何学习,等等。① 当然,信息技术知识的构成亦不例外。对于教师而言,掌握信息技术的知识与自身专业发展之间的关系颇为密切。一个具备了丰富信息技术知识的教师,首先可以在头脑中建构起一个清晰的信息技术使用"图景",该图景能够有效地勾勒各种信息技术媒体的特点及其适用范围。在此基础上,教师可以根据教学的目的、学生的特点、学习的内容以及自身的风格做出快速而明智的判断与决策,即要不要选择信息技术、选择哪些信息技术、什么时刻是被选择的技术予以表现的最佳时机,等等。在信息爆炸的年代里,追求课堂的优质高效无疑需要借助信息技术的力量,这是因为信息技术能够通过对多种认知通道的打通来降低认知的难度,并且通过对线性时空的改造来大大缩短学生的认知进程。所以,掌握相关的信息技术知识无疑可以协助教师改进教学方法、优化教学活动。

① 参见顾建军:《技术知识的特性及其对技术教育的影响》[EB/OL],http://blog.cersp.com/index/1000570.jspx articleId = 32260. 2013 – 8 – 10。

第三，信息技术能力制约教师实践智慧的增长。教师实践智慧在教师专业发展中占据着非常重要的位置。然而与其他智慧类型有所不同的是，实践智慧完全是个性化的，"是在实践上知道怎么做的知识类型和推理形式，它不等同于任何脱离主体而存在的'客观知识'，它是人在生活世界中知道怎样做的知识和经验"①。因此实践智慧不能进行"逻辑运算"，只能是教师在自己的实践过程中依靠不断摸索而逐步获得。综观当代教育教学实践，由于信息技术对教育的介入越来越深入，所以信息技术在教育教学过程中的角色也越来越重要。在二三十年之前的课堂中，也许师生熟悉的只有录音机、投影仪、幻灯机，而发展到今天，Web2.0平台、个人计算机以及各种各样的教学软件和网络工具都已经不再为广大师生所陌生。诚如有研究者所指出的那样，如果教师仍然"试图用19世纪的技术来培养21世纪的学生，就如同通过让他们骑自行车来学会驾驶宇宙飞船一样"②。的确，随着时代的发展，教师的教学实践对信息技术的需求和倚重会变得愈加强烈，教师的实践智慧中信息技术所占的比重也将大大提高。鉴于此，全面提升教师的信息技术驾驭能力势必会对教师实践智慧的增长发挥积极的促进作用。

第四，信息技术伦理制约教师专业品质的健全与完善。专业品质是教师职业成长过程中的灵魂所在，是衡量一个教师是否真正优秀的核心标尺。在当代，专业品质所包含的内容更加广泛，其中信息技术伦理是非常重要的组成部分。因为网络的普及、资源数据库的涌现和各种社交性工具的发明为教师提供了一个巨大的资源平台，那么教师如何利用这一平台呢？是不加分析的拿来主义，还是仔细琢磨之后的适度借鉴；是东拼西凑的内容堆砌，还是精心选择之后的缜密呈现；是机械套用和毫无批判，还是量身定做

---

① 金生鈜：《教育哲学是实践哲学》，《教育研究》，1995年第1期。
② [美]阿兰·柯林斯、理查德·哈尔弗森：《技术时代重新思考教育：数字革命与美国的学校教育》，陈家刚、程佳铭译，华东师范大学出版社，2013年，第22页。

和不断反思……这些由信息技术发展所引发的伦理问题深刻地影响着社会风尚和年轻一代的健康成长。因而规范的信息技术伦理不仅对于教师个体的专业成长具有重要的引领作用,而且对于教师群体的职业塑造也同样具有重大的导向作用。

近年来,国内外学者围绕"digital literacy""information competence""TPACK"等展开了大量实证研究,这对于进一步细化教师的信息技术素养结构提供了非常重要的理据,也开辟了后续研究的重要范式和重要方向。

(三)加强对教师发展可能可行路径的循证

课程形态的变革,使得课程的发生走向了物理空间与网络空间的混合。新变化对教师提出了新挑战,于是,提升教师了解信息技术、掌握信息技术、驾驭信息技术的能力,成为当下非常迫切的一项工作。对此,众多研究者给出了促进教师在信息化条件下实现专业发展的可能策略。

但分析发现,大多数策略都是一种"被动态"的建构,其所强调的无外乎是培训、研修、学访、工作交流等方式所能给予教师的"应然式"成长。然而教师通过这些方式能够获得真正的成长吗? 那种理所当然的成长假设为何是不证自明的? 对此,我们无法从大多数的研究中寻得有关"应然策略"合理性和合法性的些许论证。众多思辨性的研究最大的共性就是缺乏人性方面的事实性根基。正如有学者所指出的那样,"从理论高度看,无论对教师提出什么要求都不过分,也不为高。只是因为不切实际和不能解决实际问题,研究的成果本身也和它所研究的方法一样,都成了一种高高在上的脱离现实的或者是摆设性存在"[1]。

---

[1]　金美福:《教师自主发展论——教学研同期互动的教职生涯研究》,教育科学出版社,2005年,第11页。

因此,当下的焦点不在于给出更多的所谓"有效策略"或是"有效路径",而是要加强对策略或是路径的可能性和可行性论证。研究者金美福提出的教师自主发展理论——教学研同期互动,具有重要的方法论启示。她以胡塞尔现象学作为理论基础,努力从实在的现象和事实(教育思想的源泉和教育研究的中介)出发,通过对代表性教师大量文本材料的分析来对实在的教师生存方式展开考察,进而揭示教师自主发展的发生原理为"教学研同期互动"。这里,"教"既是教师活动的场、又是生活的内容、还是教师参与知识的一种方式,它作为教师自主发展发生原理的相关因素;"学"指的是通过学习获得并积累"知识资本",是一种隐含在科研过程中的"嵌入式学习",是教师自主发展发生的重要的和主要的环节之一;"研"指的是现实的实践环节,是教师自主发展的运行过程;"同期互动"强调了教学研是知识的三种参与方式,但只有在三者同期互动的状态下才能产生有意义的学习,也才有促使教师发展的功能。[①]

当然,"教学研同期互动"提供只是思考教师发展的一种路径,它不是教师应对信息化、智能化变革的唯一有效路径。教师教育从业者、教育研究者以及一线教师都需要加强探索,努力为职前教师培养和职后教师持续发展提供明晰有益的方法论借鉴。

---

① 参见金美福:《教师自主发展论——教学研同期互动的教职生涯研究》,教育科学出版社,2005 年。

第五章　课程形态发展的研究趋势[①]

　　进入 21 世纪,在互联网技术和移动通信技术的共同推动下,人人皆学、处处能学、时时可学的学习型社会初现端倪,大中小学的课程也随之由物理空间不断向网络空间延伸。2012 年,大规模在线开放课程全面勃兴,这标志着网络空间实现了从课程的"传播通道"向"容身之所"的根本转变。2020年,受到新冠肺炎疫情的冲击,在短短几个月的时间里,不同主体、不同层次、不同类型、不同样态的网络空间课程急速增长。当下,与如火如荼的变革性实践形成鲜明对照的是,在网络空间中,"课程产生发展的规律、课程构成的规律以及课程系统运行的规律"[②]尚不明晰,这亟待研究者加强"课程论"视角的思考与探索。

　　[①] 本部分内容主要选自赵婧:《关于网络空间中课程建设的理论思考》,《课程·教材·教法》,2021 年第 11 期。

　　[②] 廖哲勋:《从课程论到课程学:课程理论发展的必然逻辑》,《课程·教材·教法》,2017 年第 6 期。

一、加强对网络空间课程形态的理论关照

课程建设的过程是"精神营养菜单配置"的过程,只有遵循一定的原理和规律,课程建设才可能产生预期的效果。加强基于网络空间的课程形态理论研究,不仅是对时代之需的确真与澄明,而且是对现实之困的求解与应答。具体而言:

(一)"固本拓新":回应信息时代育人需要

课程理论是通过学理探究而形成的关于学校课程一般问题的系统性认识成果,课程理论研究的开展往往立足于特定历史阶段中社会发展和个体成长的现实需要。现代课程理论研究肇始于百年之前,那个时候,工业技术对生产生活发挥出前所未有的改造作用,以追求社会合意性、技术合理性、操作规范性、过程有效性及结果理想性等为目标的技术理性深入人心。在教育领域中,博比特、查特斯和泰勒等人汲取了工业时代的思想精髓,构建并确立了现代课程研究的思维方式和话语系统,为课程实践的规模、集约、有效开展提供了重要的思想方法和理论支撑。然而,随着信息技术的日新月异,学校课程的时域与空域、内涵与外延都在经历着深刻的变化,正如有研究者所指出的那样,采用工业化时代的课程理论来指导数字化的课程变革,显然是行不通的,我们迫切需要将技术导致的范式转型再概念化。[①] 当下,在网络空间中进行课程建设,教育工作者必然会面对"稳定"与"异变"的对立与冲突。一方面,个体成长的规律仍然保持相对稳定,如认知发展的阶

---

① See Jon W. Wiles, Joseph C. Bondi, *Curriculum Development: A Guide to Practice* (*Ninth Edition*), Pearson Education, Inc., 2015, p.72.

段性、信息加工的容量、遗忘的基本曲线等；但另一方面，"技术"通过重构工具、方法和活动，也切实为课程的内容选择、组织架构和资源配置提供了新契机和新条件。对此，课程形态的理论研究需要在"固本"的基础上"拓新"，以便能够更适切地回应信息时代的育人需求。

（二）"立道驭术"：引领实践的科学化变革

课程理论研究致力于寻求并构建超越于"技问之学"的"上乘之理"，它有着特定的研究对象、方法范畴和价值负载。多年前，英国著名课程论学者凯利（Kelly）就曾指出，课程研究应始于研究教育和探索教育问题的努力，这种努力需要按照课程研究自身的名称……不应由那些哲学家、心理学家和社会学家们来告诉我们在教育领域中应该做的事情，也不应由那些科学家或技术专家来告诉我们应该如何应用其发现和发明成果。[①] 2020 年，新冠肺炎疫情使全球近 70% 的学生因为全国范围的停课而无法继续学业，数百万学生因局部停课而中断了正常的学习计划，于是，远程学习成为保持全民教育连续性的重要途径。[②] 也正因如此，课程在短时间内实现了史无前例的"战略迁徙"，网络空间所蕴藏的课程发展潜能一展无余；而与此同时，课程建设的诸多具体问题也集中显露出来——在网络化的学习生态中，课程开发的目标是否发生了位移？课程的内容选择需要做出怎样的调整？课程的组织架构应当遵从哪些全新的规则？课程评价如何服务于个性化和定制化需求？概言之，新的技术环境并不意味着课程效能的自然生成与自发释放，如何"驭技"以"育人"，实践的科学化发展亟须新的理论担当起"把关人"的

---

① 参见［英］A. V. Kelly：《课程理论与实践》（第五版），吕敏霞译，中国轻工业出版社，2007 年，第 18 页。

② 联合国教科文组织：《教育：从应对到恢复》，https://zh. unesco. org/covid19/educationre-sponse。

角色。

(三)"化零为整":推进理论的系统化创新

课程理论研究致力于淬炼结构化的知识体系,进而形成具有广泛解释力和实践指导性的思想成果。在教育领域,从 20 世纪末期开始,信息技术与课程整合擢升成为课程研究的重要理论议题;2010 年之后,围绕"慕课"和"微课"的学理探讨逐步增多;近年来,网络课程、精品课程、云课程、智慧型课程、在线开放课程、数字化课程、直播课程等相继成为理论关注的热点。从整体来看,基于网络空间的课程形态研究呈现出如下特点:一方面,网络空间课程与物理空间课程的互补关系成为学界的基本共识,新技术赋予课程的"应然"功能得到了多维度、多层面的阐释,课程设计的思路方法越来越多地以具体案例的形式得以展示,"数据脚印"受到了课程评价研究的重视;另一方面,网络空间中课程发展的特殊问题和关键矛盾尚未得到系统梳理,相关理论成果既体现出一定的关联、递进和深化的关系,又暴露出不少交叉、重复、模糊甚至是冲突的地方,网络空间课程的高质量建设需要更具全局性和前瞻性的基础理论做指导。概言之,"通论"意义上的网络空间课程研究尚属起步阶段,理论的集成化、抽象化和一体化水平迫切需要提升。

总而言之,加强基于网络空间的课程形态研究,既是对时代需求和实践发展的积极回应,也是理论自身不断走向完善的必然选择。

二、破解网络空间中课程形态的变革难题

网络空间为课程的富媒体、全资源、大容量、泛在化以及可交互发展提供了新环境和新条件,借此,课程形态创新步入了历史发展的新阶段。然而,互联网带给学生的合时宜、全天候和非线性信息传输的"历史愿景"并不

会自动实现,①技术性能的课程转化离不开系统全面的理论做指导。那么,针对网络空间中的课程形态变革,理论研究需要聚焦哪些关键问题? 又该如何予以回应呢?

(一)网络空间中课程的基本功能

基于网络空间的课程建设顺应了现代课程演变的基本趋势,即课程重心从外在规范转向以"课业"为主体的活动设计,充分凸显了"学程"的价值和意义。② 就构建有指导的学程而言,新技术切实带来了明显的课程功能增殖。对此,理论研究应在差异化比较的基础上展开分析,重视揭示:

第一,网络空间课程的功能特性。与物理空间课程相比,网络空间课程究竟具有哪些独特的功能呢? 已有研究的普遍共识是,网络空间课程为个性化、定制化和分殊化育人创造了重要条件。然而,理论研究不能止步于技术性能的"课程搬家",研究需要从人机互动的视角剖析课程功能的"发生学"基础,澄明功能释放的实践逻辑,并揭示出网络空间课程的个体发展功能与社会促进功能之间的关联性。可以说,深化课程功能研究,就是要使功能阐释明晰化、具象化和精准化,进而为实践的理性决策提供依据。

第二,网络空间中课程功能的实现机制。网络空间课程如何具体地实现课程的一般功能,这是功能研究的重点所在。在网络空间中,众多的应用程序构成了课程的不同"分身",教师可以通过不同应用程序的"积件化"组合来完成课程学习活动的设计与重构;与此同时,学习者亦可以根据自己的认知风格灵活选择音、影、图、文、网等课程资源,进而定制适合自己学习方案。对此,"建构"成为诠释网络空间课程功能释放的共识性机制。尽管"建

---

① See Jon W. Wiles, Joseph C. Bondi, *Curriculum Development: A Guide to Practice* (*Ninth Edition*), Pearson Education, Inc., 2015, p.10.

② 参见陈桂生:《课程实话》,华东师范大学出版社,2013 年,第 9 页。

构"切实反映了网络空间中课程的活动特点,但其本身有着丰富的内涵与复杂的作用方式。这就需要课程的功能机制研究既要重视微观层面上个体认知的"建构"过程,又要关注中观层面上教学活动的"建构"方式,还要尽可能思考宏观层面上人与文化世界建立连接的"建构"机理。

第三,网络空间中课程功能实现的保障条件。对于互联网环境下的教育教学而言,国内外的研究结论普遍证明,技术设备和学习结果之间没有必然的因果联系,技术需要在非技术条件都做好充分准备的状况下才能发挥作用。较之物理空间中的课程,网络空间中课程的功能释放需要考虑更多的保障性条件:不仅包括技术环境和软硬件配置,而且还涉及学习者在互联网环境中的技术应用能力、学习调节能力以及参与合作的能力。此外,家长的支持和家校之间的协作也都十分重要。因此,网络空间中的课程功能研究需要采用多样综合的思维方式,厘清多重条件并剖析条件之间的配合与制衡关系。

总而言之,在网络空间中,新技术的课程应用将不断催生新的具体功能的生成,课程理论研究要加强对功能优势的比较与甄别,深入剖析功能的实现机制,并对功能实现的前提条件给予更加全面的考察。

(二)网络空间中课程的目标定位

课程目标指的是学生通过课程学习所预期达到的结果,直接影响着课程的设计、实施和评价。那么,从物理空间到网络空间,课程目标是否发生了位移? 表面来看,课程所承载的"能力、态度、习惯、鉴赏力和知识"[1]并不会随着空间的转移而产生根本变化;但深层考察,在网络空间中,构成课程目标重要来源的学生需求却真切地发生着变化。围绕"学情",研究需要在

---

[1] [美]约翰·富兰克林·博比特:《课程》,刘幸译,教育科学出版社,2017年,第36页。

"变与不变"的张力关系中展开对课程目标的综合思考,主要涉及两个方面的具体内容。

一方面,课程服务的目标群体。2015 年,面对蓬勃发展的 MOOC,一些学者敏锐地提出了"为未知学习者而设计"①的课程新议题,引发了人们对网络环境中学习者形象的再思考。事实上,不仅是在高等教育领域,同样在基础教育领域,网络空间中的学习共同体都明显呈现出"混合"态势。那么,在网络环境下,一门课程的学习者包括了哪些不同类型的群体? 不同学习者持有怎样的目标需求? 理论研究需要在"为学习者画像"的基础上"聚类学习者特质",重新思考课程目标的指向与定位,进而为课程内容的调整以及课程资源的开发提供重要理据。

另一方面,课程目标的价值细分。如上所述,网络空间课程连接了多种身份的不同学习者,尽管设计者可能并未有意识地对特定课程的目标进行再细分,但课程目标的价值分化在实际层面已经发生。例如,就同一门网络空间课程的学习而言,有的学习者是为了习得新知,有的学习者是为了查漏补遗,有的学习者是为了拓展思维,有的学习者是为了获取资格,有的学习者是为了提升专业能力,有的学习者是为了寻找解决某些具体问题的方法策略……总而言之,课程目标的价值细分已经在实践层面自发地进行。因此,理论研究需要关注网络空间中课程目标的分化实态,全面分析学情的新变化,加强对课程目标"分层分类"建设的理论依据和实践路径的分析与探讨。

概言之,在网络空间课程建设的进程中,课程目标既不可能"急遽变化",也不可能"一成不变"。未来研究需要在学情分析上下功夫,不断提升

---

① Macleod, Hamish, Sinclair et al, Massive Open Online Courses: designing for the unknown learner, *Teaching in Higher Education*, 2016(1).

课程目标研究的理论自觉,并以此为基础,重新界定课程效能的"应然"空间。

(三)网络空间中课程的资源配置

进入 21 世纪以来,随着网络基础设施的完善和教育工作者信息技术能力的普遍提升,课程资源供给呈现出日益繁荣的局面;但与此同时,资源建设与资源使用之间的"剪刀差"问题一直难以得到根本性改观。"重建轻用""建多用少"的困局也反映出在网络空间中,课程资源建设的重心在于"提质"而非"增量",资源的开发设计呼唤更多的智慧与理性。对于提升网络生态中课程资源建设的实际价值而言,如下方面有待深入探讨:

首先,课程资源的规划。从 20 世纪八九十年代开始,受到互联网民用化政策的推动,教育界启动了信息化课程资源的建设工作。进入 21 世纪之后,得益于"云技术"的教育应用,传统技术条件下资源体量扩张的瓶颈被打破,课程资源步入到"疾速扩容"的历史新阶段。经历了近二十年的高速发展,海量资源并不必然增强育人效能,这一观念已经深入人心。当下,"优质集成"成为课程资源规划建设的广泛共识。那么,在国家、区域和校本的不同层面,如何才能达致"优质集成"?"共享"与"联动"机制如何能够实现资源的"优胜劣汰"? 对此,理论研究需要在整体上阐明科学布局的思维理络,在循证的基础上构建产学研深度融合的资源供给模式,从而为课程资源开发的顶层设计提供系统科学的方法路径。

其次,课程资源的选择。面对互联网的发展势头,哈佛大学教授戴维·温伯格(David Weinberger)谈道:"互联网已经达到如此大的规模,知识因此不必非要挤压就能塞进来。"①时至今日,在网络世界中,知识或许真的无需

---

① [美]戴维·温伯格:《知识的边界》,胡咏、高美译,山西人民出版社,2015 年,第 27 页。

经由"挤压"就可获得一席之地;然而,对于课程建设,个体身心发展有限性和人类知识经验无限性之间的矛盾愈加突出,资源"挤压"的压力空前加剧。在人类无限丰裕的知识经验中,哪些内容应该进入课程的场域中来呢?不同的内容又该如何进行价值排序呢?理论研究需要对新技术条件下的课程基础予以全面审视,承继并发展泰勒的"筛滤原理",综合借鉴教育人学、知识社会学以及技术哲学等多维视角,进一步构建网络环境中课程资源的选择标准。

最后,课程资源的迭代更新。在互联网的世界中,数字化的课程资源是具有生命周期的,它会随着课程价值的孕育与释放经历从创建到老化的生命历程。这也意味着,我们需要开发创设一套课程资源动态监测的理论和方法,合理利用数据挖掘和学习分析技术,及时有效地发现、追踪和表征课程资源的价值波动(即有效性、效率和用户满意度)状况,进而努力提升课程资源的应用效能。

总之,在网络空间中,课程资源配置绝不仅仅是一个技术实践问题,它本质上仍然是教育价值选择、教育规划设计和教育功能实现的问题。[①] 因此,课程工作者应有意识地将其作为一个综合的教育理论问题来加以研究,以便为实践的改进提供更加合理有力的指导。

(四)网络空间中课程的组织架构

在"互联网 + 教育"的生态中,课程"全天候、全覆盖、全路径"供给之所以成为可能,主要是源于课程组织的深刻变革。课程组织解决的是课程不同要素之间的契合、排序与运行的关联性问题,对于课程而言,只有各部分以适宜的顺序连接起来并形成一定的秩序,课程才能顺利运行并释放育人

---

① 参见赵婧:《课程资源"云建设":动向,特点与进路》,《课程·教材·教法》,2018 年第 5 期。

效能。在网络空间中,课程组织究竟是如何实现重构的? 研究有必要聚焦并讨论如下议题:

第一,课程组织的共同要素。在课程学术界,泰勒最早提出将连续性、顺序性和统整性作为课程组织的共同要素;此后,塔巴(Taba)、古德莱德(Goodlad)、奥尔斯坦(Ornstein)等沿用并发展了泰勒的观点;进入 21 世纪之后,林智中教授等在系统整理的基础上指出,课程组织的共同要素包括范畴、连续性、顺序性、统整性、衔接性、均衡性以及学习脉络的组织。① 整体来看,以上学者所论及的课程组织要素针对的都是课程内容本身,但在网络空间中,课程组织必须要同时考虑"科目内容"和"技术形态"的双重共变。显然,一方面,研究者需要对上述课程内容的"共同要素"展开重新评估,考辨其持续存在抑或是走向式微的现实基础;另一方面,研究者亦需要认真梳理技术赋能之下课程组织要素的新动向与新变化,以探索互联网生态中课程的时空序变潜力以及课程优化策略。

第二,课程组织的逻辑结构。形象地讲,课程组织是一项"穿针引线、穿珠成链、聚沙成塔"的工作,堪称是在无形中构建"有形"。在网络环境下,课程组织的对象不仅包括微视频、幻灯片、导学案、测试题等内容资源,而且包括主题讨论、分组研学、随堂测试等活动程序。针对技术革新背景下的课程组织,荷兰课程开发中心的研究团队提出了课程的"蜘蛛网络"逻辑框架。所谓"蜘蛛网络"框架,主要是指课程研发设计以"理论基础"(指方案的整体原则或中心任务)作为中心点,围绕理论基础、目标、学习内容、学习活动、教师角色、材料和资源、分组、地点、实践及评价按照网状互联的方式做好统筹规划。② "蜘蛛网络"反映了学界对互联网场域中课程组织逻辑的新探索,

① 参见林智中、陈健生、张爽:《课程组织》,教育科学出版社,2006 年第 8 期。
② 参见 OECD 教育研究与创新中心:《技术驱动,教育为本——技术革新教育的系统方法》,张怀浩译,华东师范大学出版社,2016 年,第 96~97 页。

当然,课程组织的逻辑结构仍需要得到更多维和更精细的探讨,以便能够更好地服务于不同学科、学段以及课型的发展需要。

第三,课程组织的原则方法。国内外的众多学者都对课程组织的原则方法做过探讨,提出了今天大家所熟知的"从整体到部分""从具体到抽象""由单纯到复杂""概念关联""主题关联"等具体细则。然而,与实体空间不同,网络空间中的课程组织需要统筹处理更多要素的复杂共变关系。因此,要想寻求构建能够最好地符合学习者知识技能水平的网络课程体系,还有待于研究者对网络条件下的横向和纵向、直线和螺旋、线性和非线性、相对独立和交互共生等张力关系做出更为全面的剖析,进而据此凝练新的原则方法。

可以说,课程形态的网络化发展是以课程组织的网络化架构作为根本支撑的,揭示和厘清课程组织的变革机制,对于网络课程价值空间的再创造而言具有深远的意义。

(五)网络空间中课程的评价监测

在网络平台上,课程实施的过程性数据可以被方便地抓取、留存与分析,因此,基于行为数据的课程评价成为互联网生态下课程革新的重大突破点。然而,数据支持下的课程评价,在被寄予极高教育效能期待的同时,也面临着一系列的新挑战。对此,加强相关理论研究,已成为产学研各界的共同呼声。涉及的具体议题包括:

首先,课程评价的基础。如何对网络空间中的课程进行适切评价?这一难题从 MOOC 诞生至今都没有得到根本上的破解。尽管"数据发声"可以集中刻画某门课程的选课规模、辍学趋势、参与程度以及完成情况,但研究者们普遍认为课程品质需要更加直接的测度方式。事实上,无论是调查建模还是数据挖掘,任何评价技术的应用都需要建立在客观合理的评价基础之上；倘若评价基础不明确，评价的过程就会沦为"数据驱动"的过程，评价的结论就会缺乏说服力。当代课程论专家乔恩·威尔斯(Jon Wiles)与约瑟夫·邦迪(Joseph Bondi)指出，教育的基础领域总是非常复杂的，课程的规划与设计必须高度重视持续演变的技术力量，并且要认真分析技术是如何变革课程领域的其他基础的。[1] 可以说，课程评价是否精当，这在相当大程度上依赖于对评价基础的厘清与澄明，理论研究需要对互联网生态中的社会影响因素、知识处理方式、个体发展特点以及学习活动过程进行再认识与再梳理。其次，课程评价的标准。学生在课程平台上的学习行为会形成多样化的学习数据，这些学习数据可以为课程的反思与改进提供重要的参考依据。然而，尽管技术可以有效解决数据的汇集、存储、提取与挖掘的系列"工程性"问题；但数据的甄选、分类、处理和解释等"价值性"问题却始终是研究攻坚的难点。以 MOOC 为例，有研究指出，虽然 MOOC 引发了课程质量的大讨论，但 MOOC 的课程质量标准并不健全；[2]亦有研究认为，如果不能具体结合学习者的需求和意愿，所谓的"完成率"很可能就是一个误导性的指标。[3]概言之，构建网络空间中课程的评价标准，这在当下和未来都是重大的理论课题。最后，课程评价的质量监测体系。从长远发展来看，网络空间课程将成为课程"新常态"建设的重要组成部分，因此质量监测体系的构建也应成为未来课程评价研究的重要内容。对于网络生态中的课程而言，一方面，质量监测体系研究需要深入分析课程的内在价值、工具价值、比较价值、理想化价值以及决定价值，[4]进而能够不断提升课程的开发质量和发展品质；另

---

① See Jon W. Wiles, Joseph C. Bondi, *Curriculum Development : A Guide to Practice* (*Ninth Edition*), Pearson Education, Inc., 2015, pp. 70 – 71.

② See Gan T., Construction of Security System of Flipped Classroom based on MOOC in Teaching Quality Control, *Educational Sciences : Theory and Practice*, 2018(6).

③ See Williams K M, Stafford R E, Corliss S B, et al, Examining student characteristics, goals, and engagement in Massive Open Online Courses, *Computers & Education*, 2018(11).

④ 参见廖哲勋、田慧生：《课程新论》，教育科学出版社，2006 年，第 402～403 页。

一方面,质量监测体系研究也需要通盘考虑互联网生态下课程、教学与学习的一体化趋势,通过目标达成度的多维考量来为课程的计划、编制、组织与实施提供更为全面的反馈。

总而言之,"海量数据"已成为网络空间中优化课程评价的重要支撑性力量;但是,如何发挥数据的课程建设价值,这是需要理论工作者持续加以研究的。

三、构建研究网络化课程形态的基本方略

探寻并回答时代提出的重大问题,这既是理论研究的使命所在,亦是理论进步的必然选择。信息技术的深入发展和广泛应用,构成了当代课程形态发展的重要推动力量。当下和未来,理论研究需要充分关照并深入分析网络空间中的系列新变化。

(一)加强对实践机理的考察与分析

当下,在教育信息化战略深度推进以及网络空间课程规模化发展的大背景下,课程研究的新边界已经在变革性实践中孕育和生发。对此,课程理论研究需要做好系统化的辨识与阐释。

首先,厘清互联网环境中课程的变革实态。从物理空间到网络空间,课程系统发生了怎样的变化? 其中,哪些变化是创新性的、甚至是颠覆性的? 哪些变化只是对原有系统的局部革新? 对上述问题做出清思,有利于廓清课程的内涵与外延。

其次,剖析课程实践领域中的新矛盾和矛盾表现的新形式。网络空间课程具有集成、动态与共享三大特征,但与此同时,课程建设也面临一系列的新挑战,包括知识总量激增与学生学习时间及发展需要的矛盾,知识与信

息的基础性与教育性的矛盾,个体学习浅尝辄止与深度加工的矛盾,等等。①对以上问题进行系统分析,有助于为课程决策提供理性依据。

最后,提炼形成网络环境下课程建设工作的基本原理。比较而言,网络环境下的课程开发与设计更为复杂,不仅涉及观念、思维、组织、流程、方式和路径的重构,而且涉及学校、政府、企业、家庭等众多利益相关方的协同与合作。理论研究需要加强对工作机制的辩证分析与理性把握,进而提升实践思维的科学性。

(二)推动概念话语的丰富与创新

概念话语是表征问题、描述问题以及研究问题的思维工具,它反映着人们对现象和规律的认识与判断。技术融入课程,不仅促发了实践的变革,而且引发了理念、思维和视角的转换。因此,课程研究需要重新审视和梳理课程的话语体系,进而努力为开展对话、构建共识打造通衢。概念话语研究需要重视如下方面:

第一,结合技术生态的变革趋势,挖掘既成概念的时代意涵。互联网技术使课程的全时域、全空域、全资源和全媒体发展成为可能,与工业时代相比,当下课程领域中的既有概念在内涵实质上都发生了明显的变化。在此背景下,重新剖析"课程""课程资源""课程组织""课程评价"等既有概念的内涵边界,不仅必要,而且紧迫。

第二,针对实践领域的崭新变化,推动日常概念的学术性甄选与转化。在网络空间课程的发展进程中,"课程平台""课程运营""课程服务"等都已成为重要的描述性话语,这些话语厚植于教育实践并以特定的内涵反映着实践。因此,课程研究需要对生发于一线的日常概念加以认真讨论,做好学

---

① 参见郭华:《课程研究的未来想象》,《全球教育展望》,2019 年第 7 期。

术概念的增补与加工。

第三,聚焦课程领域的新动向与新问题,实现概念话语的重构与创新。在互联网环境中,课程建设的重要着力点就是"课程形态"建设,课程形态的综合立体发展成为学习内容和育人形式多样化发展的根本依托。然而,"课程形态"并不是一个传统的课程概念,其学术身份有待通过研究加以确立。与此相类似,面对课程领域的新动向与新问题,有必要积极组织概念话语的重构与创新。

(三)提升理论研究的方法论意识

方法论是开展研究工作的思想理论和方法原则。做好新形势下的课程研究工作,必须要增强方法论意识,即通过提升"方法整体与对象特性"[①]的契合度来提高研究的科学性和实效性。具体而言:

第一,坚持发挥社会历史实践观和辩证法思想对课程研究的指导作用。在网络空间中建设课程,必然要思考并回应人与技术的关系、技术与知识的关系、技术应用与学习发生的关系,等等。为了审慎规避"技术决定论""使用决定论"和"社会决定论"[②]的思维误区,课程研究需要基于历史发展条件和具体社会关系的变迁,从整体和全局上阐明课程建设的核心矛盾并揭示课程发展的一般趋势。

第二,努力运用新范式和新思想分析课程的新变化。面对网络新生态,维果茨基的建构主义思想、西蒙斯的联通主义理论、波普尔的"三个世界"学说以及唐·伊德的技术现象学理论等,都有助于为课程研究提供多样化的视角。当然,如何处理"核心"与"多元"的关系,不断夯实课程研究的方法论

---

① 叶澜:《教育研究方法论初探》,上海教育出版社,2018 年,第 11 页。

② 参见佩塔尔·扬德里克、闫斐、肖绍明:《后数字时代的教育研究》,《华南师范大学学报》(社会科学版),2020 年第 6 期。

基础,这仍然是当前和今后的攻坚难点。

第三,客观对待"大数据"思维和数据挖掘技术对开展课程理论研究的贡献和风险。近年来,信息技术和智能技术发展迅猛,极大地推动了量化研究方法的精进。在课程研究领域,大数据技术的应用前景引发了高度关注。但是,解释数据、建构理论以及总结规律等深层次研究工作,依然离不开坚实的理性思辨。因而,课程研究不能满足于数据堆砌和经验描述,数据挖掘技术的有效应用仍需持续探索。

整体来看,网络空间课程与实体空间课程的融合共进已成为时代发展之必然趋势。立足当下、面向未来,课程研究者需要以"跨界"的视野来为网络空间中课程形态的嬗递规律"划界",进而更好地服务于高品质课程和高质量教育的发展。

附　录

附录一:2007—2010 年网络教育精品课程入选情况统计表

入选单位	2007	2008	2009	2010	课程门数
中央广播电视大学	7	8	3	1	19
北京交通大学	1	2	3	3	9
同济大学	3	3	2	1	9
北京师范大学	1	3	2	2	8
浙江大学	3	3		2	8
中国石油大学(华东)	1	2	2	3	8
北京大学	2	2	1	2	7
华中师范大学	2		2	3	7
中国传媒大学	3	3		1	7
北京邮电大学	2	1		3	6
对外经济贸易大学		2	2	2	6
西南交通大学	2	1	3		6
东北财经大学	2	1	1	1	5
福建师范大学	1	1	2	1	5
华东师范大学		2	1	2	5
华中科技大学	2	2	1		5
南京大学	3	1	1		5
西南大学		2	2	1	5
重庆大学		2	3		5
北京理工大学		2	1	1	4
华东理工大学	1	1	1	1	4
上海交通大学	1		1	2	4
中国农业大学	1		2	1	4
华南理工大学	3				3
兰州大学			1	2	3
陕西师范大学	2	1			3

续表

四川大学	1		2		3
郑州大学			1	2	3
中山大学	1	1		1	3
北京广播电视大学				2	2
北京语言大学				2	2
江南大学			1	1	2
西安电子科技大学			1	1	2
西安交通大学			1	1	2
西北工业大学		1		1	2
中国地质大学（武汉）			1	1	2
中国人民大学	1			1	2
中国石油大学（北京）			1	1	2
中央音乐学院			2		2
北京航空航天大学			1		1
北京外国语大学	1				1
北京中医药大学			1		1
电子科技大学				1	1
东北大学	1				1
东北农业大学				1	1
东南大学				1	1
对外经济贸易大学				1	1
广州广播电视大学	1				1
哈尔滨工业大学				1	1
华南师范大学				1	1
山东大学				1	1
深圳广播电视大学		1			1
四川农业大学		1			1
天津大学				1	1
西南财经大学				1	1
西南科技大学			1		1
中国医科大学		1			1

中南大学				1	1
总计	49	50	50	60	209

附录二:2017—2018 年国家精品在线开放课程建设情况统计表

序号	主要建设单位	2017	2018	总计
1	清华大学	70	40	110
2	北京大学	21	30	51
3	哈尔滨工业大学	23	16	39
4	武汉大学	24	9	33
5	西安交通大学	17	14	31
6	电子科技大学	11	18	29
7	东北大学	6	18	24
8	大连理工大学	4	19	23
9	西南交通大学	15	8	23
10	南京大学	12	9	21
11	山东大学	17	4	21
12	同济大学	13	7	20
13	四川大学	14	5	19
14	复旦大学	10	8	18
15	上海交通大学	5	13	18
16	北京理工大学	7	8	15
17	福州大学	8	7	15
18	华中农业大学	9	6	15
19	厦门大学	7	8	15
20	武汉理工大学	5	10	15
21	西北工业大学	7	8	15
22	福建农林大学	3	11	14
23	国防科技大学	6	8	14
24	华中科技大学	4	10	14
25	吉林大学	6	8	14
26	湖南大学	9	4	13
27	华东师范大学	6	7	13
28	暨南大学	2	11	13
29	浙江大学	9	4	13
30	东南大学	2	9	11

31	南京航空航天大学	2	9	11
32	中国海洋大学	3	8	11
33	中南财经政法大学	5	6	11
34	北京师范大学	2	8	10
35	南昌大学	3	7	10
36	南京邮电大学	3	7	10
37	苏州大学		10	10
38	南京农业大学		9	9
39	西安电子科技大学	3	6	9
40	中国农业大学	7	2	9
41	北京航空航天大学	4	4	8
42	北京交通大学	3	5	8
43	江西财经大学	1	7	8
44	河海大学		7	7
45	华中师范大学	1	6	7
46	南开大学	1	6	7
47	郑州大学	2	5	7
48	中南大学	2	5	7
49	重庆大学	5	2	7
50	哈尔滨工程大学	1	5	6
51	河南大学	1	5	6
52	江苏师范大学		6	6
53	金陵科技学院	2	4	6
54	南京师范大学		6	6
55	中国人民大学	1	5	6
56	中国药科大学	3	3	6
57	中山大学	4	2	6
58	江苏大学		5	5
59	宁波城市职业技术学院	1	4	5
60	扬州大学		5	5
61	中国科学技术大学	2	3	5

续表

62	福建师范大学		4	4
63	华南理工大学		4	4
64	黄河水利职业技术学院	1	3	4
65	江苏农林职业技术学院		4	4
66	江苏农牧科技职业学院		4	4
67	南京财经大学		4	4
68	南京工业职业技术学院		4	4
69	南京理工大学		4	4
70	南京信息工程大学		4	4
71	南京医科大学	1	3	4
72	宁波大学	1	3	4
73	西北大学	1	3	4
74	西南财经大学	2	2	4
75	中国地质大学（武汉）	2	2	4
76	北京语言大学		3	3
77	北京中医药大学	3		3
78	常州大学		3	3
79	大连海事大学		3	3
80	广州大学		3	3
81	河南中医药大学		3	3
82	黑龙江大学		3	3
83	黑龙江幼儿师范高等专科学校		3	3
84	湖南农业大学	1	2	3
85	华东理工大学	1	2	3
86	华侨大学	1	2	3
87	淮安信息职业技术学院		3	3
88	江南大学		3	3
89	江苏经贸职业技术学院		3	3
90	昆明理工大学		3	3
91	南京信息职业技术学院		3	3
92	上海工程技术大学	1	2	3

93	上海中医药大学	1	2	3
94	天津大学		3	3
95	西南大学	2	1	3
96	云南大学	1	2	3
97	浙江理工大学	1	2	3
98	北京科技大学	1	1	2
99	常州信息职业技术学院		2	2
100	成都师范学院		2	2
101	大连大学	1	1	2
102	对外经济贸易大学		2	2
103	广州番禺职业技术学院		2	2
104	国家开放大学	1	1	2
105	杭州师范大学	2		2
106	河北师范大学	1	1	2
107	河南工业职业技术学院		2	2
108	河南科技大学		2	2
109	鹤壁职业技术学院	1	1	2
110	湖北大学		2	2
111	华北电力大学	1	1	2
112	华南师范大学		2	2
113	济源职业技术学院		2	2
114	佳木斯大学		2	2
115	江苏城市职业学院		2	2
116	江苏建筑职业技术学院		2	2
117	江苏食品药品职业技术学院		2	2
118	江苏信息职业技术学院		2	2
119	江西中医药大学		2	2
120	兰州大学		2	2
121	南京交通职业技术学院		2	2
122	南京林业大学		2	2
123	南京审计大学		2	2

续表

124	南京中医药大学		2	2
125	南通大学		2	2
126	青岛大学	1	1	2
127	青岛职业技术学院	1	1	2
128	陕西工业职业技术学院		2	2
129	陕西中医药大学		2	2
130	上海财经大学		2	2
131	上海大学	1	1	2
132	上海外国语大学	2		2
133	深圳大学	2		2
134	首都师范大学	2		2
135	苏州工业职业技术学院		2	2
136	苏州工艺美术职业技术 学院		2	2
137	苏州卫生职业技术学院	1	1	2
138	天津工业大学		2	2
139	无锡商业职业技术学院		2	2
140	无锡职业技术学院		2	2
141	许昌职业技术学院	1	1	2
142	扬州工业职业技术学院		2	2
143	长沙民政职业技术学院	1	1	2
144	浙江财经大学		2	2
145	浙江工商大学	1	1	2
146	浙江金融职业学院	1	1	2
147	浙江中医药大学	1	1	2
148	中国矿业大学		2	2
149	中国人民解放军陆军工程大学	2		2
150	中国医科大学		2	2
151	中央财经大学	1	1	2
152	中央民族大学		2	2
153	安徽工业经济职业技术 学院		1	1
154	安徽广播影视职业技术 学院		1	1

155	安徽机电职业技术学院		1	1
156	安徽交通职业技术学院		1	1
157	安徽师范大学		1	1
158	安徽医学高等专科学校	1	1	1
159	安阳师范学院		1	1
160	白城师范学院		1	1
161	保定学院	1	1	1
162	北京化工大学		1	1
163	北京联合大学		1	1
164	北京邮电大学		1	1
165	渤海大学	1	1	1
166	沧州医学高等专科学校	1	1	1
167	常州纺织服装职业技术学院		1	1
168	常州机电职业技术学院		1	1
169	东北农业大学	1	1	1
170	东北师范大学	1		1
171	东华大学		1	1
172	东华理工大学		1	1
173	福建江夏学院		1	1
174	福建医科大学		1	1
175	广西民族大学		1	1
176	广西师范学院		1	1
177	桂林电子科技大学		1	1
178	国际关系学院	1		1
179	哈尔滨医科大学	1		1
180	海南大学		1	1
181	海南经贸职业技术学院		1	1
182	海南职业技术学院		1	1
183	合肥工业大学		1	1
184	河北科技大学		1	1
185	河南工业大学		1	1

续表

186	河南经贸职业学院		1	1
187	河南理工大学		1	1
188	河南师范大学		1	1
189	河南应用技术职业学院		1	1
190	河南职业技术学院		1	1
191	湖北工程学院		1	1
192	湖南师范大学		1	1
193	华北水利水电大学		1	1
194	华东政法大学	1		1
195	华南农业大学	1		1
196	淮阴师范学院		1	1
197	吉林财经大学		1	1
198	吉林医药学院		1	1
199	集美大学		1	1
200	江苏海事职业技术学院		1	1
201	江苏警官学院		1	1
202	江苏科技大学		1	1
203	江苏医药职业学院		1	1
204	金华职业技术学院	1		1
205	开封大学		1	1
206	开封文化艺术职业学院		1	1
207	空军航空大学		1	1
208	昆明医科大学	1		1
209	临沂大学	1		1
210	鲁东大学		1	1
211	陆军边海防学院		1	1
212	陆军工程大学		1	1
213	洛阳职业技术学院		1	1
214	漯河医学高等专科学校	1		1
215	牡丹江大学		1	1
216	南昌工学院		1	1

217	南京工程学院	·	1	1
218	南京科技职业学院		1	1
219	南京旅游职业学院		1	1
220	南通航运职业技术学院		1	1
221	南阳医学高等专科学校	1		1
222	宁波卫生职业技术学院	1		1
223	平顶山学院	·	1	1
224	青岛酒店管理职业技术 学院		1	1
225	青岛酒店管理职业技术学院	1		1
226	青海大学		1	1
227	三亚航空旅游职业学院		1	1
228	山东交通职业学院	1		1
229	山东外贸职业学院		1	1
230	山东医学高等专科学校	1		1
231	陕西师范大学	1		1
232	商丘职业技术学院		1	1
233	上海理工大学	1		1
234	石河子大学		1	1
235	首都经济贸易大学		1	1
236	四川师范大学		1	1
237	四川外国语大学		1	1
238	苏州工业园区服务外包职业学院		1	1
239	苏州工业园区职业技术学院		1	1
240	苏州经贸职业技术学院		1	1
241	太原理工大学		1	1
242	天津科技大学		1	1
243	天津商务职业学院		1	1
244	天津医学高等专科学校	1		1
245	天津中医药大学		1	1
246	温州大学		1	1
247	温州医科大学	1		1

续表

248	无锡工艺职业技术学院		1	1
249	无锡科技职业学院		1	1
250	武汉纺织大学		1	1
251	武汉工程大学		1	1
252	武汉工商学院		1	1
253	西北师范大学	1		1
254	新乡职业技术学院		1	1
255	信阳师范学院		1	1
256	徐州工业职业技术学院		1	1
257	徐州医科大学		1	1
258	徐州幼儿师范高等专科学校		1	1
259	烟台大学		1	1
260	延边大学	1		1
261	盐城工学院		1	1
262	常州工学院		1	1
263	盐城工业职业技术学院		1	1
264	盐城师范学院		1	1
265	扬州市职业大学		1	1
266	云南林业职业技术学院	1		1
267	云南民族大学		1	1
268	长安大学		1	1
269	长春师范大学		1	1
270	浙江大学城市学院		1	1
271	浙江工贸职业技术学院	1		1
272	浙江机电职业技术学院		1	1
273	浙江交通职业技术学院		1	1
274	浙江师范大学	1		1
275	郑州航空工业管理学院		1	1
276	郑州铁路职业技术学院		1	1
277	郑州幼儿师范高等专科 学校		1	1
278	中国计量大学现代科技学院	1		1

279	中国人民公安大学		1	1
280	中国人民警察大学		1	1
281	中国石油大学(华东)		1	1
282	中南民族大学		1	1
283	重庆电子工程职业学院		1	1
284	重庆工业职业技术学院		1	1
285	重庆三峡医药高等专科 学校		1	1
286	重庆三峡医药高等专科学校	1		1
287	重庆文理学院		1	1
288	周口职业技术学院		1	1
总计		490	801	1291

附录三:2018—2019年国家精品在线开放课程开设平台汇总表

开课平台/时间(课程计数)	2018	2019	总计
爱课程(中国大学MOOC)	322	594	916
智慧树	41	99	140
学堂在线	67	57	124
人卫慕课	21	2	23
好大学在线	4	8	12
华文慕课	9	3	12
北京高校优质课程研究会		11	11
优课联盟	3	8	11
edx	9		9
超星尔雅	7		7
安徽省网络课程学习中心(e会学)		6	6
网易云课堂		4	4
浙江省高等学校精品在线开放课程共享平台	4		4
学银在线		3	3
重庆高校在线开放课程平台		3	3
Coursera	2		2
FutureLearn	1		1
高校邦慧慕课		1	1
优学院		1	1
中国高校外语慕课平台		1	1
总计	490	801	1291

附录四:2020 年教育部认定的由企业创办的 MOOCs 平台汇总表

课程平台名称	主办单位	服务内容简述
爱课程 (中国大学 MOOC)	高等教育出版社	1. 课程资源服务:8000 余门优质在线课程资源,涵盖本科 12 个学科门类所有专业类、专科 18 个专业大类; 2. 在线教学服务:学校专属在线学习空间——学校云服务、优质慕课资源定制引用、智慧教学工具——慕课堂、在线课课内直播服务、学生在线学习数据服务; 3. 在线直播讲座:2020 年 2 月 2 日起,每天进行两场直播讲座,包括积极应对疫情、教学理论方法、在线课程开发、混合式教学实践等几个模块; 4. 教师在线培训服务:教师能力提升系列慕课课程,2 月初全部提前开课,助力提升教师教育教学理论水平及信息化能力; 5. 疫情防治服务:流行病学、传染病学通识类慕课和专业慕课,助力疫情防控
学堂在线	北京慕华信息科技有限公司	1. 雨课堂会员服务:免费开放会员,会员具备直播、本地视频上传、板书等功能; 2. 慕课服务:免费开放 2350 门课程让社会学习者学习; 3. 学分课服务:1600 门慕课免费开放给各高校,供各高校引进作为学分课应用; 4. 在线师资培训:从 2020 年 1 月 30 日起每天进行一场免费直播培训
智慧树网	上海卓越睿新数码科技有限公司	1. 跨校共享学分课程 3223 门(大多数为 2 学分,涵盖 92 个专业大类)全部向高校免费提供,不限单校选课门次与人次; 2. 调整学期时间自 2020 年 2 月 5 日到 8 月 20 日,学校自定义设置本校引入共享学分课教学考试周期;3. 为共享课、校内课提供线上直播; 4. 提供"在线实时授课"服务; 5. 开设教师培训系列直播课程; 6. 在线课程紧急录制上线服务

学银在线	超星集团、国家开放大学	1. 资源支持:免费提供 3464 门慕课及国家级、省级精品在线开放课,首批优选出 720 门本科慕课及 298 门高职慕课,可供院校引进使用,进行学分认定; 2. 数据支持:配合院校线上开课工作,协助导入教师、学生、课程等数据,提供教学大数据支持; 3. 应用支持:免费为院校开通"一平三端"智慧教学系统所有教学功能的使用权限; 4. 服务支持:针对已在学银在线平台开课及计划使用学银在线专业课程开课的院校,免费提供全方位服务支持,包括开课建课、辅助教师应用、学生学习支持、师生直播互动等; 5. 培训支持:免费提供平台应用指导视频及直播培训支持(共 28 期信息化能力提升直播培训); 6. 免费向高校师生员工提供"新型冠状病毒防疫安全公益课"
超星尔雅网络通识课平台	北京超星尔雅教育科技有限公司	平台六大类别 480 余门通识课向所有师生和社会学习者免费开放全部章节学习;特殊时期对各延迟开学高校提供免费的开课和教学运行服务;学生完成注册后的学习记录会被保留对接到正常教学活动中
人卫慕课	人民卫生出版社、人民卫生电子音像出版社	免费提供高质量医学专业课程 173 门,提供服务内容包括在线学习服务及在线学习数据支持。此外,人卫慕课可向医学院校提供 SPOC 平台 + 课程资源联合应用的定制化服务,辅助院校完成自主教学管理;疫情期间该项服务可提供免费试用

续表

融优学堂(原北京高校优质课程研究会)	中国人民大学、北京赢科天地电子有限公司	1.平台已经完成 2020 年春季学期开课设置工作,并在疫情期间正常开放运行,保证在校学生开展学习; 2.平台可为高校提供在线教学一对一定制服务; 3.平台工作人员可随时保障高校教师在家开展建课、开课、直播工作,支持高校学生在线课程学习。 中国高校外语慕课平台北京外国语大学(中国高校外语慕课联盟)、外语教学与研究出版社、北京外研在线数字科技有限公司 1.学生自学:疫情期间向全国高校师生免费提供 10 个语种、12 个课程方向 99 门外语慕课,并提供 7 天＊15 小时答疑咨询,全面帮助高校"停课不停学"; 2.教师线上 SPOC 教学:自即日起疫情期间,免费提供 SPOC 平台服务,教师可组织学生以院校为单位,开展包含教材配套慕课的 SPOC 教学,保障师生在返校前通过线上 SPOC 开展本校的教学和学习; 3.教师自我提升:自即日起疫情期间,中国高校外语慕课联盟将通过 U 讲堂、UMOOCs 等平台为高校外语教师免费提供教育技术和教学能力提升课程,使教师提升在疫情期间利用线上平台、工具和资源有效开展线上教学的能力
高校邦	慧科集团	1.免费开放 MOOC 平台建课权限(提供建课指导,配套建课指南); 2.免费开放 MOOC 空间课程,提供千余门精品在线课; 3.免费开放 SPOC 空间服务; 4.平台支持线上直播课程教学; 5.平台支持 PPT＋语音讲解; 6.为有录课需求的老师提供免费的"在线课程建设方案咨询服务"
优学院	北京文华在线教育科技有限公司	1.免费提供 500 门课程资源,覆盖 12 大门类,特别是 2018 版大纲的思政课程,依托人民网开发,科学、权威,适合 2020 年春季的形势与政策课程已经录制完毕,配套纸质教材、线上课程、教学课件、课后练习及考试题库; 2.免费支持教师远程教学:课件、视频上传、课程公告、作业、讨论答疑、远程直播、线上考试; 3.免费为各大高校提供技术支持、教师培训、直播培训; 4.免费提供必修课程、选修课程方案,同时支持毕业论文管理; 5.免费支持师生信息的导入和账号开通、学生学习的进度监督和考核、教师线上工作量的记录和考核等教学管理工作; 6.免费提供数字马院、数字外院等垂直学科远程教学支持

人民网公开课	人民网	人民网公开课包括思政金课、思政名师、畅谈思政课、名家领读、课研会、读书会等栏目,通过线上课程为高校师生和社会公众提供免费学习资源; 平台现有课程221门,持续更新,课程内容包括创客讲堂、时事教育、体育、健康、中国传统文化、创新创业、中国精神等; 平台免费向公众开放,可以通过微信登陆,也可以自行注册免费登陆学习
智慧职教	高等教育出版社	MOOC学院免费提供慕课的在线学习服务及数据服务;向学校免费授权1273门慕课、158个国家级资源库的资源,并免费提供一学期的"职教云"校级教学云平台和"云课堂"APP服务,协助学校调用优质资源在云平台上建课授课(SPOC)
EduCoder在线实践教学平台	湖南智擎科技有限公司 指导单位:中国高校计算机教育MOOC联盟、信息技术新工科产学研联盟	EduCoder是开放在线实践教学平台,为信息技术等工科专业教学提供课堂、实验和实训等全面在线支持与教学服务,提供12000个教学资源,650门在线课程,服务超过1000所高校,CMOOC联盟、新工科联盟等官方合作平台
万学慕课平台(大学生综合能力与创新创业深度教育孵化系统)	北京万学教育科技有限公司	抗击疫情期间免费向全国高等院校提供以下优质学习资源; 1.优质课程学习资源:创新创业类、大学生涯发展规划类、求职招聘等九大类百余门课程及实践实训的指导服务; 2.在线教学课程建设服务:提供在线教学服务平台,包括在线课程录制,直播教学服务等在线教学全系列功能; 3.在线直播课程服务:大学生职业发展在线直播系列课程讲座、职业能力成长与求职就业指导讲座、学历与职业资格提升类讲座等; 4.第二课堂课程在线系统建设:为高校提供第二课堂活动、实践教学活动的全方位在线体系建设; 5.教师在线培训服务:为本科院校和高职院校提供就业创业指导教师的在线培训与指导

FiF 智慧教学平台	北京外研讯飞教育科技有限公司	1. 易学 MOOC：结合高/职院校课程建设需求，打造支持MOOC、SPOC、在线课堂等多种产品形式的在线课程平台； 2. FiF 口语训练：基于科大讯飞的智能语音技术，配套专业口语评测内容，提供覆盖多方位教学数据的口语教学与管理系统； 3. FiF 外语学习资源库：通过视频、电子书、课件、口语评测题、在线测试题等资源形态，提供一站式在线外语自主学习体验； 4. 讯飞爱课堂：结合智能化软件工具，全方位记录课堂授课内容，实现教学资源常态化积累和教学场景全覆盖、教育信息全贯通
课堂派	北京爱课互动科技有限公司	1. 免费提供在线教学平台，含在线互动教学和在线直播教学功能，院校可使用平台课程，也可以自建课程开展在线教学； 2. 精品慕课服务：免费开放 104 门课程供学习者自主学习； 3. 在线师资培训：从 2020 年 2 月 2 日起每天进行一场免费直播培训； 4. 免费提供在线教学支持服务